AF514655

TERRORISME

L'histoire de sa mondialisation

Nathalie CETTINA

TERRORISME

L'histoire de sa mondialisation

L'Harmattan
5-7, rue de l'École-Polytechnique
75005 Paris
France

L'Harmattan Hongrie
Hargita u. 3
1026 Budapest
HONGRIE

L'Harmattan Italia
Via Bava, 37
10214 Torino
ITALIE

© L'Harmattan, 2001
ISBN : 2-7475-1084-0

« Jamais le meurtre ne sera à mes yeux un objet d'admiration et un argument de liberté ; je ne connais rien de plus servile, de plus méprisable, de plus lâche, de plus borné, qu'un terroriste ».

François René de Chateaubriand,
Mémoires d'Outre-Tombe.

ABREVIATIONS

❍ Les groupes

AD :	Action directe
AIS :	Armée islamique du Salut
ANC :	African national congress
ARJ :	Armée rouge japonaise
ASALA :	Armée secrète arménienne de libération de l'Arménie
BI :	Brigades internationales
BR :	Brigades rouges
CCC :	Cellules communistes combattantes
CSPPA :	Comité de solidarité avec les prisonniers arabes et du Proche-Orient
ELN :	Mouvement de libération nationale
ELP :	Armée de libération populaire
ERNK :	Front de libération national du Kurdistan
ETA :	Euskadi ta askatasuna
FARC :	Factions armées révolutionnaires colombiennes
FARL :	Forces armées révolutionnaires libanaises
Fath-CP :	Fath-Commandement provisoire
Fath-CR :	Fath-Commandement révolutionnaire
FDLP :	Front démocratique de libération de la Palestine
FIS :	Front islamique du Salut
FLA :	Front de libération des animaux
FLN :	Front de libération nationale
FLNC :	Front de libération nationale Corse
FLP :	Front de libération de la Palestine
FMIL :	Front Moro islamique de libération
FMLN :	Front Moro de libération nationale
FPLP :	Front populaire de libération de la Palestine
FPLP-CG :	Front populaire de libération de la Palestine-commandement général
GIA :	Groupe islamique armé

HOP :	Mouvement de libération croate
HRK :	Brigades de libération du Kurdistan
IRA :	Irish republican army (Armée républicaine irlandaise)
JFLK :	Front de libération du Janu-al-Kashmir
JIP :	Jama'at-i-islami pakistan
KKK :	Ku Klux Klan
KLA :	Kashmir liberation army (Armée de libération du Cachemire)
LTTE :	Tigres de la libération du Tamil Eelam
M19 :	Mouvement du 19 mai
MILF :	Front islamique de libération Moro
MLPA :	Mouvement populaire de libération arabe
MNA :	Mouvement nationaliste algérien
MNI :	Mouvement de la Nahada islamique
MRTA :	Mouvement révolutionnaire Tupac Amaru
MTI :	Mouvement de la tendance islamique
17 N :	Organisation révolutionnaire du 17 novembre
NAP :	Noyaux prolétariens armés napolitains
NAPAP :	Noyaux armés pour l'autonomie populaire
OAS :	Organisation de l'armée secrète
OCC :	Organisations communistes combattantes
OLP :	Organisation de libération de la Palestine
ORIM :	Organisation intérieure révolutionnaire macédonienne
PIRA :	Provisory Irish republican army (Armée républicaine provisoire irlandaise)
PKK :	Parti des travailleurs du Kurdistan
PPS :	Parti populaire syrien
RAF :	Fraction armée rouge
SAIRI :	Assemblée suprême pour la révolution islamique en Irak
TOE :	Terrorisme d'organisation écran
TOS :	Terrorisme d'organisation secrète
UCK :	Armée de libération du Kosovo

❍ **Les associations**

AEIF :	Association des étudiants islamiques de France
AIF :	Association islamique de France
FNMF :	Fédération nationale des musulmans de France
GIF :	Groupement islamique en France
UOIF :	Union des organisations islamiques de France

INTRODUCTION

De « l'arme des pauvres » dont parlait Sartre, la pratique terroriste est devenue au fil du temps « l'arme invisible, anonyme, omniprésente » rêvée par Bakounine, mise au service de fanatiques bénéficiant des ressources de la modernité.

Au long du XXe siècle, le terrorisme a remplacé les conflits armés traditionnels entre Etats, permettant une continuité de la diplomatie par d'autres moyens. Il a servi d'accompagnement aux guerres civiles de libération nationale ou de substitut à celles-ci dans les démocraties et au-delà (Irlandais, Basques, Corses, Kurdes, Arméniens, Palestiniens). Il a permis à des individus de manifester leur idéologie par des moyens dont l'écho était plus retentissant que toute autre expression démocratique qu'ils auraient pu en faire.

L'ouverture des frontières, la libre circulation des personnes, des marchandises comme des capitaux, associées à la mondialisation des flux en tout genre, offrent un terreau propice à l'essor d'une criminalité organisée internationale, dont la pratique terroriste ne peut que s'alimenter. La liberté de mouvement des personnes et des biens favorise la constitution de réseaux activistes, fer de lance de campagnes terroristes de grande envergure.

Les terroristes puisent, dans l'essor des modes de communication comme dans le progrès technologique, des opportunités grandissantes en termes de capacité d'intervention et de virulence de l'impact produit.

Qu'est-ce qui distingue le terrorisme des autres formes de violence ?

La terminologie de la violence est un concept étonnement large et variable, fonction des méthodes employées mais aussi de la société où elle émerge, de la perception de l'homme et de l'humanité, des objectifs poursuivis par son intermédiaire ou de ses auteurs.

Définie comme « l'ensemble des actes caractérisés par des abus de la force publique, des utilisations d'armes, des relations d'une extrême gravité »[1], la violence a fait l'objet d'applications théoriques diverses, parmi lesquelles celle d'Engels : « la violence joue dans l'histoire un rôle révolutionnaire (...) elle est l'accoucheuse de toute vieille société qui en porte une nouvelle dans ses flancs »[2]. C'est là associer à la violence un caractère politique *sui generis*.

La relation de la violence à la politique pose la question du rapport de la violence à la légalité et à la légitimité. Le droit de recourir à la violence existe-t-il et quelle forme revêt-il ? Si l'Etat bénéficie du monopole de la violence quant à l'emploi de la force publique pour faire régner la paix publique, celui-ci s'insère dans un cadre légal, respectueux de procédures garantes des droits fondamentaux accordés aux individus. Mais la frontière entre légalité de droit, légalité de fait et légitimité des dirigeants à étendre leurs ressources, si besoin est, en se libérant des limites institutionnelles fixées, est aisément malléable. Une scission se profilerait alors à l'intérieur du concept de violence entre ce qui répondrait à une « juste cause » et le reste qui emporterait condamnation.

De quel côté situer le terrorisme ? Quelle place revêt son expression au sein du concept de violence ? Jean-Pierre Mille dans un article paru dans la revue *Alternatives non violentes*, en 1988, écrit « A la question : qu'est-ce que le terrorisme ? Il faut répondre simplement : le terrorisme est une technique d'action violente. Certes cette technique s'inscrit dans une stratégie qui a ses particularités et celles-ci la différencient des autres stratégies »[3]. Quelles sont ces particularités ? Comment les définir ? Quelles distances prennent-elles par rapport à celles rencontrées dans les autres formes d'action violente : simple distinction ou séparation franche ?

---

[1] Grand dictionnaire encyclopédique Larousse, vol.10, 1985, p.10797.
[2] Engels, *Anti-Durhing*, 2, 4.
[3] Mille Jean-Pierre, «Au-delà de la dissuasion mais en-deçà de la guerre», *Alternatives non violentes*, n°89, 1988, p.43-46.

Amas d'ambiguïtés, ouvert à nombre d'interprétations, le concept de terrorisme a fait l'objet d'approches diverses, conséquence de la pluralité de ses formes, de ses manifestations, de ses objectifs : national, international, révolutionnaire, religieux, nationaliste, individualisé, groupusculaire ; action de libération nationale pour les uns, acte de violence criminelle pour les autres.

De l'apparition du mot terrorisme en 1798 dans le Grand Livre de l'Académie Française, en référence à la terreur révolutionnaire des années 1793-1794, à sa condamnation par les sept pays les plus industrialisés en 1996, la notion a recouvert des acceptions différentes en termes de mise en oeuvre et de nature des instigateurs[4].

La période de la révolution française, en introduisant une action politique fondée sur la violence et l'emploi de mesures d'exception, établit « un régime de terreur »[5], première expression de ce qui deviendra un terrorisme dit « d'Etat ». La terreur qui s'instaure de la chute des Girondins, en juin 1793, à la chute de Robespierre, le 27 juillet 1794, mise en oeuvre par le Comité de salut public, appuyé sur la juridiction d'exception qu'est le tribunal révolutionnaire (créé le 9 mars 1793), puise sa légitimité dans la

---

[4] Il a fallu attendre 1930 pour que des juristes fassent pour la première fois référence au concept de terrorisme à l'occasion de la conférence internationale de Bruxelles pour l'unification du droit pénal. Ce n'est que dans la seconde moitié du siècle, face à l'ampleur acquise par ce type de violence, à travers son internationalisation et sa médiatisation, que les gouvernements et les législateurs se sont penchés avec détermination sur le problème.
Mais il est apparu impossible de livrer une seule définition, acceptable par tous à l'échelle internationale. Chaque législation nationale apporte sa propre réponse par ses propres critères d'appréciation, fruit d'un jugement fréquemment subjectif.

[5] Emprunté au latin terror, terroris, employé pour la première fois au XIVe siècle, le mot terreur se définit comme une « peur collective qu'on fait régner dans une population, un groupe pour briser sa résistance ; un procédé politique fondé sur cette peur, sur l'emploi de mesures d'exception et de la violence », *Le Robert, dictionnaire alphabétique et analogique de la langue française*, tome VI, p.524.

sauvegarde de l'ordre social établi par le pouvoir en place, celui des révolutionnaires[6].

« Si le ressort du gouvernement populaire dans la paix est la vertu, le ressort du gouvernement populaire en révolution est à la fois la vertu et la terreur : la vertu sans laquelle la terreur est funeste ; la terreur sans laquelle la vertu est impuissante. La terreur n'est autre chose que la justice prompte, sévère, inflexible ; elle est une conséquence du principe général de la démocratie appliqué aux plus pressants besoins de la patience », déclare Robespierre, le 5 février 1794[7]. Instrument de défense nationale contre les rebelles, la terreur contribue à imposer l'autorité du nouveau pouvoir. Cette conception est peu éloignée de l'idée de violence que développera Engels, à savoir un moyen au service d'une doctrine révolutionnaire opérant dans l'optique de changer le régime à l'intérieur des frontières de l'Etat.

Le concept de terroriste s'applique à l'époque aux partisans et agents de la terreur dans une acception différente de celle qui sera retenue ultérieurement lorsque la notion de terrorisme acquerra son autonomie.

Au cours du XIXe siècle, s'opère une transformation sémantique à l'origine du concept moderne de « terrorisme ». Il perd sa légitimité affichée comme méthode de gouvernement au profit d'une terreur organisée contre l'Etat, élément d'intimidation, acte criminel répréhensible, générateur d'insécurité sociale. Si la violence anarchiste de la fin du XIXe siècle consacre l'évolution propre de la notion de terrorisme, on ne saurait laisser de côté l'épisode de la Machine infernale, qui le 24 décembre 1800, alors

---

6 Jean Tulard dans *Histoire et dictionnaire de la révolution française* (Paris, Robert Laffont, 1987, 1213p.) opère une distinction entre deux époques de terreur : la première allant du 10 août 1792 au 21 septembre 1792, la seconde allant du 2 juin 1793 au 27 juillet 1794. A cela peut être ajoutée la « terreur blanche » désignant les représailles contre les sans-culottes en 1795, puis les représailles de l'été 1799 en Vendée, en Normandie, dans le Maine et dans le Midi.

7 *Le Robert, Dictionnaire alphabétique et analogique de la langue française*, Tome VI, p.524.

que la terreur n'est connue que sous sa première acception, explose sur le passage du Premier consul Bonaparte, rue Nicaise, causant deux victimes, six blessés et d'importants dégâts matériels. Le terrorisme de l'époque est ciblé, dévoilant son caractère politique, caractéristique essentielle, fondement de son essence[8].

« Le terrorisme est d'essence politique, mettant en oeuvre une stratégie indirecte dirigée contre l'Etat » écrit Jean-Louis Bruguière[9]. Mais ce n'est pas pour autant ramener cette violence à un but unique qui se répéterait à l'identique dans chaque manifestation. L'enveloppe est certes politique - exprimer une contestation à l'encontre des structures étatiques soit pour les modifier, soit pour les renverser, soit pour les influencer -, mais sur ce critère se greffent des raisons idéologiques, sociales, stratégiques, idéalistes.

Par l'envoi de messages par le canal de la violence, les terroristes escomptent un changement, une prise en compte de leur existence. Le terroriste tend à obtenir une reconnaissance, une dignité que la civilité lui dénie. L'acte de terreur devient un moyen de prouver son identité, un acte de désespoir. La conséquence d'une incapacité à faire face à une crise d'identité et de représentation dans le cadre sociétal établi. Le dernier moyen d'imposer ses utopies. Le terroriste serait alors « l'illuminé empêtré dans une politique du pire, prisonnier de son illusoire conviction d'un bouleversement possible de la réalité et finalement contraint à vouloir pour rien, jusqu'au rien de la mort »[10].

---

[8] Définition du terrorisme donnée par le Grand Dictionnaire Encyclopédique Larousse, vol.10, 1985, p.10156 : « Action politique violente d'individus ou de minorités, menée contre des personnes, des biens ou des institutions ».
La violence politique recouvre de nombreuses formes autres que le terrorisme pur mais dans lesquelles celui-ci peut momentanément s'insérer (guerre civile, guerre de libération, guérilla, putsch, épuration, génocide).

[9] Bruguière Jean-Louis, « La menace terroriste », *Défense Nationale*, n°4, 1996, p.102-126.

[10] Besnier Jean-Michel, « De la terreur jacobine au terrorisme », *Esprit*, Dossier « Terrorisme », novembre 1984, p.157-160.

L'acte terroriste n'est pas employé comme une fin en soi, mais pour acquérir autre chose. En cela, il se différencie de la violence criminelle de droit commun. Par l'intransigeance et la brutalité des actes, les auteurs cherchent des résultats qu'ils ne sauraient atteindre sur un autre terrain. La terreur s'envisage ici sous son aspect stratégique : non seulement obtenir un effet direct mais jouer sur les conséquences de celui-ci. C'est la raison pour laquelle ses manifestations violentes se sont déplacées d'une cible déterminée (homme politique à abattre) vers une violence aveugle (citoyens anonymes) à la recherche de la déstabilisation et de la pression engendrées. Deux objectifs se dessinent : contraindre le pouvoir à opter pour telle ou telle politique et, parallèlement, détruire la confiance populaire en l'autorité politique, désarticuler l'appareil d'Etat et conquérir l'opinion nationale, voire internationale, à la cause. Peu importe la nature des victimes, pourvu que l'impuissance du gouvernement en découle. Une précision supplémentaire accompagne parfois la vindicte terroriste : obtenir des concessions (libération de prisonniers, paiement d'une rançon) ou punir « l'ennemi » de ses prises de position.

La violence extrême ne se conçoit que par juxtaposition à la matérialité de la terreur d'un impact psychologique. « Une action violente est dénommée terroriste lorsque ses effets psychologiques sont hors de proportion avec ses résultats purement physiques » écrit Raymond Aron. Publicité et médias deviennent des éléments de dépendance vitaux pour les terroristes. Naît une violence spectacle, au sens de la création d'une alerte populaire et politique. L'acte n'a de valeur que par l'effroi créé par l'intimidation, la peur d'une réitération et somme toute la déstabilisation. « Dans le terrorisme la fin poursuivie n'est pas de tuer des hommes, ni de détruire des biens, mais de frapper les esprits (...). L'acte terroriste recherche avant toute chose le retentissement : chez l'ennemi, dans l'opinion, à l'étranger »[11].

---

[11] Gaucher Rolland, *Les terroristes de la Russie tsariste à l'OAS*, Paris, Albin Michel, 1965, 315p.

La stratégie terroriste, fruit d'un subtile rouage entre violence physique, effroi collectif, responsabilisation des autorités politiques, se distingue par son caractère prémédité, ingérable, impalpable, délibéré et cruel. C'est par sa configuration hors du commun, que le terroriste provoque. La dangerosité de l'acte est renfermée dans son caractère erratique, à savoir sa capacité à surgir n'importe où, n'importe quand, n'importe comment. Ce caractère hasardeux se trouve à l'origine de la réaction psychotique collective engendrée. Plus les activistes dépassent les limites de l'intolérable, plus ils sont assurés de la qualité de leur offensive par la déstabilisation créée.

Loin d'un archétype, chaque mouvement, selon sa situation, ses objectifs, jouera avec plus ou moins d'intensité de ces paramètres. Les effets recherchés et produits varient selon les instigateurs, le contexte d'intervention et les personnes visées. Les terroristes laïques tentent de modifier un système établi. Les terroristes religieux, en se plaçant à l'extérieur du système, cherchent, par une violence hautement destructrice, à tout changer.

Le terrorisme se révèle pluriel dans ses expressions à l'image d'une enveloppe globale abritant des éléments disparates, puisant dans les mêmes sources, mais avec une intensité et des moyens différents. Il se pose en méthode de conditionnement des populations et des gouvernements, qui vise, pour un groupe ou une organisation continentale ou internationale, à obtenir le soutien d'une masse d'individus ou, à tout le moins, une attitude d'approbation passive, par des opérations spectaculaires ou des actions ponctuelles violentes et soudaines. Le but recherché est soit l'obtention d'un avantage direct et immédiat, soit le départ ou le recul du gouvernement légal[12].

---

[12] L'article 706-76 du code de procédure pénale définit le terrorisme comme suit : « le terrorisme est une entreprise individuelle ou collective ayant pour but de troubler gravement l'ordre public par l'intimidation ou la terreur ». Cela n'est pas sans rappeler la formule de Trotski, quelques quatre-vingt ans plus tôt : « l'intimidation est le plus puissant moyen d'action politique tant dans la sphère internationale que nationale ».

Comment la stratégie terroriste s'est-elle mondialisée ?

Parler de mondialisation est faire référence à la dimension internationale de la stratégie terroriste sous deux angles.

D'abord, on envisage ***un terrorisme transnational s'exprimant dans plusieurs Etats grâce à des liaisons relationnelles, structurelles, opérationnelles.***

A la vision classique d'un terrorisme produit par un petit noyau d'individus à l'intérieur d'un Etat contre les structures de celui-ci s'est ajoutée la pratique d'une violence extra-territoriale. Au sens large, l'idée de transnationalité, perçue comme l'exportation à l'étranger d'une violence trouvant étatiquement sa source, s'entend de toute forme de terrorisme ayant un caractère d'extranéité : terrorisme d'organisation écran (TOE), terrorisme d'organisation secrète (TOS) ou terrorisme autonome.

Traditionnellement, le terrorisme était dirigé contre un objectif précis : bâtiment public (action des anarchistes, des gauchistes, des nationalistes), personnalité (enlèvement, assassinat). Son expression a évolué au fur et à mesure qu'il a été employé par des organisations terroristes transnationales agissant dans la recherche de la frappe la plus spectaculaire de l'opinion publique internationale. La « délocalisation » du conflit devient la force de la bataille terroriste, inscrite dans un courant de mondialisation des échanges et d'extension des communications.

Il ne faudrait pas percevoir l'histoire du terrorisme comme une construction linéaire dont les étapes s'enchaîneraient selon une logique croissante.

La transnationalité du terrorisme n'est pas un phénomène récent. La secte des Assassins, sous les ordres de son chef, le Vieux de la Montagne, fait pendant deux siècles, de 1090 à 1258, régner la terreur au sein du champ politique, dans la région du Machrek, étendue du Liban à l'Irak. Le mouvement présente une dimension internationale sans précédent. L'action des Assassins est connue et crainte en Europe dès le XIVe siècle, où le mot « assassin » évoque une secte meurtrière, dénoncée par le prêtre allemand Brocades alors que le roi Philippe VI envisage une croisade en Palestine. Les Assassins font tomber sous leurs foudres des chrétiens, comme Conrad de Monferrat, roi du royaume latin de Jérusalem. L'acte effraye les croisés, confrontés, pour la première fois, à une réalité terroriste dont ils ignorent l'exacte teneur. Significatives sont les allégations, selon lesquelles le « Vieux de la Montagne » aurait commandité certains assassinats politiques en Occident. Le roi de France aurait-il confié à des Assassins la mission de tuer Richard Cœur de Lion[13] ? Etat de fait ou calomnies et fantasmes, comme il en existe dès que l'on parle de terrorisme et qui plus est de complot, nul ne le sait. L'idée se perpétue pourtant au cours des siècles, puisque jusqu'au début du XXe siècle, les Européens craignent de voir derrière chaque meurtre politique la trace du « Vieux de la Montagne ».

Au tournant du XIXe siècle, la violence anarchiste s'internationalise par la création de liens occasionnels entre individus partageant une idéologie similaire. Les anarchistes italiens développent des relations avec les anarchistes espagnols et américains, tandis que les anarchistes russes utilisent la Finlande comme base arrière.

Alors, qu'au début des années 60, les organisations communistes combattantes font de l'Europe, cœur du capitalisme, leur terrain d'action privilégié, la violence terroriste demeure une affaire nationale qui ne se soucie guère des défaites et succès remportés à l'étranger. A une exception, les Cellules communistes combattantes belges (CCC). Ce groupe terroriste défend, dès ses débuts, une idéologie communiste supranationale, comprise comme une lutte transfrontalière au nom d'un idéal partagé. Les CCC soutiennent une cause à l'intérieur de laquelle ni le territoire, ni l'Etat belge ne sont prioritaires. Leurs actions sont alors dirigées contre les symboles de l'impérialisme. Mettant l'accent sur la nécessité d'une « unité politique », idéologique et, sans aucun doute, militaire des groupuscules terroristes européens, les CCC se réfèrent à la RAF, s'allient idéologiquement avec le groupuscule allemand, puis avec Action directe. Elles n'ont toutefois jamais

---

[13] Selon Lewis Bernard, *Les Assassins : terrorisme et politique dans l'Islam médiéval*, Paris, Berger-Levrault, 1982, 208p.

entendu perdre leur autonomie, cherchant par leurs actions à se démarquer de leurs camarades européens[14].

Enfin, l'Amérique latine est le continent le plus touché, durant ces quarante dernières années, par un terrorisme endémique, avec la prolifération de guérillas révolutionnaires uniques tant par leur ampleur, leur durée, leur ancrage, que par la violence de leurs actions et le professionnalisme de leurs structures. Le terrorisme pratiqué par les guérilleros s'inscrit dans un projet politique clairement défini visant le renversement du pouvoir en place au profit d'un régime qui s'appuierait sur le marxisme-léninisme. Une de ses particularité réside dans le choix des cibles. Non seulement ces groupes révolutionnaires s'attaquent à la représentation du pouvoir, de l'autorité et de l'ordre à l'intérieur de leur pays d'origine, mais ils visent aussi les intérêts étrangers, en enlevant et assassinant des personnalités politiques, économiques, diplomatiques, essentiellement nord-américaines, représentations de l'impérialisme à détruire.

Des membres du Sentier lumineux attaquent des intérêts étrangers présents au Pérou (ambassades, journaux), tandis que les Tupamaros uruguayens et les Montaneros argentins enlèvent des ressortissants Américains (enlèvements de directeurs de grandes entreprises occidentales) en échange de la libération de prisonniers politiques. Enfin, des assassinats de personnalités politiques et économiques étrangères sont commis au Brésil et au Guatemala (conseillers militaires américains, ambassadeurs des Etats-Unis et de la République fédérale d'Allemagne).

La transnationalité du terrorisme n'est ni un phénomène localisé, ni un phénomène monolithique. Les revendications nationalistes prennent très tôt cette forme ; suivies, à grande échelle, par le terrorisme islamique et le terrorisme moyen et proche-oriental.

---

[14] A noter l'opposition totale des CCC avec certains autres mouvements comme celui des BR en Italie.

Ce phénomène s'explique par la nature de la revendication et la position géopolitique des pays concernés. L'infériorité du Sud par rapport au Nord, en termes de puissance économique et de dépendance, conduit les mouvements revendicatifs à agir contre les démocraties occidentales. Ils déplacent leur action soit pour lutter contre l'obstacle que certains Etats posent à leur implantation (islamisme, volonté hégémonique de pays comme la Syrie, la Libye), soit, ou conjointement, pour sensibiliser la communauté internationale à leur revendication. Ils exportent leur action vers l'étranger pour obtenir un écho, un soutien (Kurdes, Arméniens, Palestiniens) mais également pour imposer leur présence.

Les prises de position des Etats occidentaux en faveur des adversaires de tel ou tel mouvement engendrent des actes de représailles contre les intérêts occidentaux localement présents ou au-delà : soutien des Etats-Unis et de la France à Israël ; soutien des pays européens à la Turquie.

Mais la violence transnationale n'est pas uniquement dirigée contre l'Occident. Tout traître à la cause défendue (libération nationale, islamisme, hégémonie régionale) peut devenir, où qu'il se trouve, la cible d'une attaque terroriste. Nombre de pays du Proche-Orient, du Moyen-Orient, d'Asie, d'Amérique latine connaissent un terrorisme exporté d'un Etat voisin.

La notion d'internationalisation place le terrorisme à une échelle dimensionnelle plus vaste puisqu'il suppose l'existence d'un appareil clandestin (implantations logistiques, réservoir humain) développé tant dans son Etat d'origine que sur le territoire étranger. L'OLP bénéficie des camps d'entraînement libyens ; l'ASALA, chassée de Beyrouth, trouve des appuis à Chypre et en Syrie.

Les organisations transnationales opèrent selon deux tactiques : viser des personnalités ou des intérêts déterminés (hommes politiques, diplomates, hommes d'affaires, opposants ou encore compagnies aériennes, lieux symboliques) ; perpétrer des attentats de type « attentats-massacres » contre des populations civiles avec l'objectif d'extérioriser leur présence.

S'ensuit un terrorisme multidimensionnel faisant intervenir nombre d'acteurs et prenant diverses formes : attaque dirigée contre un gouvernement ennemi (Palestiniens contre Israël) ; attaque contre leur propre pays en sol étranger (terrorisme arménien contre les cibles turques) ; attaque portée par un groupe dans un endroit où il escompte obtenir le maximum de publicité (massacre perpétré par Septembre noir à l'occasion des jeux olympiques de Munich).

Communication et médias jouent un rôle clé dans le fonctionnement de ce type de terrorisme en diffusant tactiques, revendications, aspirations.

Enfin, la transnationalité implique la connexion entre groupes à travers le monde : l'action clandestine devient plurielle, ouverte, solidaire. L'internationalisation du terrorisme met en exergue le soutien apporté à une organisation terroriste par certains Etats ou par d'autres organisations violentes, en fonction d'une communauté d'intérêts soit sur l'idéologie défendue, soit sur les cibles visées, soit sur le terrain d'intervention. Se profile une connexion entre groupes terroristes partageant, sinon les mêmes idéaux, au moins un sens similaire de la lutte, une connaissance commune de la clandestinité, un usage de méthodes voisines et par conséquent un besoin identique de matériels et de supports. Même lorsque le terrorisme est une affaire nationale, des relais occasionnels peuvent se nouer au-delà des frontières.

Le terrorisme palestinien sait bénéficier des appuis et implantations d'autres groupuscules : lors du massacre de l'aéroport de Lodz en mai 1972, l'Armée rouge japonaise fait chemin à travers l'Europe pour le compte du Front populaire de libération de la Palestine (FPLP) et c'est avec des armes tchécoslovaques qu'elle tue des Portoricains présents dans l'aéroport israélien.

Bref, le terrorisme devient transnational avec la réunion de divers éléments logistiques et structurels : centres d'entraînement, caches d'armes, préparation et exécution d'opérations conjointes, attaques d'étrangers sur le territoire national ou de nationaux à l'étranger, affinités politiques et idéologiques entre groupes.

Ensuite, on envisage ***un terrorisme susceptible de surgir dans n'importe quelle société, fruit de l'autonomisation d'acteurs guidés par des pulsions religieuses, idéalistes ou mercantiles***.

La violence, mal social, ne bénéficie pas d'un caractère statique défini une fois pour toutes mais se développe au fil du temps. Les études réalisées par François Héritier[15] ou Charles Tilly[16], en dressant un historique de l'acte violent au cours des siècles, montrent au-delà des continuités, la présence de ruptures, d'inflexions, qui incluent ce phénomène dans une approche de sciences sociales : la progression de la violence suit la configuration de la société dans laquelle elle s'inscrit. Le contexte de mutations nationales et internationales que connaissent les sociétés développées depuis deux décennies amène à parler d'une violence renouvelée. Si la notion de conflit s'inscrit dans un contexte de crise, celle-ci n'est plus à regarder sous un angle général, mais suppose de s'intéresser au sujet, à l'acteur même de la violence. L'action s'entend comme une conséquence de la mondialisation et de la globalisation des économies, face auxquelles l'individu réagit par un repli identitaire, une réaction défensive en réponse à une évolution qu'il ne peut maîtriser et qu'il conçoit comme négation de son être, de sa culture, via les inégalités et exclusions générées.

La pratique terroriste évolue en même temps que la violence dans la société où elle se manifeste : sous le joug de la mondialisation, elle peut être utilisée n'importe où, n'importe quand et par n'importe qui.

L'instauration d'un nouvel ordre - ou désordre - mondial, consécutif à la chute du bloc de l'Est et à la guerre du Golfe, modifie les termes de la manifestation terroriste. Sans pour autant la faire disparaître, ces changements l'ancrent dans une nouvelle donne des rapports conflictuels. Le terrorisme aurait pu se percevoir comme une menace, fruit de la guerre froide et instrument de celle-ci, au service d'Etats poursuivant une politique

---

[15] Héritier François, *De la violence*, Paris, Jacob, 1996, 400p.
[16] Tilly Charles, *La France conteste de 1600 à nos jours*, Paris, Fayard, 1986, 622p.

de bras de fer par des moyens détournés - comme l'idée d'une internationale terroriste s'était plu à l'avancer. Sa persistance le fait apparaître comme un instrument renouvelé, détaché de sa motivation politique initiale, alimenté par des sources philosophiques ou idéalistes. Ces sources trouveront toujours des exaltés fanatiques prêts à accomplir une tâche criminelle au nom de la Cause.

Les manifestations terroristes survenues, au cours de la décennie 90, à travers le monde, renferment des changements majeurs par la globalisation des aires géographiques d'intervention, la fragmentation de leurs expressions, l'éclatement de leurs composantes et la disparité de leurs motivations.

D'abord, le terrorisme devient une violence individuelle et réactionnaire. Il s'agit pour des individus de manifester par l'explosif un mécontentement face à ce qu'ils considèrent comme une dérive de la modernité. En cela, il se banalise et devient incontrôlable.

Ensuite, au critère exclusivement politique des années et siècles passés se substitue un rapprochement entre les acteurs de violences différentes (délinquance, trafic de stupéfiants, mafia) qui bouleverse le rapport direct au politique que possède l'acte terroriste. Le référent politique demeure, mais parfois repoussé à l'arrière-plan, devancé par des préoccupations idéalistes, identitaires ou mercantiles. Les liaisons de plus en plus fréquentes entre des trafics divers (permettant l'obtention de fonds), l'engagement d'une lutte armée à dimension religieuse (islamistes) ou nationaliste (Kurdes, Arméniens) et, souvent, la présence d'une population jeune, déshéritée, n'ayant pas accès à la société de consommation, oscillant entre délinquance et activisme (banlieues occidentales, pays musulmans) l'attestent.

En découle une violence pluricéphale, mélange de référent religieux, de contestation sociale, de revendication identitaire, qui renoue avec une remise en cause des systèmes politiques et sociaux, témoignage de leur affaiblissement. On assiste à l'essor d'un activisme religieux qu'il soit islamiste, sectaire, sioniste ou chrétien et à la montée de pulsions nationalistes et ethniques, non seulement à l'intérieur de nations éclatées mais, ce qui est nouveau, au cœur même de sociétés intégrées et unifiées (mouvements patriotiques aux Etats-Unis).

Ces violences « individualisées » élargissent le concept de terrorisme classiquement défini, par extension du domaine de la violence dite politique à des champs dont elle était antérieurement exclue. En quête d'identité, une parcelle d'individus nourrit une rébellion à l'encontre de la société post-moderne qui se déshumanise et se mondialise. Par cela, c'est la fonction politique qui évolue dans un cadre renouvelé, fait d'attentes individuelles et collectives de citoyens qui, à défaut d'une réponse institutionnelle satisfaisante, se donnent les moyens de leur réussite soit idéologique, soit mercantile, souvent les deux. La violence vient alors exprimer « le décalage ou le fossé entre les demandes subjectives de personnes ou de groupes et l'offre politique, économique, institutionnelle, ou symbolique »[17].

---

[17] Wieviorka Michel, « Un nouveau paradigme de la violence », *Cultures et Conflits*, numéro 29-30, printemps-été 1998, p.9-58.

Chapitre 1 - L'internationalisation d'une revendication nationaliste

L'idée de nation soulève le problème de son rapport à l'Etat. Si l'intensité des liens de solidarité conduit majoritairement à la formation d'un Etat-nation, il arrive que les deux entités soient séparées[18].

Les revendications nationalistes de certaines minorités proviennent de leur incapacité à accepter l'adhésion à une société politique dont elles ne partagent pas les caractères d'homogénéité culturelle du groupe majoritaire qui fréquemment s'emploie à les ignorer, voire à les marginaliser.

La scission surgit avec une acuité d'autant plus forte, complexe et souvent insoluble que la nation n'existe pas géographiquement en tant que telle et que ses composantes ont été éparpillées, au gré de l'histoire et des soubresauts politiques, entre plusieurs Etats.

La résistance et le soulèvement contre une autorité supérieure détentrice d'un pouvoir légal existent depuis l'Antiquité. Les ambitions de quelques personnages singuliers, la dissémination ethnique ou culturelle d'un peuple minoritaire sur un territoire, ou l'occupation d'un Etat par une puissance étrangère conduisent, périodiquement, des hommes dans un combat insurrectionnel pour la liberté.

De Moïse libérant le peuple hébreu de l'oppression du Pharaon, Vercingétorix défendant la Gaule contre l'occupation romaine, à l'essor des nationalismes d'Europe centrale et orientale du XIXe siècle, puis à la libération des territoires coloniaux du joug occidental et, enfin, aux attentats corses, basques, irlandais, palestiniens, kurdes ou encore arméniens, l'idée de conquérir l'indépendance par la force (rébellion, guérilla, terrorisme) demeure la même. Les mutations géopolitiques de ces dernières

---

[18] Le concept d'Etat prend son origine dans la conception de la cité (civitas) : au XVIIIe siècle, la question fondamentale est la nature du lien qui unit un groupe de personnes détenteur de l'autorité à un autre groupe qui lui est soumis.

décennies sont propices, par la multiplication du nombre d'Etats, souvent pluriethniques, parfois délimités artificiellement (découpage arbitraire consécutif à un conflit armé), à l'apparition de mouvements de libération nationale spontanés usant de la violence et susceptibles, à un moment ou un autre de leur progression, de faire usage de la méthode des opprimés prônée par Bakounine.

La résurgence du conflit balkanique consécutif à l'effondrement du communisme et à l'éclatement de la Yougoslavie s'explique de la sorte : une impossibilité pour des peuples religieusement, culturellement, historiquement différents de vivre ensemble. Les questions palestiniennes, kurdes, arméniennes, macédoniennes, croates, serbes ou encore tamoules relèvent d'une logique similaire. On se trouve en présence d'un discours nationaliste exprimant, dans tous les cas de figure, une même aspiration à la reconnaissance de l'existence d'un peuple libéré du joug d'un Etat oppresseur. Cependant, sa légitimité et le soutien qu'il soulève sont fonction de phénomènes locaux, nationaux et internationaux.

L'action terroriste à laquelle recourt, dès le début du siècle, l'Organisation révolutionnaire intérieure macédonienne (ORIM), modèle de tous les mouvements d'indépendance, s'entend comme une méthode de déstabilisation physique et psychologique de l'adversaire, mais incapable d'assurer à elle seule le triomphe d'une guérilla. Les indépendantistes cherchent à travers le terrorisme à perturber le fonctionnement du pouvoir par des actions contre les représentants de l'Etat et de la société internationale (diplomates et les journalistes), contre la population et les ressources économiques du pays (infrastructures routières, sanitaires, énergétiques) [19].

Par le terrorisme, les rebelles s'efforcent de convertir le peuple à une cause à laquelle il n'aurait pas spontanément adhéré,

---

[19] Il serait faux et réducteur d'assimiler terrorisme et lutte pour l'indépendance. Le terrorisme employé à une fin de libération nationale constitue un moyen ultime de s'opposer clandestinement à une autorité que l'on n'a pas la puissance de défier par un combat politique classique.

préliminaire indispensable à l'engagement d'une rébellion portée par l'ensemble de la population contre les autorités en place et dont la puissance permettra d'acquérir l'indépendance.

Ce type de mouvement cherche à exporter sa revendication soit en asseyant sa légitimité sur le soutien de la communauté internationale, soit, le plus fréquemment, en sanctionnant les Etats étrangers, qui s'opposent à leur élan, dans leurs intérêts ou sur leur territoire.

I.- Les Palestiniens

Le combat du peuple palestinien pour la récupération de sa terre compte parmi les plus longs et les plus violents de l'histoire de l'humanité. L'évolution politico-militaire de la subversion palestinienne est le fait d'une succession de modes d'intervention au sein desquels le terrorisme tient une place de premier choix. Le degré d'innovation est conséquent puisque émergent certaines formes significatives de violence : d'abord, la guérilla révolutionnaire incarnée par les fedayins à l'aube des années 70 ; ensuite, le terrorisme international ou encore d'organisation écran pratiqué en faveur de la cause palestinienne. Le conflit palestinien lance le terrorisme publicitaire, en inaugurant la pratique des attaques aveugles dirigées contre les populations civiles occidentales. Ses activistes se rendent célèbres à travers le monde par des opérations spectaculaires au nombre desquelles figurent les détournements d'avions avec liquidation de passagers.

Le terrorisme palestinien trouve son origine dans l'attentat perpétré en Palestine, le 15 avril 1936, par le groupe fondé par Ezzdine El-Kassam, contre un convoi israélien près de Naplouse. Il s'agit, à l'époque, de faire obstacle à tout transfert de pouvoirs aux sionistes et de supprimer par la violence le colonialisme britannique.

La résistance existe de façon latente en Palestine depuis les années 20 : aux premiers soulèvements palestiniens[20], succède, avec le second conflit mondial, une période de résistance face à

[20]En 1921, 1924, 1933, 1935, 1936.

l'occupant britannique. Jusqu'en 1948, les Palestiniens subissent le rejet qui leur est imposé.

La création de l'Etat d'Israël chasse de leur terre des milliers de Palestiniens. Ils se réfugient alors dans des camps de la bande de Gaza, rattachée à l'Egypte et de Cisjordanie, où l'assimilation se heurte à la résistance locale. Rapidement certains Palestiniens passent à la clandestinité pour retrouver un « foyer national ». La perspective est de créer un mouvement autonome mais disposant du soutien des pays arabes. Ce n'est qu'à la fin des années 50, sous l'impulsion d'étudiants, dont Yasser Arafat, que l'idée d'un nationalisme palestinien prend forme. A Gaza émergent les premières lignes directrices d'une idéologie que va adopter El-Fatah - fondé par Yasser Arafat - composante principale de l'Organisation de libération de la Palestine (OLP) et à partir de laquelle se déclenchera la lutte armée. De Beyrouth, El-Fatah organise, dès 1958, sa propagande en direction de la jeunesse palestinienne.

La guerre des Six-Jours déclenchée, en 1967, par Israël précipite les évènements en étendant l'emprise israélienne à l'ensemble de la Palestine. Les Palestiniens, contraints à subir l'occupation ou à prendre l'exil, s'engagent dans une résistance armée. Dès l'automne 1967, les fedayins poursuivent leurs opérations commandos pendant que les groupuscules palestiniens prêts au combat se multiplient, soucieux de ne pas laisser le monopole à El-Fatah.

Si bien qu'à la fin des années 60, les Palestiniens voient dans la lutte armée le moyen propice au renouveau d'une nation palestinienne libre. La révolution palestinienne est née. Avec l'emprise de l'OLP, créée dès 1964, une résistance structurée, digne de ce nom, se met en place. L'objectif est net : défier Israël et sa présence militaire.

Le terrorisme devient l'arme essentielle du combat engagé, peut-être à cause de l'incapacité à voir émerger une lutte armée unifiée. Une résistance divisée, ainsi que le nombre peu élevé de combattants expliquent l'impossibilité d'insérer le terrorisme dans un ensemble plus vaste de guérilla. C'est alors par la violence des attentats que la mouvance palestinienne parvient à s'imposer.

De la fin des années 60 au milieu de la décennie 70, les organisations palestiniennes inaugurent une phase de terrorisme international, moyen d'exporter la crise palestinienne au centre des préoccupations des puissances occidentales[21].

Le premier acte terroriste commis par des Palestiniens est l'attaque d'un avion de la compagnie israélienne El Al sur l'aéroport d'Athènes en 1968. Les opérations menées au long de la décennie suivante viseront pour l'essentiel le trafic aérien : explosion d'avions en vol (explosion d'un avion de la Swissair en février 1970), opérations menées contre les aéroports (Rome, Athènes), détournements d'avions. Ces attaques, opérées avec la finalité de causer un nombre élevé de victimes, donnent lieu à des opérations de représailles de grande envergure des forces armées israéliennes. Les plus notoires sont les bombardements de réfugiés palestiniens à Sabra et Chatila en 1982, mais on note aussi des missions antiterroristes spectaculaires comme le raid sur l'aéroport d'Entebbe, en 1976, suite au détournement par Septembre noir d'un avion d'Air France. Les services secrets israéliens ne sont pas sans réagir aux attaques palestiniennes contre les juifs en Occident : le 5 avril 1973 est abattu, à Paris, le numéro 2 du terrorisme palestinien dans le monde.

Mais rapidement, une absence d'unité caractérise la mouvance. Si bien qu'un grand nombre d'opérations terroristes menées par des commandos palestiniens ne bénéficient pas de l'aval d'Arafat. Ce terrorisme pluriel contribue, au fil du temps, à discréditer aux yeux de la communauté internationale une cause qu'Arafat s'employait à faire connaître comme légitime : reprendre à Israël la « terre de son peuple ». L'émergence de groupes, faisant de la violence l'unique instrument de leur action, conduit à assimiler la revendication à une terreur à l'encontre de populations civiles.

---

[21] Les opérations palestiniennes menées, à Paris, au début des années 70, s'inscrivent dans un schéma précis consistant à détruire les réseaux greffés par les services secrets israéliens et à intimider certains pays arabes. La France, à cette époque, a le simple statut de terrain d'intervention mais n'est pas encore une cible en tant que telle.

Créée le 28 mai 1964, l'***Organisation de libération de la Palestine*** (OLP) se présente comme une union de plusieurs mouvements dotés de particularités idéologiques et structurelles. Yasser Arafat prend la tête d'une organisation marquée par des divisions internes entre les nationalistes de El-Fatah, les marxistes de Georges Habache, les communistes de Nayef Hawatmeh, les baassistes syriens de la Saïka ou encore les baassistes irakiens. L'unité impossible à réaliser à la base comme au sommet fera cruellement défaut à la forte structuration que suppose un mouvement révolutionnaire. L'absence de stratégie à moyen comme à long terme vide le terrorisme palestinien d'une grande partie de son caractère révolutionnaire[22]. En se montrant incapable de soulever les masses[23], il les a au contraire entretenues dans une illusion dangereuse selon laquelle le terrorisme pourrait à lui seul résoudre le problème palestinien.

La stratégie maximaliste adoptée par l'OLP, dès 1969, place le mouvement dans une dimension internationale avec extension du conflit au-delà du territoire palestinien et des pays arabes voisins. La violence vise de façon plus large les ennemis de son peuple, composés en priorité d'Israéliens, puis de juifs, d'Occidentaux et d'Américains.

La transnationalité de la pratique terroriste va de soi : étant donné l'absence de territoire géographique propre au peuple palestinien, toute attaque terroriste ne peut être conçue et menée qu'en sol étranger. Pendant cette période se développe, contre des cibles israéliennes à travers le monde, ce que Bruce Hoffman, de la Rand Corporation, qualifie de « terrorisme de substitution »[24], à savoir des actes perpétrés soit par des groupes terroristes agissant

---

[22] Une tentative de coordination apparaît lors de la création du *Commandement de la lutte armée palestinienne* (CLAP), en avril 1969. Cela permet de mener des opérations d'envergure contre Israël au cours du printemps et de l'été 1969. Cette coordination des efforts n'est toutefois pas un commandement unifié permanent de la résistance, ce que les organisations refusent. En 1970, apparaît le *Commandement unifié de la résistance palestinienne* (CURA), qui servira d'instance de liaison lors des affrontements de juin et de septembre 1970.

[23] Lors de la première conférence de l'Union des travailleurs palestiniens tenue à Gaza en 1964, l'objectif déclaré est de « préparer les masses à la lutte armée ».

[24] « Tendances récentes du terrorisme palestinien », colloque *Terrorisme international et trafic de stupéfiants*, Ankara, 1984.

sur ordre de l'OLP, soit plus fréquemment par des groupes étrangers qui manifestent ainsi leur « solidarité révolutionnaire » avec la cause palestinienne, fréquemment en échange d'un soutien logistique et/ou financier apporté par l'OLP. Ainsi des groupes terroristes européens, latino-américains ou encore libanais s'exercent contre des cibles israéliennes.

Alors que le Liban devient, au long de la décennie 70, la base arrière à partir de laquelle l'OLP lance ses offensives vers Israël, l'invasion israélienne du Liban, en 1982, a pour objectif et conséquence de déstabiliser l'organisation, détruisant une partie significative de ses installations et camps d'entraînement. Contraint de quitter Beyrouth-Ouest, Yasser Arafat gagne Damas d'où il sera expulsé en 1983, pour s'installer enfin à Tunis. Conséquence : un passage à vide de 1982 à 1984 traduit par la perte du Liban, la disparition de ses militants et des insuffisances financières consécutives aux diminutions de rentrées pétrolières de pays du Golfe comme l'Arabie saoudite.

La régression des attaques contre les objectifs israéliens en territoire palestinien est compensée par une extériorisation du conflit en direction des territoires européens, mais aussi de l'Australie[25]. Et parallèlement, des groupes palestiniens engagent des opérations contre des objectifs autres qu'israéliens en visant des personnalités américaines, en représailles de l'intervention américaine au Liban en 1982, et également des intérêts arabes, jordaniens et égyptiens. Tout Etat, personne ou communauté s'opposant à la reconnaissance de leur cause tombe sous le coup de l'action terroriste.

Le terrorisme dirigé contre l'Occident est conçu comme un acte de propagande armée destiné non seulement à peser sur les puissances occidentales mais aussi à s'imposer au cœur du monde arabe : la capacité de contraindre un avion d'El Al à se poser à Alger en donne l'illustration. La transnationalité est liée au concept

---

[25] Attentats en décembre 1983 à Sydney contre le consulat d'Israël et contre une association juive.

de terrorisme sensationnel, spectaculaire, choquant et donc marquant. Oeuvre de professionnels, ces actes sont destinés à tuer.

La terreur employée par la résistance palestinienne poursuit un objectif allant au-delà des revendications nationalistes et indépendantistes habituelles : chasser entièrement le peuple juif pour récupérer la « terre promise ». Dès le départ, sont posées les marques d'un conflit insoluble voué à s'inscrire dans la pérennité et à dépasser le tournant du millénaire.

Pour comprendre le terrorisme transnational palestinien, une distinction entre deux tendances, constituées par les modérés et les radicaux, s'impose[26].

El-Fatah ou le Fatah, mouvement de libération de la Palestine, créé en 1957 par Yasser Arafat, rejoint l'OLP, en 1968, pour devenir le mouvement prédominant de l'organisation. Bien qu'El-Fatah dépende personnellement d'Arafat, qu'il bénéficie de ressources financières et de nombreux projets, il rencontrera au cours du temps quelques difficultés à s'affirmer face à la virulence d'organisations comme le FPLP. L'objectif d'El-Fatah s'est toujours voulu moins radical que celui des autres organisations[27] : il cherche en affrontant Israël à se concilier la communauté internationale et à se faire ainsi reconnaître le droit à un territoire qu'il juge légitime[28].

---

[26] Les organisations membres du Conseil national palestinien et du comité exécutif de l'OLP qui se feront connaître par des actes terroristes sont *El-Fatah,* élément principal de l'OLP ; le « *Front populaire de libération de la Palestine* » (FPLP) et le « *Front démocratique de libération de la Palestine* » (FDLP). A côté prennent place des groupes dissidents de l'OLP, tels le « *Fath-Commandement provisoire* » (Fath CP) ; le « *Front populaire de Libération de la Palestine-Commandement général* » (FPLP-CG) ; le « *Front de libération de la Palestine* » (FLP) ; la *Saïka.* Enfin sont présents des groupes radicaux distincts de l'OLP comme le « *Fath-Conseil révolutionnaire* » (Fath-CR) ou groupe Abou Nidal ; le « *Mouvement populaire de libération arabe* » (MPLA) ; le « *FPL-Commandement* spécial » et « *l'Organisation arabe du 15 Mai* », tous deux issus du FPLP-Opérations spéciales. Enfin, le « *Front du refus* » est fondé, en 1973, par la coalition du FPLP, du FPLP-CG et du FLA.

[27] L'objectif des autres mouvements, dont le FPLP, est d'accroître la pression sur Israël pour déstabiliser le régime et provoquer un soulèvement de la population de Cisjordanie.

[28] C'est d'ailleurs le succès remporté par El-Fatah auprès de la population qui, dès 1968, lui permet de devenir l'organisation principale de l'OLP.

Les opérations menées en 1965-1966 par El-Fatah dans les territoires occupés sont proches du schéma classique de guérilla menée par le Viêt-minh ou le FLN algérien. Mais son essor sera de courte durée, remplacé par le terrorisme dès 1968. La stratégie tactique adoptée dans ses actions initiales est celle apparue en Amérique latine sous le nom de « foco », visant à associer progressivement le peuple au combat. Le mouvement se radicalise au fil du temps pour joindre idéologiquement la révolution à la libération de la Palestine. L'activité de l'organisation évolue : après avoir démarré par des opérations de sabotage dans une aire géographique réduite, elle change d'envergure dès 1969 en agissant depuis la Jordanie et le Sud Liban et prend la tête d'opérations commandos dans les territoires occupés, appelées opérations de type « ceinture verte », jusqu'en 1971.

Expulsés de Jordanie à la suite des violents affrontements avec les forces étatiques en 1970, les commandos d'El-Fatah s'établissent à Beyrouth jusqu'en 1982, avant de se disperser entre plusieurs pays dont la Tunisie, le Yémen, l'Algérie, l'Irak. Fort de 7000 combattants, El-Fatah se compose de groupuscules dont certains se spécialisent dans les attaques terroristes à l'étranger comme la *Force 17* ou le groupe d'opérations spéciales *Hawari* [29].

Le lien d'El-Fatah avec le terrorisme ne se limite pas à l'action, il se traduit également par des capacités d'entraînement fournies aux terroristes européens, moyen-orientaux et asiatiques. Comprenant très tôt le profit à tirer de l'élaboration de réseaux entre groupes clandestins comme avec des Etats apportant leur caution à de telles pratiques, les groupuscules palestiniens internationalisent la pratique terroriste.

Le ***Front populaire de libération de la Palestine*** (FPLP) est, après El-Fatah, la plus importante organisation politique et militaire dans le mouvement palestinien. Situé à gauche d'El-Fatah,

---

[29] La *Force 17*, créée au début des années 70, comme force de sécurité personnelle d'Arafat et des leaders de l'OLP, se livre à des opérations contre les intérêts israéliens. Le *Hawari Group*, originaire d'Irak, dirige, en 1985 et en 1986, plusieurs attaques en Europe et contre des intérêts américains comme la bombe placée dans le vol 840 de la TWA à destination de la Grèce.

il est issu de trois organisations que sont *les Frères du retour*, le *Mouvement nationaliste arabe* et le *Mouvement des jeunes de la vengeance*. Ses bases d'implantation se situent en Syrie, au Liban, en Israël, ainsi que dans les territoires occupés. Il reçoit une assistance financière et militaire de la Syrie et de la Libye. Un point commun à l'ensemble des mouvements palestiniens est le soutien, voire la dépendance, dont ils bénéficient de pays arabes, agissant en fonction de leur propre intérêt régional et ne plaçant qu'au second plan leur sensibilité à la cause palestinienne. Groupe marxiste, le FPLP agit dans un double objectif : combattre les régimes arabes à tendance impérialiste et chasser le sionisme de Palestine. Le Front situe son action sous un angle révolutionnaire proche de la lutte des classes. En 1969, le FPLP se rallie à l'OLP militant pour la création d'un Etat palestinien en Cisjordanie et à Gaza. Ses premières actions terroristes se limitent à Israël et aux territoires occupés, mais leur violence et le caractère indéterminé des cibles, civiles comme militaires, laissent présager l'émergence d'un type de terrorisme basé sur le sensationnel et la terreur sanglante.

Rapidement, le mouvement de Georges Habache se spécialise dans les opérations terroristes dirigées contre les juifs en Occident, estimant que l'impact du meurtre d'un juif à l'étranger serait de loin supérieur à l'assassinat de nombreux juifs en Israël, perdu dans la masse d'un conflit local. L'avantage est clair : frapper ouvertement la communauté internationale. La première action du FPLP se veut de grande envergure avec le détournement d'un avion israélien de la compagnie El Al et la prise en otage pendant cinq semaines de 32 de ses passagers. L'organisation se fait la spécialiste de ce type d'action en détournant plus d'une dizaine d'avions l'année suivante. Tout vol aérien dans la zone du Proche-Orient devient sensible, d'abord pour les passagers israéliens ou juifs, plus tard pour les américains et les européens.

Au nombre des actions menées par le FPLP, au cours des années 70, demeure dans les esprits, le détournement, le 13 octobre 1977, du Boeing de la Lufthansa qui échoue sur l'aéroport de Mogadiscio. L'opération est perpétrée sans le soutien de l'OLP : Yasser Arafat, en condamnant les actions de septembre 1970 pour tenter de s'emparer du pouvoir à Amman, a suspendu le FPLP de l'OLP. Ensuite, le Front s'illustre, en février 1972, par le détournement d'un Boeing 747 allemand contre une rançon de cinq millions de dollars ; en 1973 par la destruction d'un Boeing japonais ; en 1975 par la prise d'otages à l'OPEP à Vienne sous le commandement de Carlos. Le responsable des opérations extérieures du FPLP, Wadi Haddad, saura tirer profit des organisations terroristes internes présentes à cette époque dans les pays occidentaux. Le caractère marxiste du FPLP lui permet de s'allier les militants d'organisations communistes combattantes comme l'ARJ, la RAF, ou encore de mercenaires en provenance d'Algérie, du Pakistan, du Soudan.

L'explosion en vol d'un avion de Swissair en direct devant les caméras de télévision inaugure un nouveau type de guerre médiatisée, basé sur un déséquilibre entre les adversaires : des civils (femmes et enfants) sans protection d'un côté, des « bandits masqués » fortement armés de l'autre. La lâcheté du mode d'intervention est immédiatement dénoncée par l'opinion internationale. La cause palestinienne ne tire aucun prestige de ce type de mission, si ce n'est de faire parler d'elle. Mais n'était-ce pas un des buts recherchés ?

Le FPLP se radicalise, conséquence de scissions consécutives. La première opérée en 1968 donne naissance au ***FPLP-Commandement général*** (FPLP-CG). Sous la direction d'Ahmed Jibril, le mouvement s'oriente dans une option plus militaire que politique faisant de la lutte armée son angle d'attaque. Formé dans l'armée syrienne, Jibril reçoit le plein support de la Syrie. Spécialisé dans les opérations suicides, le FPLP-Commandemant général se livre à l'étranger à des attaques contre Israël et lance des opérations extrêmement violentes contre l'aviation civile, dont la plus marquante est l'explosion qui détruit en vol, le 21 février 1970, un avion moyen courrier suisse, faisant 47 morts. Les quartiers généraux du groupe se trouvent à Damas mais il dispose de bases au Liban et d'attaches en Europe. Les relations entretenues avec les mouvements se réclamant de l'islam au Liban lui valent le soutien de l'Iran.

A la suite de la déroute des Palestiniens face à l'armée jordanienne en 1970 est créé, en 1971, un groupuscule, à vocation terroriste en direction de la Jordanie et d'Israël, dont la violence des opérations perpétrées en Occident le rendent tristement célèbre : **Septembre noir**[30]. Pour ses fondateurs, il est nécessaire d'exporter la guerre contre Israël sur un terrain d'opération extérieur, de préférence en Europe. La clandestinité dans laquelle entre l'organisation répond à l'impératif de dépasser les actions souvent peu fructueuses du FPLP en Occident. Fort d'une structuration propre, basée sur une pluralité de cellules composées sur un mode familial, Septembre noir s'impose en professionnel de l'action clandestine grâce à un fonctionnement en réseaux, qui lui permet de se perpétuer par renouvellement constant de l'organisation.

Septembre noir a toujours tenu à agir en organisation autonome opérant de façon strictement clandestine sans aucune représentation publique (siège, journaux) et ne se plaçant pas sous l'autorité de Yasser Arafat pour justifier la responsabilité de ses actes. En ce point, il se différencie du FPLP.

Entre 1971 et 1973, le groupe devient l'une des organisations terroristes transnationales les plus violentes et les plus productrices. Ses attaques visent les cibles israéliennes, les personnels diplomatiques ou les firmes internationales présents à travers le monde (Etats-Unis, Europe, Amérique du Sud, Asie) et les intérêts américains au Moyen-Orient. Assassinats (Premier ministre jordanien à Londres en novembre 1971, ami personnel du roi de Jordanie en décembre 1971, cinq Jordaniens à Cologne en février 1972), lettres piégées, prises d'otages (ambassade d'Israël à Bangkok en décembre 1972, ambassade d'Arabie saoudite à Khartoum en mars 1973), massacres (jeux olympiques de Munich en 1972), attaques contre l'aviation civile (à Dubaï en 1973, Boeing de la Pan Am et de la Lufthansa en novembre 1973),

[30] A l'origine, « Septembre noir » est le nom donné à une période, qui va du 1er au 20 septembre 1970, au cours de laquelle la résistance palestinienne, qui prenait trop de pouvoirs en Jordanie, a été écrasée et massacrée par l'armée et la police du roi Hussein. Par la suite, en 1971, un groupe prend le nom de Septembre noir en mémoire de cette période.

destructions d'installations pétrolières en Hollande et en Italie, sont au nombre de ses actions. Nationalité, fonction publique, publicité deviennent les paramètres d'action du groupuscule.

Septembre noir et le FPLP ont tous les deux pour objectif de déplacer le conflit sur la scène occidentale. Complémentarités ou rivalités telle est l'alternative à laquelle le mouvement palestinien est confronté à travers ses organisations. Déplacer le conflit est pour Septembre noir un moyen de bouleverser la quiétude occidentale, c'est par la « force » qu'il convient de « briser le mur du silence ». Les attaques de l'organisation contre les ports de Hambourg et de Trieste s'inscrivent dans cette logique : frapper l'Occident dans ce qu'il a de plus cher, son capital et la paix promise à ses citoyens.

Septembre noir cherche à attirer la population palestinienne vers l'action clandestine, une tâche favorisée par le flot de discours politiques inopérant dans lequel le peuple palestinien ne parvient plus à trouver de repères. Le terrorisme exprime ici le désespoir, celui de ne jamais parvenir à s'imposer face à une puissance israélienne inspirant la peur et soutenue par les démocraties occidentales.

L'originalité des organisations palestiniennes est de se multiplier à partir de scissions opérées au sein d'une organisation initiale. Ainsi en est-il du ***Front démocratique de libération de la Palestine*** (FDLP), créé en 1969, par Hawatmeh, émanation du FPLP, marxiste-léniniste. Comme lui, il est soutenu par la Syrie. Etabli à Damas et dans la plaine de la Bekaa, et fort de 600 combattants, il approuve un « dialogue démocratique avec les progressistes israéliens »[31]. Au cours des années 70, le groupe concentre ses opérations en Israël et dans les territoires occupés. Spectaculaire est le massacre de Ma'al, en 1974, dans lequel 27 Israéliens sont tués et 100 autres blessés. S'implanter dans la population à partir de laquelle la résistance sera susceptible de s'organiser devient son fil conducteur. Le FDLP n'a toutefois jamais commis d'actions dans une zone extérieure. Son évolution

---

[31] Arafat Yasser, *La question palestinienne*, entretiens avec Benjelloun Olivier Nadia, Paris, Fayard, 1991, 261p.

l'amène, après 1983, à se rapprocher du FPLP et des forces syriennes dans un combat contre les positions du chef de l'OLP.

Un tournant majeur dans l'évolution du mouvement palestinien se situe en 1973 avec le changement de direction adopté par Yasser Arafat. La multiplication des opérations terroristes engagées sur différents fronts, avec leur lot de terreur et de victimes, contribue à façonner dans l'opinion occidentale l'image d'une revendication palestinienne associée à la violence. Les Palestiniens sont assimilés à des terroristes. Toute légitimité de la cause se perd dans ces actes de terreur et la quête justifiée d'une terre palestinienne s'évanouit.

Nonobstant la mise à l'index par les puissances occidentales, les Palestiniens se sont petit à petit coupés des Arabes. Si la Jordanie, l'Egypte, la Syrie, l'Irak ont apporté leur soutien à la cause palestinienne quand il en allait de leur intérêt, ils s'opposent à la création d'un pays laïque socialiste arabe. La Jordanie chasse les Palestiniens de ses terres en 1970 et 1971, la guerre du Liban provoque le départ de l'OLP, à qui la Libye fermera ses portes, pour consommer la rupture entre Arabes et Palestiniens.

Yasser Arafat entend, dès 1973, mettre un terme à l'exportation de la violence comme publicité à la cause palestinienne[32]. Sa condamnation des actes terroristes lui vaut un accueil à la tribune de l'ONU, le 13 novembre 1974. A cette époque, l'OLP entre dans une phase diplomatique. L'organisation multiplie les demandes de contacts avec les Etats-Unis : officiellement le terrorisme a laissé place à la diplomatie dans la gestion de la crise palestinienne. Au cours des années 80, Arafat ne cessera de condamner les actions extérieures que ce soit, en 1987, au Caire ou, en 1988, à l'occasion de la session du Conseil national palestinien, soulignant l'opposition de l'OLP envers les attaques menées contre les civils. Le chef de l'OLP déclare « Nous refusons (le terrorisme) sous toutes ses formes »[33], affirmant que l'OLP a toujours limité ses attaques aux appareils militaires américains.

---

[32] L'occupation de l'ambassade d'Arabie saoudite au Soudan, au début de l'année 1973, sera la dernière opération de l'OLP.

[33] Arafat Yasser, *La question palestinienne*, op.cit.

Cette vision, quelque peu tronquée, a le mérite d'être la conséquence inavouée de l'échec du terrorisme porté à l'échelle internationale pour la défense d'une cause nationaliste.

Yasser Arafat et l'OLP parviennent, au long des années 80, à imposer, sur la scène internationale, la légitimité de leurs revendications. Un long chemin a été parcouru dans lequel l'abandon de l'option radicale, l'ouverture vers un dialogue avec Israël et l'acceptation de la médiation jouée par les Etats-Unis, permettent la reconnaissance de l'OLP à l'ONU, puis l'accord de Washington le 13 septembre 1990. Reçu aujourd'hui par les grandes puissances à l'instar d'un chef d'Etat, Yasser Arafat s'efforce de faire oublier le leader d'une organisation qui avait fait du terrorisme son arme de combat.

Cette voie ne sera pas suivie par les islamistes. Elle ne convaincra pas, non plus, nombre de mouvements palestiniens qui, défiant le leader de l'OLP, s'enfoncent dans le radicalisme, érigeant le terrorisme en arme de conquête de la terre palestinienne. Georges Habache désavoue publiquement Arafat. Plusieurs groupes dangereux émergent.

En 1974, une scission du FPLP donne naissance au ***FPLP-Commandement spécial*** (FPLP-CS) dirigé par Wadi Haddad, de tendance pro-irakienne. Dès 1979, l'organisation se sépare en deux branches : le *FPLP-CS* de Salim Abou Salem et *l'Organisation arabe du 15 mai* ou groupe Abou Ibrahim.

Groupe marxiste-léniniste, le ***FPLP-CS*** porte la responsabilité de plusieurs actions d'envergure en Europe de l'Ouest, notamment un attentat contre un restaurant fréquenté par des soldats américains en Espagne, en avril 1985. Longtemps soutenu par l'Irak, le mouvement reçoit l'aide de la Syrie et de la Libye, entretient des implantations au Koweït, au Yémen du Sud, en Irak et dispose d'éléments à Chypre, en Yougoslavie, ainsi qu'en Europe de l'Ouest. Ces bases lui permettent d'agir sur des territoires étrangers.

L'***Organisation du 15 mai***, dirigée par Mohammed El Amri connu sous le nom d'Abou Ibrahim ou « l'homme bombe », participe à plusieurs bombardements au début des années 80 : bombe contre un hôtel londonien en 1980, bombes contre des offices d'El Al à Rome et à Istanbul en 1981 ou contre les ambassades israéliennes d'Athènes et de Vienne la même année. A ces attaques anti-israéliennes s'ajoutent des attaques anti-américaines, dont l'explosion d'un avion de la Pan Am à Rio de Jaineiro et d'un vol de Tokyo à Honolulu, en août 1982. Les opérations du groupe visent le Moyen-Orient, l'Europe et l'est de l'Asie. Son soutien financier serait assuré par l'Irak.

Enfin, se détache du FPLP-CG, en 1977, le ***Front de libération de la Palestine***, d'où émergent en 1983 trois groupes dissidents d'allégeances pro-irakienne ou pro-syrienne, au nombre desquels le *FLP* d'Aboul Abbas en liens étroits avec El-Fatah dans une faction pro-irakienne. Aboul Abbas endosse la responsabilité, en octobre 1985, de l'attaque du paquebot *Achille Lauro* et du meurtre d'un passager américain. Basé en Tunisie jusqu'à cette période, le mouvement se déplace ensuite vers l'Irak.

Les mouvements palestiniens ne vivent jamais de façon autonome, ils sont placés sous la dépendance plus ou moins marquée de pays voisins comme l'Irak ou la Syrie, pays pratiquant un terrorisme d'Etat. Le terrorisme transnational palestinien jongle fréquemment avec un terrorisme d'organisation écran traduisant les prises de position et les intérêts d'un Etat arabe. Les organisations palestiniennes sont, à la fin des années 60, utilisées par l'Irak, la Syrie ou la Libye, avides de mener, par leur intermédiaire, des actions déguisées et anonymes contre leurs ennemis. L'Irak se montre très actif en ce domaine.

A ces deux dernières organisations, qui n'appartiennent pas à l'OLP, doivent être assimilées trois autres organisations apparues, dans les années 70, dans une ligne dure d'opposition à la politique d'Arafat.

Le ***Fath-Conseil révolutionnaire*** est fondé, en 1974, par Abou Nidal, à la suite d'une rupture avec l'OLP. De toutes les organisations palestiniennes, c'est celle qui compte le plus grand nombre d'attentats : le Département d'Etat américain en recense 60 jusqu'en 1984 et une vingtaine commis en Europe en 1985. Au nombre des opérations, on retient une bombe contre la synagogue de Vienne et les explosions des comptoirs d'El Al aux aéroports de Rome et de Vienne en 1985, qui causent 20 morts. Ces actions spectaculaires s'insérent dans la pratique d'une organisation écran au service successif de l'Irak, de la Syrie, de la Libye. Le Fath-CR mène encore d'autres opérations dans la décennie 90, comme l'assassinat, le 29 janvier 1994, d'un diplomate jordanien à Beyrouth et ce malgré les tensions survenues au sein du mouvement. Sa détermination contre l'OLP et la personne d'Arafat demeure entière.

La ***Saïka***, fort d'un millier d'hommes, dirige des camps terroristes en Syrie où elle voit le jour, en 1968, à l'initiative du parti Baas. Refusant de rejoindre l'OLP en 1987, elle se trouve au nombre de ces organisations considérant que le combat pour la reconnaissance de la Palestine doit se poursuivre dans la lutte armée.

Enfin, dès 1973, se dessine une coalition s'opposant directement à la décision d'Arafat de couper court au terrorisme, formée du FPLP, du FPLP-CG et du FLP : le ***Front du refus***. L'organisation fait de la lutte armée « la voie fondamentale pour libérer la Palestine ». Dirigé par Georges Habache et soutenu par la Libye et l'Irak, le Front est impliqué dans le terrorisme international, tout au long de la décennie 70 ; il a pratiquement disparu depuis la guerre du Golfe.

Bien qu'Arafat réaffirme, en décembre 1988, sa renonciation au terrorisme, l'absence de condamnation de la part de l'OLP de l'attaque menée, le 30 mai 1990, par le FLP sur les plages israéliennes suspend le dialogue Etats-Unis-OLP. Il semblerait que la condamnation du terrorisme par l'OLP soit davantage une condamnation de convenance en considération de l'image négative véhiculée par l'emploi de telles pratiques, peu propice à la prise en compte internationale des revendications palestiniennes, qu'une opposition catégorique à une pratique maintes fois utilisée dans le passé.

Depuis une décennie, l'internationalisation terroriste de la cause palestinienne s'est estompée. Les Palestiniens ont recentré la violence à l'échelle régionale en combattant les envahisseurs directs que sont à leurs yeux les Israéliens. A la fin des années 80, la lutte se traduit par l'apparition du jeune combattant de l'Intifada, défendant son territoire par jet de pierres. Au milieu des années 90, l'évolution chaotique du processus de paix, orchestré par les Etats-Unis, donne naissance, à une nouvelle vague de violence faite d'un subtil mélange de religion, de nationalisme et de fanatisme. Ce terrorisme exacerbé n'a d'égal que la détermination de ses meneurs à refuser toute concession à l'Etat d'Israël. Cantonné, jusqu'à présent, dans sa sphère géographique originale, il pourrait un jour ou l'autre renouer avec la transnationalité de ses ancêtres.

II.- Les Arméniens

Dans sa partie orientale, l'Empire ottoman connaît à l'extrême fin du XIXe siècle une remise en cause de sa souveraineté par une minorité arménienne qui, à la recherche d'une reconnaissance nationale, utilise le terrorisme, à l'image des minorités contemporaines.

Géographiquement, l'Arménie correspond à une région historique et ethnique dont les frontières varient avec les événements politiques au gré des invasions multiples auxquelles ce pays offre un couloir prioritaire. Il se partage politiquement, au cours du temps, entre plusieurs Etats, ne parvenant jamais à former une unité nationale. L'apparition des premiers partis politiques arméniens entre 1885 et 1890, se donnant pour but l'émancipation de l'Arménie turque jusqu'à l'autonomie, voire l'indépendance, connaît l'appui d'une organisation d'autodéfense des paysans. Elle est relayée par la protestation terroriste d'un parti social-démocrate, Dachnak, contre l'indifférence des grandes puissances aux massacres perpétrés par le sultan ottoman, Abdülhamid II.

Divers éléments vont dans le sens du déclenchement d'actions violentes : la diffusion d'un nationalisme en plein essor par les intellectuels et les organes de presse, le soutien extérieur européen, la dilution de l'autorité ottomane. Les activités engagées en faveur d'une lutte pour l'indépendance progressent consécutivement à la guerre russo-ottomane de 1877-1878, laquelle concourt à l'apparition d'une situation géopolitique favorable à l'internationalisation de la question arménienne. La préparation à la lutte armée en Turquie est l'œuvre, dans les deux dernières décennies du XIXe siècle, de sociétés secrètes, comme la ***société de la Croix noire*** (1878), les ***Protecteurs de la Patrie***

(1881) et la ***société Jeune Arménie*** (1889), constituées dans l'optique d'acquérir, d'introduire et de distribuer armes et munitions sur le territoire turc. Ces petits groupes clandestins unissent leurs forces pour fonder, en 1890, la ***Fédération révolutionnaire arménienne - Dashnaksiuthium*** - dont le manifeste déclare ouvertement la guerre aux autorités de l'Empire ottoman.

L'occupation de la banque de Constantinople, symbole de la liaison entre les intérêts occidentaux et ceux de l'Orient, en 1896, par les membres de la ***Fédération révolutionnaire arménienne*** (FRA) constitue le premier acte terroriste du mouvement révolutionnaire porté par les Dachnaks. Réponse au génocide arménien de 1895, l'action est intentée dans l'espoir de sensibiliser les gouvernements occidentaux à la répression orchestrée par les régimes ottoman et russe. Le souhait ultime est de les allier à la volonté populaire de créer un Etat arménien indépendant en Anatolie orientale.

Entre 1860 et 1914, c'est par l'assassinat politique et l'explosif que les terroristes tentent d'imposer leur présence sur un territoire dont ils se sentent exclus. Un grand nombre de fonctionnaires et d'officiers russes et turcs tombent sous les balles des indépendantistes tandis que les occupations et le plasticage de bâtiments publics se multiplient. Non content de diriger son action contre l'occupant ottoman et russe, la stratégie arménienne cherche à intimider les Arméniens pacifiques qui ne soutiennent pas l'action violente. Le nombre d'Arméniens victimes d'actes terroristes est, dans les premières années du siècle, supérieur aux victimes ottomanes[34]. La chasse aux « espions » devient la priorité du mouvement indépendantiste : seule l'unité nationale mènera le peuple au succès.

D'implantation urbaine, la FRA marque sa présence dans les villes de la Turquie d'Europe et à Constantinople, en tentant, à partir d'une organisation structurée, de sensibiliser l'opinion

[34] Entre 1904 et 1906, dans les régions de Tiflis et Dakav, en Arménie orientale, le nombre de victimes arméniennes est deux fois plus important que celui de personnes non arméniennes.

internationale aux mauvais traitements dont sont victimes les Arméniens.

Mais la FRA ne parvient pas à obtenir l'autonomie des colonies arméniennes réparties entre la Turquie et les régions de l'Empire russe. Le semblant d'intérêt suscité dans la communauté internationale par la propagande engagée s'avoue rapidement guidé par la perspective égoïste des grandes puissances d'affaiblir l'empire Ottoman. Utilisée comme atout politique dans le jeu oriental des Occidentaux, la sollicitation de l'autonomie n'a pour véritable conséquence que la répression féroce des autorités turques.

La première guerre mondiale fournit l'occasion au gouvernement Jeune-Turc de mettre un terme au problème arménien en déclenchant un génocide contre une population dont l'élite intellectuelle et politique est massacrée le 14 avril 1915, avant que ne débute la déportation et l'extermination systématique de la population arménienne.

Il faut attendre la fin des années 60 pour qu'émergent des revendications en faveur de la reconnaissance du génocide, dont certaines prendront la forme de menées extrémistes conduites contre les représentants et organismes officiels turcs. Animés par un sentiment de vengeance, les Dachnaks de la Fédération révolutionnaire arménienne s'emploient à éliminer, à travers le monde, les anciens membres du gouvernement Jeune-Turc. Le réseau Némésis assassine, au début des années 20, à Berlin, l'ancien ministre de l'Intérieur, Talot Pacha, deux anciens responsables du mouvement Jeune-Turc, Bahaddin Chakir Bey et Djemal Azmir Bey et bien d'autres encore. L'internationalisation du mouvement s'illustre par l'aide matérielle apportée de l'extérieur. De la fourniture d'armes à la collecte de fond organisée par les comités arméniens implantés dans les capitales européennes, la FRA pose les jalons de pratiques qu'adopteront les organisations terroristes transnationales de la seconde moitié du siècle.

L'inefficacité des revendications portées par le peuple arménien au fil des ans pour obtenir la reconnaissance formelle du génocide par les instances internationales contribue à la radicalisation du mouvement avec l'apparition d'une organisation clandestine arménienne : ***l'Armée secrète arménienne de libération de l'Arménie*** *(ASALA).* La résurgence de la revendication indépendantiste, à la fin des années 70, s'accompagne d'une demande de reconnaissance de la responsabilité turque dans le génocide de 1915. Il s'agit, par l'acte de terreur, d'alerter l'opinion publique internationale sur « l'injustice » subie par le peuple arménien.

L'ASALA, groupe de gauche, allie la lutte contre la présence turque sur le territoire qu'elle revendique à la lutte contre l'impérialisme international. Elle applique les méthodes de la violence révolutionnaire en s'inscrivant dans le mouvement révolutionnaire international ; position qui lui permet de bénéficier de l'appui de l'Union soviétique. Le groupuscule arménien dresse le terrorisme en pierre angulaire de son combat, n'accordant à sa présence sur la scène politique interne qu'un intérêt secondaire[35], signe de l'influence marxiste qui pèse sur le mouvement.

L'ASALA, placée sous la direction d'Ago Agopian, se déclare, au fil du temps, leader du terrorisme arménien, mais revendique ses actions, lors d'attaques en territoire étranger, sous de multiples noms, laissant croire à une multiplicité d'organisations. Le caractère exacerbé des actions terroristes de l'ASALA fait d'elle, avec l'OLP, une des organisations nationalistes les plus enclines à exporter ses revendications hors de ses frontières.

La transnationalité du terrorisme arménien s'articule autour de deux pôles : des actions commises en terrain étranger et une présence en différents points du globe.

L'ASALA voit le jour, en 1975, au Liban, pays dans lequel les Arméniens ont trouvé refuge après le génocide de 1915. L'arrivée de Palestiniens au Liban suscite l'adhésion de certains

[35] Publication d'un programme politique par l'ASALA en 1981, en qualité de « ligne politique que le mouvement populaire pour l'ASALA soutient ».

Arméniens qui, sur le modèle des terroristes qu'ils côtoient, adoptent cette méthode dans leur lutte contre l'Etat turc[36]. Une transnationalité alliée à une ouverture idéologique affirmée conduit l'organisation à étendre son champ d'action. La haine des juifs et de l'Occident est à l'origine de sa participation à l'attentat de la rue Copernic, en 1980, à Paris.

Dans un second temps, l'ASALA se met à la solde des services syriens qui l'utilisent dans des opérations contre la Turquie et l'Europe. Son internationalisation prend forme avec l'établissement de bases au Moyen-Orient, aux Etats-Unis[37], ainsi qu'avec une aide reçue de la Syrie, de la Libye et de groupes palestiniens radicaux comme le FPLP et le FPLP-CG. Aux bombes et assassinats initialement dirigés contre les intérêts turcs s'ajoutent, au cours de la décennie 80, des attaques contre les intérêts français, suisses et américains à travers leurs offices aériens. La France devient, entre 1981 et 1983, une cible privilégiée de l'organisation arménienne : prises d'otages, attentats à l'explosif (Fouquet's, Roissy, RER gare de Lyon, Orly), tandis qu'à Beyrouth et Téhéran les intérêts français sont touchés par le groupe Orly[38].

La dérive meurtrière ne suscite pas l'adhésion de l'ensemble de l'organisation. Elle est, en effet, peu propice à l'acquisition d'un soutien populaire. En 1983, l'ASALA se scinde en deux mouvements. Une faction poursuit la stratégie, menée par Agopian et prône, notamment depuis le Moyen-Orient et la Grèce, un terrorisme aveugle contre toute opposition à la cause défendue. Une aile plus modérée, toujours fidèle à la pratique terroriste mais ciblant uniquement les intérêts turcs, particulièrement en Europe, allie une action de force avec la mise en oeuvre d'une action

---

[36] L'ASALA s'inspire profondément dans son organisation des FARL libanaises, d'autant qu'elle bénéficie d'un entraînement et d'appuis logistiques syriens et iraniens similaires.

[37] L'ASALA a commis des attentats aux Etats-Unis : en octobre 1980 à New York contre l'ONU ; en juin 1981 et en mai 1982 à Los Angeles.

[38] L'organisation ASALA agit sous plusieurs noms : orly, organisation du 28 mai, organisation du 3 octobre, organisation du 9 juin.

politique, sous le nom de ***ASALA-Mouvement Révolutionnaire*** (ASALA-MR). Condamnant les pratiques de « gangsterrorisme » des jeunes Arméniens utilisés par l'ASALA, ce mouvement renoue avec un usage plus habituel du terrorisme : un moyen, un appui, plus qu'une finalité en soi. Mais la division du mouvement et la violence nuisent à la mobilisation populaire à l'intérieur de la Turquie comme au sein de la diaspora Européenne.

La diaspora arménienne joue pourtant un rôle considérable dans l'exportation violente de la revendication nationaliste, avec six millions de personnes dans le monde, que ce soit au Moyen-Orient, à Beyrouth ou en Europe (dont 300 000 en France), qui soutiennent sa cause.

Au début des années 70, l'action de l'ASALA reçoit dans les communautés turques, syriennes, libanaises et arméniennes, particulièrement en France et aux Etats-Unis, un soutien moral et matériel important appuyé sur une propagande journalistique dans la presse arménienne diffusée à l'étranger. Considérant comme ennemi « tout pays aidant militairement ou économiquement » la Turquie, l'ASALA vise la Grèce, la France, l'OTAN et la Suisse contre les intérêts de laquelle le « groupe du 3 octobre » puis le « groupe du 5 octobre » mènent une campagne terroriste, en raison de l'arrestation par les autorités helvétiques de membres de l'ASALA. Elle menace l'Italie, le Canada et la Suède.

Cependant en France, la stratégie transnationale de l'organisation rencontre ses limites. La pratique d'actions de plus en plus violentes, culminant avec l'attentat d'Orly en 1983, a pour conséquence un revirement d'attitude des Arméniens. Les mouvements présents sur le sol français, *la Fédération révolutionnaire arménienne* (FRA) et le *Mouvement national arménien* (MNA), jugent « absurdes » et « irresponsables » les actes terroristes commis par l'organisation.

Malgré une diffusion quasi planétaire de ses revendications, le mouvement arménien ne parvient pas à créer un Etat indépendant. L'effervescence terroriste n'affaiblit ni ne contraint l'Etat turc, pas plus que les pays occidentaux.

Trop ambitieux, trop violent, le mouvement arménien se heurte au long de son histoire à la faiblesse numérique de la minorité qu'il représente ; à son éparpillement à travers le monde ; à la méfiance d'une communauté apeurée plus que séduite par le climat de terreur engendré ; à un emploi exclusif de la violence terroriste dans un domaine où elle ne devrait avoir qu'un rôle de mobilisation, d'élan. Enfin, la cause est défendue officiellement sur le plan politique. La guerre menée contre la Turquie, à défaut d'une assise populaire convaincue et déterminée, se traduit par une escalade de la violence, qui s'achèvera certainement par l'éclatement de l'organisation[39].

III.- Les Kurdes

Le peuple kurde, depuis l'effondrement de l'Empire ottoman, est réparti entre l'Iran, la Turquie, l'Irak, la Syrie et l'Union soviétique. Au cœur d'une zone de conflits exacerbés, il engendre contre la Turquie un des mouvements les plus violents de l'histoire du terrorisme.

La nation kurde sans Etat développe très rapidement un sentiment identitaire à l'encontre d'une politique d'assimilation autoritaire menée par la Turquie, l'Iran et la Syrie, qui prive les Kurdes de leurs droits élémentaires. Pendant plusieurs décennies et encore aujourd'hui, la communauté kurde revendique une existence reconnue qui prend selon les endroits différentes formes : reconnaissance de leur identité (Syrie), autonomie (Iran, Irak), fédération avec l'Etat ou indépendance, formation d'un Etat grand Kurdistan (Turquie).

Ce nationalisme ne s'exprime pas à travers un mouvement unifié mais prend la forme de multiples organisations à caractère politique propres à l'Etat dans lequel elles agissent, parfois plurielles au sein d'un même Etat. Si des mouvements nationalistes

---

[39] Un pas symbolique est fait par l'Assemblée nationale française, le 29 mai 1998, lorsqu'elle déclare que « La France reconnaît publiquement le génocide arménien de 1915 ». L'aboutissement en est l'adoption définitive par l'Assemblée nationale, de la proposition de loi reconnaissant le génocide arménien, le 28 janvier 2001.

d'opposition à la politique centralisatrice menée par le pouvoir en place émergent en Iran, Irak et Syrie, la Turquie, qui abrite plus de la moitié de la communauté kurde, est plus que toute autre confrontée à ce problème et à ses débordements décennaux.

Depuis les années 20, s'opposent en Turquie une autorité kémaliste fondée sur l'unité nationale, à l'exclusion de toute reconnaissance d'une pluralité ethnique et une minorité kurde défendant son identité.

Les soulèvements kurdes de 1925, 1930 et 1937 se heurtent à la toute-puissance de l'Etat. Ce n'est qu'au début des années 60 que les revendications kurdes se font à nouveau entendre avec l'apparition de clubs, de foyers, puis de partis nationalistes, à la limite pour certains de la clandestinité. La résistance sait tirer parti, dans les années 70, de la multiplication des mouvements d'opposition à un Etat affaibli et gagné par la contestation marxiste. Une population déstabilisée par la déstructuration de la société porte en celle-ci ses nouvelles espérances ; tendance propice à l'éclosion en 1979 du ***Parti des travailleurs du Kurdistan*** (PKK).

Le recours à l'action armée violente à connotation terroriste par le PKK, au début des années 80, n'est qu'une composante de l'expression de la revendication nationaliste kurde, quand bien même sa virulence le place parmi les groupuscules terroristes les plus actifs et meurtriers du XXe siècle.

Issu de la vague maoïste que connaît la Turquie à la fin des années 60[40], le PKK évolue dans une optique révolutionnaire avérée. Il est instauré dans une double perspective : édifier un Etat kurde indépendant aux frontières géographiques du Kurdistan et déclencher, pour atteindre ce but, une révolution communiste dirigée contre la bourgeoisie et les détenteurs de capitaux.

Ses dirigeants s'appuient sur une idéologie léniniste teintée de nationalisme, le culte du chef, une rigidité dogmatique, des bases paysannes, une incitation à la guérilla rurale, bref, une copie

---

[40] L'adhésion de jeunes maoïstes à Dev Sol ou à des groupes favorables à la révolution nationale kurde, donne naissance au PKK.

du Sentier lumineux péruvien. Ses membres sont jeunes, d'une base sociale faible, recrutés de gré ou de force, emmenés au Liban via la Syrie et formés à la guérilla dans des camps du parti. La lutte armée en Turquie menée par l'Armée populaire de libération du Kurdistan prend la forme d'attaques de patrouilles, de villages, d'objectifs économiques. Le PKK s'attache à exploiter les réactions populaires. Aussi son action se situe-t-elle à un double niveau : stimuler les esprits par des actes violents, puis tenter de récupérer une assise sociale.

La prise du pouvoir du général Eren, en 1980, à la suite d'un coup d'Etat et la répression menée contre l'ensemble des partis d'opposition stimulent la détermination combattante du PKK. Sous l'impulsion de son leader, Abdallah Ocalan, le PKK se pose en mouvement de lutte armée, faisant sienne la pratique terroriste dirigée contre les représentants et représentations d'un Etat turc, qui refuse de reconnaître la minorité kurde.

Espérant « fomenter la résistance populaire », le Parti lance une guérilla intensive[41]. Cette dérive est propre à tout mouvement terroriste bénéficiant d'une forte structuration interne et d'un potentiel développé, à l'image de l'IRA ou de l'ETA. Le mouvement privilégie une action armée florissante qui lui confère une puissance laissant croire à l'avènement de ses objectifs. Le PKK se dote de structures militaires comme les ***Brigades de libération du Kurdistan*** (HRK), auxquelles succède en 1980, l'***Armée populaire de libération du Kurdistan***. Il se dote également de structures de propagande à l'étranger, tel le ***Front de libération national du Kurdistan*** (ERNK), basé à Athènes, qui a pour mission de créer un lien entre les associations kurdes.

Les contrecoups d'une violence exacerbée se font rapidement ressentir. Isolée, l'organisation terroriste perd progressivement le soutien des autres mouvements kurdes comme de sa base populaire, qui lui reprochent son usage exacerbé et

[41] Le sud-est de la Turquie est exposé au terrorisme du PKK qui cause entre 1984 et 1992 la perte de 5000 vies humaines. Ce type de violence, particulièrement dommageable, déstabilise la région sud-est anatolienne et obstrue son développement économique et social.

indéterminé du terrorisme. Cette déliquescence conduit, pour un temps au moins, l'organisation à réorienter sa stratégie en alliant d'une façon plus efficace action armée et implantation sociale. Pour rallier la base à sa cause, le PKK engage une campagne militaire sélective : les actes terroristes ne visent que des personnes ou institutions opposées à la revendication kurde. La propagande du PKK consiste à faire reposer sur les autorités étatiques turques la responsabilité des meurtres, destructions de villages et avilissement des Kurdes, citoyens de seconde classe, dont l'identité culturelle et linguistique est niée. Convaincre chaque Kurde de l'oppression dont son peuple a été victime pendant des siècles, devient l'objectif du mouvement.

Le PKK internationalise son action, grâce au soutien de pays comme la Syrie et l'Irak, qui dans leur opposition intérieure à la Turquie, comme à ses choix politiques, apportent naturellement leur aide à tout mouvement opposé au pouvoir turc. Soutien logistique, entraînement, base arrière sont mis à disposition des combattants kurdes. Cela permet au PKK d'asseoir sa présence en tant que mouvement révolutionnaire armé.

L'implantation en Europe occidentale constitue un objectif du mouvement[42]. Le PKK y accroît son activisme contre les intérêts turcs présents mais aussi contre les groupes kurdes rivaux. L'organisation a, depuis 1985, commis des centaines de crimes dans différents pays européens, y compris des assassinats de déserteurs, des règlements de compte entre factions rivales et des actes d'intimidation. A ceux-ci s'ajoutent à l'échelle internationale le développement d'un trafic de drogue et le chantage auprès des ressortissants turcs résidant en Europe pour financer leurs activités.

Le PKK cherche à influencer l'opinion publique internationale en sa faveur par l'intermédiaire de la presse avec laquelle il entretient d'étroites relations. La stratégie de la communication est intégrée dans le mouvement : information sur

---

[42] Le PKK se dote, en 1984, d'un Front de Libération Nationale dont la base principale se trouve à Athènes et qui regroupe des associations partagées entre la Syrie, l'Iran et la Libye. On trouve ici les prémices d'une internationalisation de la revendication kurde.

la situation du peuple kurde en Turquie ; organisation de manifestations (occupation du siège du parti socialiste en France et de quotidiens comme *Le Monde* ou *Libération* en 1982-1983) ; organisation de marches en faveur de la cause kurde dans plusieurs pays d'Europe, depuis le début des années 90[43].

Après une tentative de débat négocié sur l'identité kurde menée par le président Ozal, au début des années 90, le PKK multiplie les attaques contre des cibles nouvelles que sont les militaires, journalistes et enseignants, porteurs d'une culture turque. Depuis 1993, le mouvement renoue avec une violence aveugle dirigée contre les touristes qui apportent des devises en Turquie : l'enlèvement de touristes dans l'est du pays est pratiqué dès juillet 1993[44]. Pensant atteindre le pays dans ses ressources économiques, le PKK entend attirer l'attention de l'opinion internationale.

Un autre objectif est de susciter chez les Kurdes vivant à l'étranger (en 1989, leur nombre s'élève à 600 000 dont plus de la moitié en Allemagne[45]) un sentiment patriotique, par la constitution d'associations de travailleurs. Ce sont chez les ouvriers kurdes les plus pauvres que cette idéologie identitaire pénètre le plus facilement car elle est porteuse d'espérances en un avenir meilleur. L'internationalisation de la violence du PKK vise à s'assurer du contrôle et donc du soutien de la communauté kurde émigrée en Occident.

Le ***Front de libération du Kurdistan*** (ERNK) s'en charge en jouant de la liberté d'expression et de circulation. Basé en Allemagne, l'ERNK passe à la clandestinité, en 1993, après sa dissolution par les autorités allemandes. Durant l'été 1995, l'Allemagne est victime d'une vague d'attentats et d'incendies

---

[43] Présence de 150 militants au Grand Palais à Paris, en 1990, lors de l'inauguration de l'exposition Soliman le Magnifique.

[44] Le PKK aurait bénéficié, au début des années 90, de plusieurs facteurs lui permettant de renforcer son action : le manque de cohérence politique de l'Etat turc ; l'escalade des risques de violence aux frontières turques ; la propagande dirigée contre la Turquie peu respectueuse des droits de l'homme.

[45] Le reste se répartit principalement entre la Suède, la Hollande, le Danemark, la Suisse ou encore la Grèce. Le centre kurde le plus important se situe à Cologne.

volontaires contre des locaux associatifs, commerces, mosquées, restaurants turcs.

L'internationalisation de l'action du PKK passe par le canal de la chaîne de télévision Med TV qui assure la diffusion de communiqués du groupe et appelle aux attentats suicides. Le 28 janvier 1996, des menaces sont proférées à l'encontre des touristes allemands présents en Turquie : « Si demain les cercueils de 50 touristes allemands reviennent en Allemagne, il ne faudra pas vous étonner ». La chaîne prétend avoir été créée à l'initiative de la communauté kurde d'Europe dont beaucoup de membres soutiennent la cause nationaliste. C'est un cas unique de propagande terroriste et, au-delà, criminelle menée par une organisation transnationale.

D'Allemagne, le PKK gagne l'ensemble de l'Europe avec une présence affirmée en Belgique, devenue plaque tournante de l'organisation. La présence du PKK se fait également sentir dans la communauté kurde française où des associations (dissoutes fin novembre 1993) lui servent de paravent (Association culturelle des travailleurs kurdes en France ; Association des ouvriers patriotes du Kurdistan implantée à Strasbourg). Son fonctionnement repose sur le racket opéré auprès de cette communauté : ateliers de confection clandestin, restaurants, agences de voyages. Il y a, en 1995, un millier d'activistes du PKK sur le sol français qui, s'ils ne se livrent pas ouvertement à des activités terroristes, recourent à des actes criminels (racket, trafic de drogue, actes violents) [46].

Le PKK se manifeste en Grande-Bretagne, tente de s'implanter en Suisse et a été déclaré officiellement terroriste en Suède[47]. Présent en Italie, aux Pays-Bas et au Danemark, le PKK est persona grata en Grèce étant donné les positions anti-turques de ce pays.

Son implantation musclée à travers le monde sous le couvert d'une libération nationale lui permet d'exploiter les pays d'accueil. Des centaines de millions de francs en provenance d'Europe lui

---

[46] Raufer Xavier, « Violence politique et narcotrafic », *Notes de l'institut de criminologie*, octobre 1995.

[47] Lors du procès de sympathisants du PKK, en avril 1995, la présidente du tribunal qualifie l'activité du PKK de terroriste.

apportent une manne financière. La propagande du PKK est active en dehors d'Europe, aux Etats-Unis, au Canada mais aussi dans les Balkans, en ex-URSS et au Liban, zone favorable à la floraison de trafics et à l'établissement de liaisons en tout genre. L'internationalisation sert de soutien financier ou populaire permettant le maintien d'une activité terroriste et à terme une révolution.

Le PKK constitue une organisation violente unique en son genre tant par les méthodes employées que par le climat de terreur créé. Tout cela est rendu possible par ses 10 000 militants et sympathisants. Mais parfois au prix de méthodes contestables, comme celles consistant à kidnapper de jeunes gens ou à contraindre sous menace de mort des garçons d'âge du service militaire à rejoindre le PKK.

Mélange d'idéologie marxiste et nationaliste, le PKK use de techniques politico-criminelles d'intervention, tirant profit des contextes socio-politiques dans lesquels il intervient : possibilité d'engager des actions de guérilla dans les régions du nord de l'Irak ou du Caucase[48] ; racket, trafic de drogue, blanchiment d'argent dans les démocraties occidentales.

La répression très dure dans laquelle s'engage le gouvernement turc en 1995-1996 pousse le PKK dans ses retranchements. Affaibli, le mouvement est contraint de rechercher la négociation avec le pouvoir, négociation que celui-ci lui refuse, au profit de son extermination[49]. Une stratégie en deux étapes s'enclenche : d'abord, isoler le mouvement kurde en le privant de toute assise populaire ; ensuite, traquer les rebelles du PKK, afin de casser la guérilla. L'objectif est atteint, le 15 février 1999, lorsque la Turquie intercepte le chef de l'organisation kurde, Abdullah Ocalan, à l'aéroport de Nairobi. Réfugié au sein de

---

[48] Il y aurait 7 000 à 10 000 guérilleros en Syrie, en Irak, en Iran et dans le Caucase.

[49] On note l'apparition d'une organisation clandestine dénommée Hezbollah, agissant contre le PKK et dont les origines demeurent incertaines : fondamentalisme kurde ou terrorisme d'organisation secrète.

l'ambassade de Grèce, celui-ci est remis aux autorités kenyanes[50]. Cette capture, ajoutée aux revers connus depuis quelques mois par le PKK, essouffle l'organisation, peu capable de maintenir une guérilla contre le pouvoir turc. S'offre là une occasion, pour le gouvernement, de situer le débat sur le plan politique. Une solution militaire et une solution politique concomitantes semblent devoir passer par la réalisation partagée de concessions quant à l'ampleur des revendications kurdes (union libre plutôt que séparation) et quant au principe d'unité cher aux autorités turques. A défaut, les ambitions insurrectionnelles risquent de perdurer et le mouvement terroriste de se reconstruire[51].

IV.- Les minorités balkaniques

Théâtre d'opérations quasi permanent depuis plus d'un siècle, les Balkans abritent une violence politique, aux répercussions internationales dramatiques, née de la rencontre entre le désir perpétuel de constitution d'un empire (monarchique puis communiste) et l'appel à la reconnaissance de l'identité nationale de peuples diversifiés à l'échelle ethnique, religieuse et culturelle. Des guerres serbo-turque (1870), russo-turque (1877-1878), serbo-bulgare (1885) au déclenchement du premier conflit mondial ; des campagnes des Balkans pendant la seconde guerre mondiale à l'éclatement sanglant de la Yougoslavie depuis 1991, les Etats comme les minorités qui les composent font régner un climat de violence qui affiche le terrorisme en moyen de transformation sociale. La zone balkanique témoigne de la capacité de résistance au temps et aux évènements d'un sentiment nationaliste à visée indépendantiste.

Tôt, ce terrorisme innove par son caractère transfrontière. Jusque-là, l'activisme russe limitait l'emploi de la terreur à l'intérieur des terres placées sous le régime tsariste. Les nationalistes, notamment macédoniens, prennent conscience de

---

[50] Les conditions de la capture et le rôle des autorités grecques et kenyanes demeurent obscures. Voir *Le Monde*, 17 et 18 février 1999.

[51] Diverses organisations kurdes ou d'extrême gauche ont revendiqué des attaques terroristes urbaines meurtrières. Au mois de mars 1999, une attaque incendiaire lancée contre un centre commercial, par les *Faucons vengeurs d'Apo*, tue 13 personnes.

l'avantage existant à rallier à leur cause la communauté internationale en la sensibilisant au danger auquel l'expansionnisme turc grandissant expose l'Europe.

Les résurgences identitaires sont la conséquence d'un brassage et d'un brouillage historique des nationalités, changées, échangées, inter-changées, au gré de l'histoire, de ses conquêtes et de ses défaites, oubliant l'existence d'hommes et de femmes derrière une identité bafouée.

La Macédoine

Incorporée à l'Etat bulgare par le traité de San Stefano, de 1878, par lequel la Russie étend son influence dans les Balkans et placée consécutivement sous domination turque, la Macédoine offre un terreau propice à l'émergence de menées séparatistes : une population répartie entre trois confréries religieuses et une implantation géographique stratégique la confrontent aux multiples ambitions d'annexions des Bulgares, des Serbes ou encore des Grecs. Le 23 octobre 1893 voit le jour, à Thessalonique[52], l'***Organisation révolutionnaire intérieure macédonienne*** (ORIM)[53], ayant pour devise « La liberté ou la mort ».

A l'origine, les fondateurs de l'ORIM voient en l'organisation un moyen propre à apporter paix, liberté et prospérité à leur peuple. Mais très minoritaire (5% des Macédoniens), idéologiquement friable[54], idéalisant la réaction internationale que ses revendications suscitent, l'ORIM comprend rapidement la nécessité de passer à la clandestinité. Elle adopte des règles de fonctionnement convenant à ce type de combat : pseudonymes, groupes de guérilla, tels les « Tchétars », chargés de déstabiliser l'occupant, les « Voïvodes » ou autres « Haïdarks »

---

[52] La réunion fondatrice du premier comité central de l'organisation se tient au domicile de l'instituteur Ivan Hadjhinikolov en présence d'étudiants et d'instituteurs.

[53] "Vutnchnata Makedonska Revoliutsiunna organizatsiia"(VMRO).

[54] Son appellation passe successivement de « l'Organisation révolutionnaire macédonienne » (1894), à « l'Organisation révolutionnaire bulgare-macédoine-andrinople » (1897), à « l'Organisation de Macédoine-Andrinople » (1897), à « l'Organisation révolutionnaire interne macédonienne ».

aptes à guider une guérilla rurale. La technique initialement choisie est l'assassinat. Elle se traduit par la mort du ministre des Finances en 1891, du chargé d'affaires à Istanbul en 1892 et de l'ex-Premier ministre, Stambolov, en 1895.

Les *Comitadjis* (nom donné aux combattants de l'ORIM) déclenchent en 1903 une action terroriste appelée à se répandre dans tout le pays. La levée contre le joug ottoman du sultan Abdu Hamid est le fait d'élites. Fondée par six intellectuels macédoniens, l'ORIM compose ses cellules d'intellectuels et d'enseignants tandis que les attentats sont commis par de jeunes étudiants. Les renforts nécessaires proviennent de la paysannerie, hostile à un occupant turc qui n'a de cesse de la ponctionner fiscalement et de la déposséder de ses terres. Si la quête d'indépendance du peuple macédonien constitue la priorité du mouvement, elle n'est pas sans s'allier à des considérations sociales comme la défense des classes populaires.

L'objectif de l'organisation consiste, non seulement, à l'instar de tout mouvement insurrectionnel, à soulever les masses et à les organiser contre l'occupant turc, mais également, et surtout, à susciter une réaction et un soutien international.

Aussi la révolte terroriste obéit-elle à deux tactiques d'intervention fondées sur une technique de lutte proche de la guérilla qu'adopteront les mouvements indépendantistes à travers le monde, au long du XXe siècle : l'enlèvement d'Occidentaux et la commission d'attentats. Les prises d'otages surviennent à deux périodes successives ; elles reposent sur des finalités différentes. Les premiers rapts ont un objectif financier consistant à amasser les fonds nécessaires au déclenchement d'une révolte populaire : enlèvement du directeur français des mines d'Isvaro, Louis Chevalier, en 1899. L'enlèvement de la missionnaire américaine, Ella Stone, en 1902, ouvre la voie à un type original de prise d'otages, qualifié de « terrorisme publicitaire », consistant à faire connaître et entendre la cause à l'échelle internationale. Une campagne d'attentats terroristes, actes de provocation envers la présence turque et prenant à nouveau pour cible les Occidentaux, est conduite, à Salonique, par un groupe dit ***Les Mains***, au mois d'octobre 1903 : explosion d'un navire français, bombes contre des casinos, théâtres et cafés fréquentés par des Occidentaux.

Soucieux de reconquérir un territoire dont il s'estime dépossédé, le mouvement développe, dès ses débuts, un réseau censé gagner progressivement l'ensemble de la Macédoine. Partant d'une implantation rurale, il se dirige vers le centre urbain du pouvoir, avec l'ambition de le faire basculer. Les combattants de l'ORIM cherchent à établir une organisation structurée, de type militaire, s'appuyant sur le peuple, hiérarchisée localement (groupe, organisation, comité, comité central), clandestine, dont le financement est assuré par le prélèvement de l'impôt révolutionnaire et spécialisée, dès les années 20, dans un terrorisme urbain meurtrier.

L'ORIM poursuit avec acharnement, jusqu'en 1934, une lutte contre l'occupant bulgare à l'intérieur comme à l'extérieur des frontières de l'Etat. Ses « Tchétes » commettent 109 attentats en territoire yougoslave, entre 1919 et avril 1931, et tuent 4200 Bulgares, entre 1923 et 1932, du simple citoyen au politicien. L'assassinat de personnalités succède aux attentats à l'explosif. L'ORIM n'entend pas limiter sa présence à la région balkanique, comme l'illustrent les bureaux créés dans les grandes capitales occidentales[55]. Première organisation terroriste à intégrer une dimension stratégique internationale, elle est également la première à prendre pour cible les grands moyens de transport internationaux comme l'Orient express.

Puis, perdant de sa crédibilité comme de sa capacité, l'ORIM, après quarante ans de combat acharné, se désagrège lors du coup d'Etat militaire bulgare de mai 1934.

Située entre une terreur archaïque et un terrorisme moderne, l'ORIM se pose en précurseur opérationnel, structurel et idéologique des grands mouvements indépendantistes qui, de l'Afrique à l'Indochine, de la Palestine à l'Irlande du Nord, font du terrorisme une arme de prédilection, espoir d'une poussée libératrice.

---

[55] Rome, Berlin, Genève, Vienne, Londres, Paris, New York.

Les Comitadjis ne disparaissent pas pour autant, leur présence resurgit au cœur du second conflit mondial, doublé dans les Balkans d'une campagne nationaliste. Transformée en milice favorable aux puissances de l'Axe, l'ORIM perd, en 1945, toute représentation dans une région gagnée par le communisme.

Il faut attendre les années 80 pour que réapparaisse le nationalisme macédonien de façon dissimulée, avant de resurgir sur la scène politique au mois de juin 1990. L'ORIM de 1990 prend la forme d'un parti politique aux valeurs radicales et autoritaires (anti-yougoslave, anti-albanais, anti-communiste) qui entend conquérir sa place au cœur du peuple macédonien pour soulever légalement un sentiment nationaliste censé porter le parti à la tête du pays.

Après des débuts prometteurs au cours desquels l'ORIM s'érige au premier rang des partis politiques de Macédoine en obtenant 34 sièges aux élections de novembre 1990, le parti n'obtient qu'un faible score aux élections présidentielles, pour péricliter aux élections législatives en n'obtenant aucun siège. Ces difficultés sont propices à la résurrection des démons d'antan : radicalisation des positions nationalistes et dérive terroriste.

Dès 1992, la constitution d'une branche paramilitaire de l'ORIM, le *comité de sécurité*, dirigé par Silvarovski et Valjanovski, affirme le basculement vers une tendance armée du mouvement, destinée à assurer dans chaque ville et village la sécurité locale. Se présentant comme les descendants des Comitadjis, dont ils conservent le nom, les membres de l'organisation disposent de relais dans les Balkans, le bassin méditerranéen et le monde occidental, à travers une vaste diaspora : un moyen de sensibiliser la communauté internationale à la cause qu'ils défendent. La dérive violente débute par l'attentat dirigé contre le président Gligarov le 3 octobre 1995, grièvement blessé dans l'explosion d'une voiture piégée. L'***Organisation macédonienne unie Saint-Elie***, groupe ultra-nationaliste dérivé de l'ORIM, en serait à l'origine, voyant dans l'assassinat du président de Macédoine le moyen adéquat à la construction d'un Etat pour la nation slavo-macédonienne. Suivent les menaces lancées par l'ORIM paramilitaire d'emploi du terrorisme en cas d'échec des autres voies d'expression. La révélation des rencontres effectuées entre l'ORIM et la Libye parait pencher dans le sens de la mise en oeuvre d'une stratégie de la tension. Elle n'est pas sans susciter quelques inquiétudes quant à l'évolution d'une situation au bord du basculement vers la lutte armée[56].

La Serbie

La constitution d'un royaume de Serbie en 1882 et l'obtention d'une indépendance totale en 1888 au congrès de Berlin ne protègent pas la Serbie des influences autrichiennes. L'emprise croissante de l'Autriche, alliée à la politique autoritaire du roi Alexandre, génère, dès le début du siècle, une réaction violente marquée du désir de libéralisation et de création d'une super puissance fédératrice et autonome. La première manifestation se traduit, le 10 juin 1903, par l'assassinat du roi Alexandre Obrénovitch et de sa femme par des officiers regroupés dans la société secrète, *l'Union ou la mort*, nommée rapidement, ***Main noire***. Cet assassinat est précurseur d'une longue série d'éliminations de personnalités. Refondée en 1911, sur le modèle des *Carbonari* italiens, sous la direction du colonel Apis Dinitriévitch, elle agit jusqu'en 1914 dans la perspective de constituer une Grande Serbie, regroupant les minorités slaves, croates et bosniaques libérées de l'emprise de l'Empire austro-hongrois.

La Main noire serbe, comme l'ORIM macédonienne, étend son action au-delà du territoire défendu : les 2000 activistes composant l'organisation se répartissent dans l'ensemble des Balkans, les Empires austro-hongrois et ottoman. Escomptant déstabiliser l'empire par l'élimination des collaborateurs autrichiens, la Main noire comprend qu'une attaque frontale contre

[56] Ceci est d'autant plus à craindre que la communauté islamique de Macédoine développe un mouvement panislamique, fondateur d'un groupe à vocation terroriste (l'***Unikam***) comparable au Hezbollah. Renouer avec le terrorisme porte en lui le germe d'une poudrière pour l'équilibre régional.

l'ennemi serait d'une efficacité supérieure. A la veille de 1914, la paix européenne dépend de l'action terroriste. La visite du prince héritier de l'Empire, l'archiduc François Ferdinand, à Sarajevo, le 28 juin 1914, en territoire bosniaque, permet à l'organisation de s'exprimer. Les corps de révoltés tués par trois membres du groupe pan serbe, *Jeune Bosnie*, demeurent, dans l'histoire du terrorisme, l'acte le plus lourd de conséquences : il nourrit l'action contre l'archiduc et déclenche le premier conflit mondial. A cette date prend fin l'activisme de la Main noire, dont les membres, arrêtés en décembre 1916, seront envoyés au bagne à la suite du procès de Salonique en juin 1917[57].

Le conflit interethnique, opposant les Serbes aux Croates, doublé occasionnellement d'une dissension religieuse entre orthodoxes serbes et chrétiens croates, s'apaise, au moins officiellement, sous la domination de Tito. Une main de fer impose la coexistence à l'intérieur de l'enclave yougoslave, même si, en sous-sol, tensions, méfiances et inimitiés perdurent inlassablement entre les deux peuples.

L'éclatement de la Yougoslavie à la fin des années 80, puis l'évolution de la Croatie vers la constitution d'une république indépendante contribuent à faire resurgir chez les Serbes un sentiment nationaliste anti-croate, dont l'expression se manifeste, dès 1992, par des actions terroristes. Particulières, elles cherchent à internationaliser la menace en visant soit des personnes ou intérêts croates à l'étranger, soit les intérêts de puissances étrangères (essentiellement occidentales) qui soutiennent l'édification d'une république croate. Se trouvent visées, l'Allemagne en raison de ses prises de position économiques pro-croates et l'Autriche. Le ministre des Affaires Etrangères allemand, Hans Dietrich Genscher et le président du parti libéral, Otto Lombsdoff sont victimes de tentatives d'assassinats. Comme au début du siècle est privilégiée l'action à l'étranger dirigée contre des personnalités ciblées en raison des positions politiques qu'elles adoptent.

---

[57] A la demande de Tito, la cour suprême de Serbie casse, en 1953, le jugement de 1917, réhabilitant ainsi les chefs de la Main noire.

Au cours de l'été 1992, au paroxysme du conflit yougoslave, plusieurs personnalités serbes menacent d'un terrorisme nucléaire les Etats occidentaux qui se dresseraient contre leurs ambitions en intervenant en Bosnie-Herzégovine. Rodovan Karadzic, président de la République serbe de Bosnie, déclare, le 27 août 1992, qu'il est possible que « les patriotes serbes attaquent des centrales nucléaires en Europe occidentale »[58]. Mais c'est là amorcer un autre type de terrorisme. Le terrorisme indépendantiste exercé par une minorité ethnique en quête d'une reconnaissance nationale glisse vers un terrorisme pratiqué dans le cadre d'un conflit interne, internationalisé par les plus hautes autorités d'une république. Voilà le paroxysme de ce que risque de représenter la menace terroriste : non plus une arme de dernier recours lorsque tout autre moyen a échoué, mais une arme de dissuasion employée contre l'insertion d'un soutien extérieur dans un conflit interne. Le terrorisme devient l'atout d'un poker-menteur mené entre une minorité ethnique, connaissant les limites de ses capacités opérationnelles, et des Etats occidentaux soucieux de se porter garants du respect international des droits de l'homme et du maintien de la paix dans la zone européenne.

L'organisation la ***Main noire*** continue d'exister, appuyant les autorités serbes dans leur plan d'épuration ethnique dirigé contre la population kosovare. Depuis 1998, une menace pèse sur les intellectuels. L'organisation pourrait-elle exporter une violence terroriste qui viendrait sanctionner les prises de positions et actions des membres de l'OTAN à l'intérieur d'un conflit inter-ethnique ? La communauté serbe de France renferme, à l'époque, un grand nombre de voyous de droit commun, porteurs de prédispositions au passage à la violence. Mais ils n'auraient agi que si des actions terroristes leur avaient été commandés de l'extérieur. Xavier Raufer évoque cette dérive : « il est clair qu'en cas d'occupation militaire de la province serbe du Kosovo, on peut imaginer des actions terroristes en France, en Allemagne ou en Italie »[59].

---

[58] *Le Monde,* 29 août 1992.
[59] *Le Parisien,* 26 mars 1999.

La Croatie

Depuis la fin du XIXe siècle, l'autonomie des Croates est revendiquée par une minorité de la population, d'abord contre les Hongrois, puis contre les Autrichiens. Né au cœur de la bourgeoisie sous influence des doctrines de Stratchevitch, le mouvement nationaliste gagne les campagnes où, porté par Stepan Raditch, il demeure au rang idéologique, ne concevant pas son existence hors d'un esprit démocratique. La formation d'une entité étatique, consécutivement à la première guerre mondiale, groupant sous une même identité Serbes, Croates et Slovènes, ravive les aspirations indépendantistes d'une frange de Croates cherchant à rompre avec l'unité en vue de la création d'un Etat croate autonome. Celles-ci trouvent en la présence de l'avocat et député de Zagreb à l'assemblée nationale yougoslave, Ante Palevitch, le partisan d'une action violente engagée contre l'oppression yougoslave. Défenseur des terroristes macédoniens dès 1927, Ante Palevitch fait de la tactique terroriste le fer de lance du combat révolutionnaire croate.

La création, le 7 janvier 1929, de ***l'Oustacha***, organisation des insurgés révolutionnaires croates, répond à la crise de régime qui secoue le pays. L'organisation terroriste présente une internationalisation exacerbée : implantation du mouvement à l'étranger et mise en place d'un réseau relationnel international. Structurée à partir de Vienne, l'organisation secrète de Palevitch entre en liaison avec les indépendantistes régionaux de Bulgarie, de Macédoine serbe et grecque. Elle établit des contacts avec les régimes fascistes d'Allemagne et d'Italie en raison d'un idéal commun : la dislocation de la Yougoslavie. Enfin, elle utilise une technique de propagande analogue à celle des terroristes macédoniens et serbes, en direction de l'Occident, de l'Europe, des Etats-Unis et de l'Argentine où sont implantés des réseaux de l'Outstacha. Les rapports entretenus avec les terroristes des Balkans s'avèrent tactiques : la technologie et les experts des Comitadjis macédoniens sont mis à disposition des combattants croates.

Les années 30 voient la multiplication en Croatie de sabotages, attentats, tentatives d'assassinats, alliant guérilla rurale et terrorisme urbain. L'acte terroriste capital tant dans son symbole que son retentissement et ses conséquences, attribué aux Oustachis, est l'assassinat le 9 octobre 1934, à Marseille, du roi Alexandre I de Yougoslavie et du ministre français des Affaires étrangères, Louis Barthou. L'Oustacha se présente en pionnier d'un terrorisme frappant hors de sa sphère territoriale, qui n'hésite plus à utiliser les moyens de communication mis à sa disposition pour traquer à l'étranger les dignitaires d'un régime qu'elle entend abattre. Si cette action constitue l'unique intervention à caractère international de l'Oustacha, ses aspirations indépendantistes ne s'éteignent pas pour autant.

Les Oustachis, dont la présence en Croatie s'est assoupie, resurgissent, durant la seconde guerre mondiale, organisés en milices soutenant l'Axe fasciste et nazi contre le bolchevisme, en faveur de l'indépendance de la Croatie. Dans un théâtre de guerre civile dressé au sein d'un conflit mondial, les Oustachis parviennent à s'emparer du pouvoir et à constituer, le 16 avril 1941, un Etat croate oustachi indépendant[60]. Le succès d'un combat nationaliste basé sur le terrorisme est de courte durée, puisque la défaite de l'Axe et l'avènement d'un régime communiste dans la fédération yougoslave rejettent très loin toute requête indépendantiste. La fuite devient l'unique perspective des militants oustachis voulant échapper au massacre organisé par les partisans de Tito.

Ante Palevitch, exilé en Argentine, à la suite de la défaite du Reich, n'abandonne pas son combat nationaliste. Il est, dès 1956, à l'origine de la création du ***Mouvement de libération Croate*** (HOP). Celui-ci entend, dans la droite ligne des Oustachis, maintenir en éveil dans la communauté croate immigrée un sentiment national qu'il estime encore pouvoir être défendu et porté en avant, afin de retentir un jour contre l'oppression de Tito. La Croatie est le seul pays balkanique à avoir développé à l'extérieur de sa terre d'origine

[60] Les pratiques utilisées étaient entre autres celles de camps concentrationnaires, comme le rappelle le procès de Dinko Savic, ancien commandant d'un de ces camps, ouvert à Zagreb en mars 1999.

une idéologie nationaliste par l'émergence d'un mouvement de libération pendant les quarante années de domination yougoslave.

Les années 70 ouvrent à travers le monde une ère propice à l'usage de la lutte armée pour défendre des causes nationalistes teintées soit d'idéologie marxiste (Amérique latine), soit d'inspiration islamiste. C'est dans cette tendance que les nationalistes croates s'affirment. Ils tentent de mettre en place une équipe de guérilleros dans les montagnes de la Bosnie yougoslave, en 1972, dans la perspective de fomenter une insurrection. Ils se servent également de l'Australie, en raison de l'immigration croate locale, comme base arrière d'entraînement et champ de manœuvre propice aux activités militaires des descendants d'Ante Palevitch.

L'Amérique du Nord constitue le bastion de la réorganisation de la communauté croate : le Canada puis les Etats-Unis permettent, dès 1974, le développement d'un ***Front national croate***, suivi d'un ***Conseil national croate*** représentant les tendances libérales de l'immigration. Présentes également à Munich, ces organisations se heurtent à la difficile obtention d'une unité qui leur fera cruellement défaut pour organiser leur rébellion.

L'immigration croate poursuit une campagne de terrorisme international amorcée dès 1962 contre les intérêts yougoslaves en Europe. Il s'agit alors de s'attaquer à la mission commerciale yougoslave en Allemagne fédérale. Les attaques terroristes menées à l'étranger s'inscrivent dans un courant d'actions spectaculaires et violentes à poussée publicitaire en vogue au cours de la décennie : prises d'otages, attaques contre l'aviation civile (détournement d'avions, explosions en vol), explosions dirigées contre des représentations officielles yougoslaves à l'étranger. Dans l'objectif de faire connaître la revendication au plus grand nombre, ces actes visent le maximum de personnes : explosion en vol de l'avion yougoslave JAT en janvier 1972 ; bombes contre un consulat yougoslave à Francfort, contre la gare centrale de New York ou contre les Nations unies la même année ; détournement du Boeing 727 de la TWA New York-Chicago en septembre 1976 ; prise d'otages à l'ambassade de Stockholm en avril 1976.

Déterminée à se faire entendre à travers le monde, cette minorité ethnique joue la carte de l'internationalisation comme aucune autre entité territoriale ne l'a fait auparavant (à l'exception des Palestiniens disposant de capacités supérieures).

Toutefois, aucune de ces nombreuses tentatives de constitution d'un mouvement insurrectionnel apte à défendre la cause croate à l'étranger puis à conquérir la Croatie ne parvient à s'implanter. Confrontés à la répression des autorités yougoslaves comme des forces de sécurité des pays occidentaux, les nationalistes croates n'obtiennent pas un écho international conséquent et ce malgré quelques actions de grande envergure. Comment une guérilla pourrait-elle se développer totalement coupée de l'aire géographique constituant son terrain d'intervention? C'est se tromper sur l'usage d'un procédé qui se veut renfort, appui, déclencheur d'une quête indépendantiste, mais non l'unique moteur d'une guerre subversive.

Depuis 1992, le terrorisme international des nationalistes croates s'est éteint. Lors de l'éclatement de la Yougoslavie, la cause défendue s'est réalisée : une République de Croatie indépendante de l'ancienne fédération est née.

Le terrorisme employé par les minorités balkaniques au début du siècle pose les jalons structurels de l'internationalisation des pratiques terroristes adoptées dans la seconde moitié du XXe siècle par des groupes de libération nationale : implantation en territoire étranger de relais de propagande idéologique ou de structures ; utilisation d'Etats limitrophes comme base de repli ; mise en oeuvre d'actions depuis l'étranger lorsque les risques de répression à l'intérieur du territoire national sont trop forts ; cible d'intérêts nationaux matériels ou humains présents à l'étranger ; cible d'intérêts occidentaux présents sur leur territoire ; enfin, élaboration d'un réseau relationnel entre organisations terroristes défendant une même cause.

Ce terrorisme apporte également une innovation structurelle : organisation quasi militaire, groupes d'intervention développant une base arrière au sein d'une population à convertir et passage progressif du terrorisme rural vers la guérilla urbaine.

Enfin, si le crime politique demeure la caractéristique des organisations balkaniques, l'emploi de tactiques à visées publicitaires par leurs formes (enlèvement) ou leur ampleur (attaque contre des moyens de transport) voit le jour chez les Comitadjis et les Serbes.

Base de repli, réseaux transnationaux, propagande en Occident, terrorisme publicitaire, ces notions seront exacerbées dans la transcription terroriste du conflit israélo-palestinien.

V.- Les révoltés du sous-continent indien

La colonisation britannique de l'Inde provoque, dès 1905, l'éclosion d'un sentiment nationaliste fort de la communauté hindoue, qui jusqu'à l'indépendance de 1948, n'a de cesse d'user de la violence terroriste contre l'empire colonial.

L'accession de l'Inde à l'indépendance ne met paradoxalement pas un terme à l'emploi du terrorisme sur le territoire asiatique : l'assassinat de Gandhi, le 30 janvier 1948, marque le début d'une violence meurtrière qui sévit encore aujourd'hui. Le processus apparu en Inde est voisin de ceux existant dans certains pays africains : l'indépendance gagnée sur l'empire occidental n'a pas créé une unité nationale forte et nombre de minorités n'ont de cesse de réclamer une reconnaissance dont elles s'estiment lésées. La partition de l'Inde en 1947, donnant naissance au Pakistan, comme le dédoublement de celui-ci en 1971 d'où naît le Bangladesh, sont propices au développement et à l'aggravation de tensions entre communautés hindoues, musulmanes, sikhs, comme entre castes hindoues. La présence de minorités ethniques, religieuses et sociales place la violence au centre de l'existence du pays des diversités qu'est l'Inde.

La revendication sécessionniste se teinte, au cours de la décennie 80, d'un fondamentalisme religieux.

Les troubles surgissent principalement dans deux provinces : le Pendjab et le Cachemire, foyers du terrorisme indépendantiste.

Le Cachemire

Situé aux confluences de l'Asie centrale et des territoires hindous et chinois, le Cachemire connaît, depuis la partition de 1947, une crise insérée dans un conflit indo-pakistanais qui associe différents intérêts inter-étatiques : une lutte indépendantiste entre

Islamabad et le pouvoir central de l'union indienne[61] ; des dissensions religieuses avec la présence d'une population musulmane touchée depuis 1979 par un renouveau du militantisme islamique.

Le ***Front de libération du Janu-al-Kashmir*** (JKLF), fondé en 1965, succède en 1977 au Front de Libération Nationale de Jamu-Cachemire, avec l'objectif de parvenir à la réunification du Cachemire. L'usage de la stratégie terroriste est dévolu à la branche armée, la ***Kashmir Liberation Army*** (KLA), qui commet assassinats et détournements d'avions.

L'altération d'un climat politique favorable au maintien d'une situation équilibrée au Cachemire consécutive au décès du cheick Abdullah en 1982, l'apparition de difficultés socio-économiques, conséquences d'une recrudescence du chômage, alliées à la politique répressive adoptée par le gouvernement fédéral ainsi qu'à un contexte international favorable (islamisation, indépendance des peuples d'Asie centrale consécutivement à l'éclatement du bloc de l'Est) conduisent, à la fin des années 80, à la résurgence d'un courant nationaliste prônant l'indépendance de la région.

Le JKLF est formé de multiples organisations satellites armées, animées soit exclusivement par des aspirations indépendantistes, soit par un radicalisme islamiste visant à étendre la révolution née en Iran à l'Etat indépendant que sera le Cachemire. Parmi ces dernières les plus représentatives sont constituées par les ***Tigres d'Allah***, le ***Hizballah***, le ***Hizb-ul-Moujahdin*** qui se regroupent, en avril 1990, sous l'enseigne du ***Mouvement de libération du Cachemire***.

Face à un avenir incertain, nombre de jeunes Cachemiris sont enclins à prendre les armes, escomptant un avenir meilleur. Formés par des stages effectués en Afghanistan, les activistes mettent leur acquis militaire au profit d'une lutte armée extériorisée par le recours au terrorisme. Les premières manifestations prennent

---

[61] Alors que l'indépendance de l'Inde a fait bénéficier le Cachemire d'un statut spécial (article 370 de la constitution indienne), New Delhi étend progressivement ses pouvoirs en limitant sa portée.

la forme d'attentats à la bombe contre le bureau des télégraphes de Srinagar et de Srinagarclud, pour dégénérer rapidement en une guérilla mêlant, en 1990, intifada, terrorisme urbain, opérations commandos. Attentats par explosifs, incendies, assassinats, enlèvements, attaques contre les forces de sécurité : l'expression de la violence au Cachemire atteint des pics sans cesse croissants au cours de la décennie. La diversité des cibles (bâtiments officiels, forces publiques, personnalités indiennes, agents du pouvoir central, responsables religieux, journalistes) alliée à une extension territoriale des zones d'intervention[62], à la continuité des attaques et à leur violence meurtrières, font évoluer le terrorisme vers une guérilla : les massacres de l'année 1990 occasionnent plus de 2000 morts. En même temps, un terrorisme se développe contre la minorité hindoue, avec l'attaque d'objectifs civils comme les bus. Les activistes privilégient également l'enlèvement pratiqué contre des personnes indiennes traitées comme monnaie d'échange avec des nationalistes emprisonnés ou comme source de financement. En sont également victimes, une quinzaine de touristes occidentaux entre 1990 et 1995. Opérés uniquement dans le but de faire entendre leur cause sur la scène internationale, ces enlèvements ne sont pas marqués par la violence à l'exception du meurtre d'un touriste norvégien, enlevé, durant l'été 1995, par le groupe fondamentaliste *Al-Faron*.

Trouvant leur justification dans la détérioration du contexte politique et social, les revendications indépendantistes de la fin des années 80 bénéficient d'une assise populaire appréciable ne se limitant pas à l'approbation des idées défendues et des actions menées par les mouvements nationalistes mais prenant une part active à leur engagement. La traduction en est la participation de la population du Cachemire à une résistance passive contre la présence du pouvoir central (grèves, manifestations marches), mais également une aide matérielle délivrée aux activistes. Base arrière appréciable tant à l'échelon opérationnel qu'idéologique, la

[62] Limitée au départ à la vallée du Srinagar, la violence s'étend à tout le Jammu-Cachemire.

population civile constitue au long des premières années un facteur encourageant porteur d'espérances.

Le mouvement indépendantiste reçoit depuis l'indépendance de l'Inde, l'appui du Pakistan, avec l'apport d'armes, d'explosifs, voire d'entraînements. Dès 1990, le mouvement bénéficie de deux courants (nationaliste et religieux) de soutien extérieur à la communauté du Cachemire. Les mouvements sikhs de l'Union indienne font part de leur appui à des combattants de la liberté, dont les objectifs sont proches des leurs. Téhéran apporte un soutien incontestable aux moudjahiddin du Cachemire.

Il semblerait que des moudjahiddin afghans aient rejoint les rangs des militants cachemiris, poursuivant à leurs côtés le jihad contre le gouvernement marxiste de Kaboul. Des fondamentalistes musulmans de différents pays, notamment du Soudan, infiltreraient les réseaux cachemiris.

Mais les relations avec le Pakistan se détériorent dès 1992, en raison des visées expansionnistes du mouvement cachemiri en direction de ce pays. Confronté à des mouvements concurrents, le JKLF dévie de ses préoccupations initiales pour lutter contre une opposition violente.

Le mouvement est aujourd'hui affaibli par la dispersion des organisations contestataires. A côté de la trentaine de partis en lutte pour la sécession de la province du Cachemire d'avec l'Inde, soit par l'indépendance, soit par le rattachement au Pakistan ; les groupes de lutte armée se divisent entre les indépendantistes cachemiris à tendance islamiste et les défenseurs exclusifs de la cause islamiste, majoritairement pakistanais, récupérant le combat dans leur propre giron. Aussi l'origine exacte des violences intercommunautaires demeure-t-elle ambiguë : le détournement d'un avion d'Indian Airlines, avec 160 personnes à bord, dont 14 occidentaux, entre le 24 décembre 1999 et le 1er janvier 2000, est condamné par tous les groupes de guérilla armés au Cachemire. Les ravisseurs exigeaient pourtant la libération de l'ex-secrétaire général du mouvement ***Harakat-ul-Mujahedeen***, connu pour ses attaques terroristes meurtrières[63] et la remise en liberté de 35 séparatistes cachemiris[64].

Les tentatives de négociations avec le pouvoir manquent de solidarité. Le cessez le feu proposé, par le mouvement Hizb-ul-Moujahdin, le 24 juillet 2000, est rompu une semaine plus tard. Le 2 août 2000, une série de massacres aveugles, répartis en différents points du territoire, causant plus de 70 morts, met a mal le processus de négociation engagé par le gouvernement indien, sous la pression et avec l'aide des Etats-Unis. La relance de la violence trouve sa cause dans la timidité de l'ouverture proposée par les autorités de New Delhi, qui refusent d'aller au-delà d'une autonomie à négocier dans le cadre de la constitution indienne.

Le Pendjab

Le pays des cinq rivières constitue le lieux le plus sensible d'opposition à l'unité indienne, dont les ***Sikhs*** revendiquent l'indépendance au moyen d'une lutte violente depuis le début des années 80[65]. Internationalement connus pour être les auteurs des assassinats successifs d'Indira Gandhi, en 1984 et de son fils, Rajiv Gandhi, en 1991, les terroristes sikhs ne trouvent leurs motivations qu'au regard de l'histoire de cette communauté longtemps persécutée et craignant une réunification à la caste majoritaire, qui lui ferait perdre son identité.

A la suite de la guerre indo-pakistanaise de 1966, le peuple obtient la constitution d'une province pendjabi, au sein de laquelle il est légèrement majoritaire. Parallèlement, un vaste mouvement

---

63 Le mouvement revendique, le 27 décembre 1999, une attaque contre le groupe spécial d'opérations de la police de la capitale du Cachemire indien, causant quatre morts, policiers et civils confondus.

64 Pour les autorités indiennes, le Pakistan serait « responsable de ce détournement », *Le Monde*, 4 janvier 1999.

65 Les sikhs sont les adeptes d'une religion, mélange d'hindouisme et d'islamisme, née à la fin du XVe siècle. L'extrême minorité de leur représentation les pousse, après 1947, à revendiquer la reconnaissance d'une identité propre, puis au fil des ans à se diriger vers la lutte armée séparatiste.

d'opposition se développe au Pendjab autour du parti autonomiste sikh, l'Akâlî Dal, parti des immortels, fondé en 1921, défenseur de la constitution d'un Etat sikh, coupé de l'Union indienne. Les militants réclament la reconnaissance officielle de leur religion, considérée par la constitution indienne comme une dépendance de l'hindouisme ; le rattachement exclusif du Pendjab au Cghandigarh ; enfin, une plus grande autonomie de leur Etat. S'ils privilégient la voie politique à la lutte armée, les difficultés économiques des années 70, le regain de tensions au sein d'une communauté sikh désunie posent le terreau d'un terrorisme extrémiste. Le basculement du nationalisme sikh dans le terrorisme n'est pas immédiat : entre 1978 et 1982, une agitation non violente précède l'émergence de mouvements armés.

Dès 1983, la tendance extrémiste tente par les armes et le terrorisme de parvenir à faire coïncider la population sikh et le territoire Pendjabi. Mais l'insurrection sikh ne jouit pas des mêmes atouts que celle d'autres minorités indiennes, puisque la division du Pendjab entre les populations sikh et hindoue ne lui permet pas de bénéficier d'un soutien local important, conséquence de son caractère religieux et minoritaire. Les actions se veulent violentes : assassinats, dont ceux de leaders politiques pour saboter le processus électoral, combats avec les forces de l'ordre. La répression armée des autonomistes conduite, en juin 1984, par le gouvernement indien, lors des opérations Blueston et Woodrose, accroît l'antagonisme entre Sikhs et hindous, incitant les extrémistes à passer à l'activisme clandestin.

Les Sikhs bénéficient d'un soutien extérieur provenant non pas des relations qu'ils pouvaient culturellement entretenir avec le Pakistan, mais de l'opposition que celui-ci génère envers l'Inde. Ce pays apporte son aide à tout mouvement s'opposant à l'Union indienne[66].

Les affrontement intercommunautaires de 1983-1984 conduisent le gouvernement à ouvrir, dès 1985, des négociations avec les dirigeants sikhs modérés (accords de Longowal-Gandhi).

---

[66] Selon un rapport de la CIA, certaines armes américaines auraient été destinées aux militants sikhs. Voir Darshan Behera Ajay, "An analysis of separatist insurgencies in India", *Strategic Analysis*, n°10, vol. 18, 1996, p.1361-1380.

La tentative de discussion sombre dans la terreur puisque se succèderont des poussées d'action terroristes et des phases de répression des autorités jusqu'en 1993.

En 1986, une action de guérilla, mêlant actes de terrorisme et tentatives d'élimination de l'ethnie hindoue, est engagée par des groupes fondamentalistes. Les années 1985 à 1992 connaissent une recrudescence du terrorisme dont le triste record de 1991 s'élève à 5000 morts. Pour pallier aux inconvénients suscités par l'absence d'unité des mouvements présents ont été créés deux comités prothétiques, dont le second, formé en 1988, affiche une ligne autoritaire opposée à toute discussion avec les autorités gouvernementales. Mais l'existence parallèle de groupes indépendants rend illusoire une lutte unie.

La stratégie de massacres aveugles prend pour cible des civils : attaques contre des bus ou des trains, éliminations de non-Sikhs, destructions de villages avec massacres des habitants hostiles, attentats à la bombe contre des fêtes, des marchés, mitraillage de la foule. On note également quelques attaques contre les forces de l'ordre, bien que ce type d'action ne constitue pas une priorité.

Le mouvement bénéficie d'un soutien profond dans la diaspora sikh implantée en Occident. La lutte se répand et s'internationalise par l'extension des groupuscules armés dans l'ensemble de l'Inde et la conduite d'actions terroristes à l'étranger contre des intérêts hindous : destruction du Boeing 747 d'Air India en plein vol en juin 1985 ou encore tentative d'assassinat de l'ambassadeur d'Inde en Roumanie, en 1991. Existe, enfin, une volonté de constituer des bases arrières en Europe occidentale et de s'y financer. Mais la lutte se heurte au défaut de relais internes et à l'absence d'unité des mouvements revendicatifs.

La répression sanglante des forces de l'ordre a aujourd'hui eu raison de la terreur sikh. Dès 1993, les actions violentes diminuent ; tendance confirmée par les résultats électoraux de février 1993 marqués par un net recul des défenseurs de l'indépendance.

Le Sri Lanka

Au Sri Lanka, l'accès à l'indépendance, en 1948, ne donne pas le jour à une situation pacifiée, mais met en lumière les antagonismes ethniques, culturels et religieux entre les différentes composantes du pays.

Formé en majorité de Cinghalais (73%), le pays abrite une minorité tamoule (17%) qui, lasse de voir sa représentation diminuer au sein de l'Etat au profit d'une affirmation croissante de la supériorité de la communauté cinghalaise (récupération du pouvoir ; attribution professionnelle des domaines civiques, sociaux, administratifs ; langue officielle ; développement du bouddhisme ; discriminations diverses), réagit, au début des années 70, en diffusant des concepts indépendantistes. Dans un contexte régulièrement troublé par des poussées de violence à tendance insurrectionnelle, l'émergence d'une revendication tamoule se radicalise rapidement pour être récupérée par des mouvements extrémistes, comme les ***Tigres***[67] ***de la libération du Tamil Eelam*** (LTTE) qui affirment, en 1977, le nécessaire passage à la lutte armée.

Principal parti d'opposition à la suite des élections de 1977, le LTTE ne croit pas que la voie politique puisse permettre d'obtenir la partition de l'île de Ceylan, au profit d'un Etat tamoul indépendant, Eelam. Il s'engage alors dans un combat violent où le terrorisme devient le principal moyen d'expression. Assassinats de forces de l'ordre, explosions contre des bâtiments officiels constituent le prélude, dès 1983, au déclenchement d'une guérilla, transformée en une insurrection tamoule contre le pouvoir central. Trois guerres tamoules consécutives transforment, de 1983 à 1996, le Sri Lanka en zone de conflits de haute intensité, où la pratique terroriste vient soit alimenter des conflits parallèles greffés sur le conflit indépendantiste principal (au cours de la première guerre tamoule entre 1983 et 1990, le groupe cinghalais ultra-nationaliste, JUP, s'oppose par un terrorisme meurtrier aux tendances les plus

---

[67] Le tigre est le symbole de l'ancien royaume tamoul de Jaffna.

modérées), soit remplir son rôle habituel de renforcement de la guérilla.

Les Tigres tamouls bénéficient d'un soutien international massif aussi bien à l'échelle de l'idéologie révolutionnaire (Palestiniens, Libye, pays communistes) que sur le plan financier. L'existence d'une diaspora permet à l'organisation de tisser des réseaux de connexion lui fournissant un appui financier indispensable à l'entretien d'actions de guérilla sur une décennie. Les Tamouls d'Europe occidentale, des pays de l'Est, du Proche-Orient, mais aussi du continent indien, se livrent à de multiples pratiques, le plus souvent illégales (détournements de fonds, vols, rackets, blanchiment) au profit de la cause indépendantiste.

Organisation fortement structurée à l'image des groupuscules marxistes-léninistes, le LTTE réussit à forger une machine de combat hiérarchisée, entraînée, dotée d'un effectif impressionnant (15000 hommes en 1990) et ayant su développer deux tendances complémentaires : une implantation sociale très développée et un bras armé, composé d'entités diverses (les Blacks Tigers, les Sea Tigers ou encore l'Eelam Force), chargé de mener des opérations terroristes violentes contre des intérêts opposées aux siens, qu'ils soient sri lankais ou étrangers[68].

Cependant, le mouvement de libération nationale se heurte, dès 1994, à la stratégie gouvernementale, qui, par une répression féroce, tente de convaincre les Tigres de la nécessité d'engager des négociations. Abandonné par la population à qui il entend conférer l'indépendance, réprimé par un gouvernement dont il veut se détacher, le mouvement tamoul semble déséquilibré : le risque de le voir recourir, en dernière tentative, à une pratique exclusivement terroriste, à l'image des Sikhs, était à craindre[69].

---

[68] Le groupe Eellam Force commet, en 1994, plusieurs attentats contre des installations touristiques et des intérêts économiques étrangers.

[69] Un attentat au camion piégé, commis le 13 octobre 1997 à Colombo, fait craindre, après deux années d'accalmie, un retour en force du LTTE. Le mouvement est inscrit sur la liste des organisations terroristes dressée par les Etats-Unis.

En lançant ses offensives « vagues incessantes », dont la troisième a débuté en novembre 1999, le LTTE durcit sa stratégie de terreur en bravant la politique d'ouverture engagée par la présidente, Chandrika Kumaratunga. Les autorités Sri Lankaises cherchent à répondre à certaines revendications de la minorité tamoule en fédéralisant le Sri Lanka. Mais c'est sous la forme d'attentats suicides que les Tigres noirs, unité spécialisée dans ce type d'opérations, répondent à la volonté affichée des autorités de négocier avec la population pour isoler le mouvement armé. Le 7 juin 2000, le ministre de l'Industrie et vingt autres personnes tombent sous le coup d'une bombe humaine. Malgré la perte de centaines d'hommes sous le joug de l'armée Sri Lankaise, le LTTE conserve sa capacité de mobilisation. Sa détermination à la résistance en est encouragée.

Chapitre 2 - La reconquête islamique

L'islam, en tant que religion mise au service d'une idéologie radicale, est utilisé comme propulseur à travers le monde d'une pratique terroriste destinée conjointement à propager l'idéologie islamique et à sanctionner les non-musulmans. Le recours à cette forme de violence débute dès la prise d'otages de l'ambassade américaine de Téhéran, en 1979, pour s'exporter au cœur du monde occidental, soumettant périodiquement celui-ci, depuis vingt ans, à un terrorisme meurtrier.

La mouvance islamiste se caractérise par la diversité de ses instigateurs comme de ses lieux d'émergence et de combat. Le terrorisme lié à la révolution iranienne touche le monde occidental, dans les décennies 70 et 80, sous la forme d'un terrorisme d'organisation écran et d'organisation secrète. A côté, un terrorisme émane de mouvements autonomes se revendiquant de l'islam radical et agissant au Maghreb, au Proche-Orient, au Moyen-Orient et en Asie.

Deux types de terrorisme islamique prennent consécutivement la France pour cible : un terrorisme d'origine proche et moyen-orientale lié à la révolution iranienne et aux répercussions de celle-ci dans la région de 1975 à 1988 (attentats à l'explosif et détention de certains de ses ressortissants au Proche-Orient) ; un terrorisme d'origine algérienne transposant, depuis 1994, sur le territoire français une guerre subversive interne.

Ce terrorisme est statistiquement à l'origine d'un nombre d'attentats moins élevé que le terrorisme indépendantiste basque et corse. Mais il est plus traumatisant et plus meurtrier, conséquence de la violence aveugle infligée à la population civile, ce que n'avaient pas fait jusque-là des groupuscules internes, disposant d'objectifs plus ciblés.

I.- L'expansion des mouvements islamistes radicaux

Parler d'idéologie islamiste suppose de dépasser la stricte vision religieuse d'un islam perçu comme une foi, une pratique et une civilisation[70], pour associer l'islamisme à une visée politique, qui entend à partir des préceptes religieux instaurer un Etat islamique reposant sur un pouvoir totalitaire à l'intérieur comme à l'extérieur. Il s'agit de gérer la société et de résoudre ses problèmes politiques à partir des dogmes religieux, bref, de transformer pacifiquement ou par la violence une communauté religieuse en organisme politique.

L'islam comme sauveur

Le combat engagé par les islamistes dans leur quête de pureté spirituelle touche, dans un premier temps, les gouvernements musulmans jugés illégitimes par leur non-respect des principes fondamentaux et leur prise de distance vis-à-vis de la loi islamique. Il s'agit par le jihad d'investir la sphère publique (politique, sociale, économique) comme la sphère privée (sentiments, mentalités, attitudes) dans un rapport de soumission à Dieu, à la charia et à l'islam[71]. Les islamistes se dressent contre l'évolution de la société musulmane qui chasse, sous l'emprise de la modernité, la religion du centre de la vie pour lui substituer une priorité donnée à la société civile, marquée par la toute-puissance de l'Etat-nation. Rejeter une modernité perçue comme néocolonialiste, pour inscrire un retour à l'islam dans une idéologie révolutionnaire visant à islamiser la modernité, telle est l'ambition projetée.

---

[70] Troisième religion révélée après le judaïsme et le christianisme, l'islam, née au cœur du désert d'Arabie, se répand progressivement hors du monde arabe pour rassembler aujourd'hui un nombre de fidèles supérieur à celui des autres religions, de l'Iran à l'Asie centrale et à l'Asie du Sud-Est, du Maghreb à l'Afrique noire et, enfin, vers l'Occident, comme héritage de l'Empire ottoman en Europe centrale, puis comme conséquence coloniale, avec, depuis les années 60, l'arrivée de travailleurs immigrés musulmans.

[71] Voir annexe 1, *Le jihad dans les Coran.*

L'islamisation des sociétés musulmanes est conçue comme l'aboutissement d'un cycle politique et social où se sont succédé divers modèles d'organisations socio-politiques avérés incapables de développer les sociétés du Sud. A la décolonisation succède des mouvements idéologiques émanant d'élites séduites tour à tour par le nationalisme et les idéaux marxistes. Elles tentent de les imposer aux masses populaires en reléguant la religion au second plan et dans la sphère privée.

Alors qu'une agitation gauchiste, qui n'est pas sans rappeler celle d'Occident, gagne les campus du monde musulman à la fin des années 70, des groupes islamistes émergent, soucieux non seulement d'islamiser les non-musulmans mais aussi de réislamiser ceux qui ont déjà adhéré au dogme. Les mouvements islamistes s'inscrivent dans la société musulmane comme parti politique, confrérie religieuse et mouvement social.

L'essor dans les années 70, puis l'ancrage au cours des années 80, des mouvements islamistes dans les sociétés musulmanes du Maghreb et du Machrek sont la conséquence d'une série de facteurs alliant contexte géopolitique et données politiques et sociales inhérentes aux pays du Sud.

Les régimes des pays ayant connu la colonisation se heurtent à des difficultés économiques et politiques menant à une crise de légitimité, au sein de laquelle la religion offre un espoir de reconsidération populaire, voire de liberté. L'islamisme s'appuie bel et bien sur des facteurs internes aux régimes arabes (crise sociale et économique de l'Etat-providence), alors que ceux-ci ne veulent y voir qu'une contamination venue de l'extérieur[72].

Le « désenchantement du monde » qu'analyse Max Weber[73] permet l'implantation islamiste au cœur des sociétés musulmanes. L'intrusion dans une société traditionnelle des techniques, des modèles politiques, économiques, sociaux, idéologiques de l'Occident (industrialisation, urbanisation, mondialisation) aboutit à la déstabilisation sociale, générant exclusion, traumatisme,

---

[72] L'Algérie voyait derrière ces agitations islamistes l'œuvre de Sadate, alors que l'Egypte y percevait la main de l'Arabie saoudite.

[73] Weber Max, *Le savant et le politique*, Paris, Plon, 1959, 232p.

accroissement de la pauvreté, perte de sens, tensions. Dans une période d'incertitude, la religion répare les dégâts d'une modernité venue d'une autre civilisation, d'une autre époque. Rapidement les islamistes se présentent comme les représentants des déshérités, des déçus du système, contestant les valeurs fondatrices de l'ordre social. La lutte s'engage contre la décadence et la dépravation apportée par une liberté d'action ostentatoire, parjure vis-à-vis de toute règle morale. La création d'associations religieuses, les Jamaât-al-Dawa, destinées à assurer une aide sociale aux individus puis à favoriser leur conversion montre l'importance de la dimension politique sur le projet islamique : tirer à eux les déçus de vingt ans de nationalisme pour leur proposer de retrouver dans « l'islam enfoui » un facteur d'espoir et d'identification, quitte à y parvenir au moyen du terrorisme.

Les islamistes se sont proposé d'exercer dans les sociétés musulmanes, ravagées par la modernité, trois types de fonction[74] : une fonction de soutien envers les démunis, une fonction sécurisante en réintroduisant un système de valeurs morales et sociales, une fonction tribunitienne assurant la contestation contre l'appareil d'Etat auquel ils tendent à substituer un pouvoir théocratique. Aussi drainent-ils vers eux, dans leur conception universaliste de l'Oumma, les jeunes générations, premières victimes du malaise économique et social.

Par ailleurs, l'esprit anti-impérialiste des mouvements tiers-mondistes a été repris par les islamistes, en un besoin de repositionnement par rapport à l'Occident et à ses modèles de développement. L'antipathie entre le monde musulman et l'Occident prend place dans une histoire tendue des relations entre les deux civilisations, guidée par la propension hégémonique du monde islamique à imposer la religion de Mahomet à l'humanité toute entière : progression des Arabo-Palestiniens au début du VIIIe siècle ; emprise des Sarrasins sur le bassin méditerranéen entre le VIIIe et le Xe siècle ; ou encore emprise de la puissance arabo-musulmane sur le monde ibérique au cours des siècles

[74] Dossier « Géopolitique des mouvements islamistes en Méditerranée », *Confluences en Méditerranée*, n°11-12, automne 1994.

suivants. De son côté, l'Occident place sous sa coupe les pays musulmans, fruit de la colonisation, mais aussi résultat d'alliances de fait imposées par le jeu de traités (Iran, Turquie). La volonté de conquérir l'Occident se transforme en un rejet et en une amertume envers une civilisation cherchant à imposer sa supériorité par ses schémas de pensée politiques, économiques, culturels. L'expression en sera double : le nationalisme arabe d'une part, l'islamisme d'autre part. En témoignent les propos tenus par le président Nasser, avant la guerre de Six-Jours : « Nous combattons l'Occident » qui n'a jamais eu de « considération pour nos sentiments, nos aspirations, nos droits »[75].

L'anti-américanisme développé, depuis, a trois causes : le soutien apporté à l'Etat hébreu ; les enjeux pétroliers ; l'aide relative et calculée apportée par les Américains au développement du tiers-monde et des pays arabes en particulier. La guerre de 1967 et l'invasion israélienne du Liban légitiment et propulsent la révolution iranienne de 1979. La revendication de l'Etat palestinien a une influence croissante sur la propagation de l'idéologie islamiste dans ses formes les plus radicales. Le soutien palestinien et, plus encore, l'opposition à Israël et aux puissances occidentales jouent, dans cette partie du monde, le rôle de catalyseur et de mobilisateur des pouvoirs islamiques unis derrière une cause commune.

L'islamisation de la modernité découle de ces éléments ; elle emprunte deux voies majeures, souvent entrelacées : la mobilisation politique et sociale ; la violence, notamment terroriste. La première méthode, incitant les gouvernements à islamiser par eux-mêmes la société, est à l'œuvre, à des degrés divers, au Koweït, en Jordanie, en Arabie saoudite, mais aussi en Egypte, au Maroc, au Pakistan. Les autorités, tout en réprimant la violence islamique, ont parfois fait quelques concessions pour l'empêcher de se manifester. La seconde méthode consistant à recourir à la violence terroriste, parfois en déclenchant une guérilla contre le pouvoir en place, est illustrée par le cas algérien.

---

[75] Taheri Amir, *La terreur sacrée,* Paris, Messinger, 1987, 309p.

Le critère de répartition des groupes islamistes est « le refus ou l'acceptation du recours à la violence »[76], lequel scinde l'islamisme en deux courants : l'un traditionaliste réclamant une association au pouvoir, l'autre révolutionnaire voulant renverser l'ordre établi par la subversion violente.

La stratégie islamiste évolue avec le temps et les courants de référence : elle se pose d'abord en contre-pouvoir avec pour objectif d'islamiser au cours du temps l'Etat puis la société. La révolution islamique d'Iran en constitue la première expression. Plus récemment, le processus s'inverse et émerge une tentative, notamment chez les sunnites, d'islamisation de la société avant l'islamisation de l'Etat.

Le modèle de la révolution iranienne

Le retour à la pureté première des « salif » (ancêtres) trouve ses prémices au XIXe siècle, chez Janol al-Din al-Afghani, puis au début du XXe siècle chez le fondateur des Frères musulmans égyptiens, Hassan al-Banna. Il voit sa première traduction concrète dans le chiisme révolutionnaire iranien qui, sous l'égide de l'ayatollah Khomeyni, triomphe en 1979 et sert de base, d'impulsion et de modèle à nombre de mouvements islamistes chiites comme sunnites.

La révolution iranienne de 1979 s'inscrit dans une logique révolutionnaire comparable à celle survenue en France, en 1789 et en Russie, en 1917 : un changement radical de l'ordre social et politique, mais avec la particularité d'entraîner un transfert de pouvoir en faveur d'une autorité religieuse. Le courant d'opposition au shah prend naissance dans la ville sainte de Qom, haut lieu de pèlerinage et siège du développement de la religion islamique. Elle devient, après 1979, un des principaux foyers révolutionnaires et participe à la formation intellectuelle des futurs dirigeants des courants islamistes, dont Khomeyni. Cœur de la résistance islamique à l'occidentalisation, cette ville est également le lieu d'émergence intellectuelle des pratiques activistes.

---

[76] Carré Olivier, *Les Frères musulmans : Egypte et Syrie (1928-1982)*, Paris, Julliard, 1983, 236p.

L'établissement d'une république islamique en Iran ne constitue pas une fin en soi, il s'agit d'un préambule à partir duquel la révolution est destinée à s'étendre à l'ensemble des pays musulmans. Cette révolution se conçoit comme une transformation progressive, insidieuse, des sociétés du Moyen et du Proche-Orient, pour déboucher sur l'installation d'un pouvoir politico-religieux, voué tout entier à la pureté de l'islam. La propagation de l'idéologie religieuse passe par une formation intellectuelle et universitaire, aussi de nombreux centres théologiques se répartissent-ils la région, parfois jusqu'en Occident, dans le but de rassembler des adeptes.

L'exportation de la révolution islamique proclamée par le préambule de la constitution iranienne s'organise par une multitude de structures prenant place aux différents échelons de l'appareil d'Etat (sommet, ministères) comme au sein de la société : un appareil central dit « secrétariat islamique », présent à Qom, un appareil de soutien aux mouvements de libération islamique et des organismes satellites chargés de constituer un réseau islamiste reliant entre eux les pays musulmans[77]. L'œuvre s'appuie sur les réseaux chiites présents dans l'Oumma ; elle tente d'établir des connexions avec des mouvements islamiques comme celui des Frères musulmans.

L'Iran met en place une infrastructure institutionnelle, le « conseil de la révolution islamique », créé en 1981, pour fomenter des insurrections islamiques à travers le monde musulman, en coordonnant les activités des forces révolutionnaires présentes dans ces pays. Un relais activiste s'établit dans la plaine de la Bekaa au Liban, avec des camps d'entraînement ; il se retrouve au Soudan, devenu un allié important de Téhéran. Sous Khomeyni, les zones privilégiées d'exportation de la révolution iranienne sont le Golfe Persique et le Liban. Les cibles spécifiques sont alors Bahreïn, l'Arabie saoudite et le Koweït, où l'Iran conduit des opérations clandestines contre les populations civiles.

La tentative d'exportation dépasse le monde arabo-musulman pour s'orienter vers l'islam africain et asiatique, avec la tenue de grandes conférences islamiques destinées à promouvoir le

---

[77] Voir annexe 2, *Le mécanisme de la révolution iranienne*.

rayonnement de la foi et de la culture à l'intérieur des pays musulmans[78].

La volonté expansionniste de l'Iran recouvre des ambitions géostratégiques et économiques. L'Etat iranien escompte obtenir une position hégémonique dans la région et manipuler les membres de l'OPEP, cherchant ainsi un avantage sur le marché mondial du pétrole.

L'influence de l'Iran, en tant que vecteur idéologique, preuve de la capacité d'un mouvement islamiste à accéder au pouvoir, est incontestable. Son rôle dans l'internationalisation de la violence est un des plus accentués, avec celui de l'OLP. Tout autre est son ascendant sur le jeu politique. L'Iran échoue dans sa stratégie consistant à imposer aux régimes en place dans les pays musulmans une fusion de l'islam dans la sphère politique.

Malgré les moyens déployés, la propagation se heurte aux prises de position des Etats arabes, défavorables à l'assimilation du courant révolutionnaire islamique à leur idéologie. Si le Liban suit l'Iran dans sa politique fondamentaliste, l'Irak s'y oppose et la Libye de Kadhafi adopte une très grande méfiance à l'égard des mouvements islamiques iraniens. La Syrie présente un cas à part : ses intérêts la lient à l'Iran, bien qu'à l'origine leurs courants religieux divergent.

La dichotomie est due aux tendances chiites et sunnites que l'Iran, en dépit de ses allégations officielles, ne parvient pas à dépasser. Il accentue la scission en identifiant totalement et pour la première fois chiisme et Iran. Le panislamisme rêvé par l'Iran se heurte au panarabisme des pays arabo-musulmans, dominés par un islam sunnite peu enclin à tomber sous une domination chiite[79].

Trois pays se partagent le bastion de l'islamisme : l'Iran pour le chiisme, l'Egypte et l'Arabie saoudite pour le sunnisme. Le premier en tant que source du mouvement islamiste et le second comme soutien financier. S'ensuit une concurrence aiguë entre

---

[78] Voir annexe 3, *L'emprise de la République islamique d'Iran durant la décennie 80.*

[79] Le chiisme se distingue du sunnisme par la qualité des détenteurs du pouvoir : le pouvoir légitime ne peut appartenir qu'à la lignée des douze imams.

l'Iran et l'Arabie saoudite pour la direction de la mouvance islamique : ouverte, violente et décriée pour l'un, souterraine, financière et éclipsée pour l'autre[80].

La volonté expansionniste de l'Iran se heurte à son incapacité à attirer les mouvements sunnites placés sous la dépendance financière de l'Arabie saoudite. De même échoue-t-il à maintenir des relations étroites avec le mouvement nationaliste palestinien, qui lui préfère l'Irak.

Le terrorisme pratiqué par les organisations dépendant de la République islamique d'Iran, sous la forme d'un terrorisme d'organisation écran entre 1983 et 1988, s'insère dans une stratégie de dissuasion et de chantage en direction de l'Occident. Il se heurte rapidement aux ressorts de ces démocraties quant à leur capacité répressive et défensive : l'isolement économique et diplomatique de l'Iran en est la conséquence. Cette situation contre-productive conduit, dès 1989, le président Rafsandjani à mettre un terme à une politique de terreur qui avive les déséquilibres internes et désunit le monde musulman.

Le ralliement à une Oumma fédératrice et source de prospérité s'étiole. Bien qu'abandonnant sa stratégie d'exportation de la révolution par le terrorisme, l'Iran entend asseoir, face à l'Arabie saoudite, sa position de puissance religieuse. La fatwa lancée contre Salman Rushdie s'insère dans cette trajectoire, par réaffirmation de son attachement à une théologie traditionaliste que les désirs révolutionnaires avaient quelque peu oubliée.

Cherchant à affirmer la supériorité religieuse du chiisme sur le sunnisme, l'Iran s'engage dans un activisme d'arrière-garde, qui ne fait que dissimuler l'échec de l'exportation de la révolution.

Espérant tirer profit de l'effondrement de l'URSS, comme de l'échec des nationalismes arabes, l'Iran voit dans l'encouragement, notamment financier, apporté aux groupes islamistes à vocation terroriste (Hamas, Jihad islamique de Palestine, Gama'at Islamiyya égyptiennes, FIS algérien) un moyen de raviver une domination

[80] L'Arabie saoudite a financé la plupart des mouvements islamistes sunnites situés dans sa mouvance idéologique.

spirituelle en perte de vitesse sur une population musulmane fragilisée par le chômage et privée de repères. Le soutien apporté à l'essor intégriste s'illustrerait par l'intervention dissimulée du pouvoir iranien dans le conflit algérien[81] : apport de fonds, de logistique et d'entraînement au FIS et aux groupes armés. Mais, considérer l'islamisme algérien comme le fruit unique de « l'expansionnisme iranien » serait faire allégeance de trop près à l'idée d'une internationale islamiste dirigée par Téhéran[82]. Certes, l'Iran a probablement intérêt à soutenir les mouvements islamistes algériens et palestiniens qui partagent son hostilité envers le processus de paix israélo-arabe. Il ne convient pas pour autant de mettre en doute l'autonomie de chacun de ces conflits régionaux qui s'inscrivent dans un schéma conjoncturel et identitaire bien défini, même si des prises de position concordantes génèrent des interactions occasionnelles.

La situation actuelle de l'Iran doit être perçue sous un double projecteur. Celui d'une société qui s'oriente, dans une « phase post-islamiste », vers l'ouverture à une libéralisation économique et sociale, voire politique, recherchant un terrain d'entente avec un monde occidental qui lui a été hostile au cours des années 80[83]. Le gouvernement iranien réfute toute implication terroriste du régime de Téhéran : « L'Iran n'a rien à voir avec le terrorisme nulle part »[84], souligne le ministre des Affaires étrangères, Ali Akbar Velayati ; le soutien apporté à la cause palestinienne n'impliquerait pas une aide terroriste. L'Iran affiche officiellement sa volonté démocratique de poursuivre coûte que coûte le « dialogue

---

[81] Bonnet Yves, *La trahison des ayatollah ou le dossier contre l'intégrisme*, Paris, Picollec, 1995, 157p.

[82] Au long des années 90, le Département d'Etat américain voit « la main de Téhéran » derrière tous les attentats allant à l'encontre du processus de paix. La notion « d'Etat terroriste » est encore privilégiée comme source du terrorisme mondial à un moment où le terrorisme gagne en autonomie et en popularisation. Cette logique fait prévaloir, au lendemain de l'attentat d'Oklahoma City, la piste iranienne. Il s'oppose en cela à la vision géopolitique européenne.

[83] Tous les otages occidentaux sont libérés en novembre 1991, signe d'ouverture et de changement.

[84] *Le Monde* 12 mars 1996.

critique » ouvert avec les Occidentaux et de sortir du marasme économique où il se trouve.

Pourtant, le terrorisme d'organisation secrète perdure mais sous une forme plus dissimulée, pour des motifs religieux ou économiques[85]. Ainsi, en soutenant l'offensive du mouvement islamique d'Ouzbékistan contre le « régime impie » du président Ouzbek et en faveur d'un régime islamique, l'Iran escompte retrouver un marché d'Asie centrale dont le prive le président Ouzbek, ennemi du pouvoir de Téhéran.

Les mouvements islamistes

Au cours des années 80, les mouvements islamistes émergés dans les sociétés du Sud tentent de s'imposer face à la société civile et sur la scène politique, dans une atmosphère souvent tendue en proie à la répression étatique.

La distinction entre les mouvements islamistes chiites ou sunnites se complique si on considère qu'à l'intérieur de l'espace chiite le développement de mouvements islamistes ne doit pas être perçu comme l'exportation directe de la révolution chiite iranienne. Ces mouvements inspirés et parrainés par cette révolution conservent une autonomie certaine d'évolution et d'action. La révolution fait uniquement office de point de convergence de la pensée politique musulmane, preuve de la capacité de l'islam à s'emparer d'un pouvoir placé sous la coupe occidentaliste. Mais, comme le remarque Bruno Etienne, il n'est pas certain que tous les islamistes aient comme perspective la constitution d'un Etat islamique de type iranien : les mouvements islamistes diffèrent d'une société à une autre, en fonction des structures sociales et étatiques dans lesquelles ils interviennent.

[85] Ainsi, le terrorisme d'organisation secrète pratiqué par l'Iran, en Turquie et en Allemagne, contre ses opposants exilés à l'étranger, est le fruit de réseaux islamistes intégristes en liaison étroite avec les services de renseignements iraniens, réorganisés au sein du ministère du Renseignement. Les services secrets iraniens, ancrés dans la communauté iranienne présente dans ces pays, s'assurent nombre de relais et paravents leur permettant de mêler renseignement, surveillance et base arrière indispensables lors des opérations menées contre les opposants à travers l'Europe.

La présence de mouvements islamistes est à noter dans l'ensemble des pays musulmans : Asie, Afrique noire, Maghreb, Machrek, Europe de l'Est. Le militantisme islamique gagne une frange hétéroclite de la population. La jeunesse urbaine est sensible à la propagande religieuse usant des techniques modernes (cassettes vidéos).

Les mouvements islamistes opérant dans le monde chiite trouvent leur origine dans un courant religieux émergeant en Irak, en 1957, à travers le parti de prédication, transformé, en 1982, en conseil de la révolution islamique d'Irak, ainsi que dans un courant religieux apparu au Liban, en 1965. Ils gagnent, à l'occasion du conflit Iran-Irak, en autonomie par rapport à la tentative d'instrumentalisation menée par Téhéran et cherchent à privilégier une intégration dans la sphère politique à un combat extrémiste.

Tout autre est le développement de l'islamisme dans le monde sunnite, géographiquement plus étendu, du Maghreb au Machrek. En Egypte émerge, en 1928, un mouvement qui prône, pour la première fois, la synergie entre le religieux et le politique et dont l'action se propage par identification au sein du monde sunnite : le mouvement des ***Frères musulmans*** créé par Hassan El-Banna. Ecarté de la vie politique et sociale égyptienne par la révolution des officiers en 1932, puis le nationalisme arabe de Nasser, sa réapparition bénéficie de deux facteurs : l'utilisation que font des islamistes les gouvernements arabes pour lutter contre l'envolée marxiste et le contre-coup de la révolution iranienne qui aide à la propagation de l'idéologie islamiste dans l'ensemble du monde musulman. Le mouvement existe au-delà du cadre national puisqu'il est présent en Syrie, en Jordanie, au Koweït, au Soudan, en Palestine, mais également dans le Golfe, en Arabie saoudite et au Yémen. Au Maroc ou en Tunisie existent des mouvements placés dans la mouvance des Frères musulmans, sous la forme d'associations apostoliques. Mais il n'existe pas pour autant de continuum de tendances, même inscrites dans une idéologie commune.

Ses partisans militent en faveur de la réislamisation de la société par l'islamisation des structures et des institutions modernes dans le cadre d'une action inscrite dans la non-violence. Ils voient dans l'islam une « loi complète pour diriger cette vie et l'autre »[86].

Ce choix officiel explique l'apparition, au cours des années 80, de mouvements sunnites dissidents désireux d'inscrire leur action dans une optique extrémiste, au regard de laquelle les Frères musulmans apparaissent trop modérés et donc peu efficaces.

A côté de cette mouvance, le monde sunnite connaît l'essor d'organisations inscrites uniquement dans le cadre national des partis islamistes, comme c'est le cas au Yémen, au Soudan, en Turquie et en Algérie. Le développement de ces mouvements dépend étroitement de la réception dont ils font l'objet dans les sociétés au sein desquelles ils évoluent, facteur essentiel de leur diversité. Dans un contexte politique ouvert comme en Turquie, en Jordanie, au Maroc, au Koweït, au Pakistan, en Inde, ils se présentent comme réformistes, semi-constitutionalisés, majoritairement pacifiques. Confrontés à un jeu politique fermé comme en Syrie, en Libye, en Irak, en Egypte, en Algérie, au Liban, ils deviennent révolutionnaires, clandestins et violents. Les mouvements islamistes approchent du pouvoir au Pakistan (1979), au Soudan (en 1983 une première fois, puis en 1989) ou en Jordanie où les Frères musulmans remportent des sièges aux élections (1989). Par contre, leur participation officielle au pouvoir est rejetée par la force en Algérie et par la répression policière en Tunisie. Une grande majorité de ces mouvements existe sous la forme de groupes de pression vivant dans la clandestinité.

[86] Le credo des Frères Musulmans.

La violence

La violence en tant qu'expression de la conquête islamiste des sociétés et pouvoirs musulmans résulte de deux tendances fondamentales au sein de l'Oumma : d'une part, les difficultés auxquelles se heurtent, au fil du temps, les mouvements islamistes dans leur quête d'un soulèvement populaire propice à la construction d'un espace politique religieux dans l'ensemble de la communauté musulmane ; d'autre part, les rapports tendus entretenus avec un Occident dont ils rejettent la modernité et l'interventionnisme dans une région qu'ils estiment leur appartenir, comme dans des conflits qui leur sont propres. Moyen de pression, d'intimidation, le terrorisme permet d'asseoir la détermination et la puissance d'un mouvement voulant opérer un changement politico-social par un soulèvement populaire. Il devient un moyen de dernier recours lorsque les méthodes pacifiques ont échoué.

Le recours à la violence terroriste se veut une résistance au pouvoir et une lutte contre le pression internationale. Opposant la « maison de l'islam » au monde extérieur, les islamistes s'engagent dans un jihad contre l'oppression étrangère, allant jusqu'à refuser toute relation de coopération avec un Occident porteur d'une idéologie impérialiste colonisatrice et corruptible. Une contrainte pèse sur les puissances occidentales (essentiellement les Etats-Unis et la France) : modifier leur relation à l'islam et repenser leur relation au tiers-monde, laissé trop longtemps au banc du système international.

L'aversion de tels mouvements pour Israël, leur volonté de sauver la Palestine pour la faire tomber dans le giron fondamentaliste se heurtent à l'évolution de la situation palestinienne et à son leader animé depuis la fin des années 80 par la recherche d'une solution de paix au Proche-Orient. S'opposant à la reconnaissance du chef de l'OLP sur la scène internationale, les mouvements islamistes soumettent Yasser Arafat à leur vindicte : actions violentes contre les pays qui le reçoivent et actes terroristes du Hamas dans les territoires occupés et en Israël.

- *Les années 80 et un radicalisme éclaté*

La violence islamiste, dirigée à l'intérieur d'un pays contre la société civile et politique, s'exerce de deux façons. Par des attaques portées contre la présence occidentale en territoire musulman que ce soit contre les représentants d'un Etat dans le cadre d'une présence militaire occidentale comme au Liban ou contre des civils, comme l'illustrent l'enlèvement d'otages occidentaux au Liban au milieu des années 80, puis les attentats anti-touristes survenus en Egypte et en Turquie depuis le début des années 90. Mais aussi par la menée d'opérations terroristes plus ambitieuses à travers le Proche-Orient, contre Israël, les territoires occupés et les pays où sont susceptibles de se trouver des « ennemis » de la cause islamiste (Europe, Amérique du Sud, et intérêts américains à travers le monde). La rivalité pour le contrôle régional occasionne des troubles entre pays sunnites eux-mêmes. Le recours à la violence terroriste radicale se retrouve du côté chiite comme sunnite.

Les *mouvements chiites* que sont le ***Hezbollah***, le ***Jihad islamique***[87] et ***al'Bawah*** en Irak développent, sous l'égide de l'Iran, leur activité contre les Etats du Proche et du Moyen-Orient et principalement contre les intérêts occidentaux et les puissances occidentales. L'organisation du Jihad islamique pro-iranien, installée dans la plaine supérieure de la Bekaa, est à l'origine des attentats dirigés contre les forces occidentales installées à Beyrouth, comme de la majorité des enlèvements d'occidentaux au Liban. Le Hezbollah, implanté au Liban, mène des actions à l'étranger, au Koweït en 1983 et en France en 1986. Les organisations activistes dans les années 80 agissent à l'intérieur d'une structure pyramidale hiérarchisée et autoritaire.

Les *mouvements sunnites* poursuivent leur action dans la région du Proche-Orient contre les intérêts arabes et occidentaux. Plus nombreux, ils comptent dans leurs rangs : ***Takfir***, ***Takfir wa hijra***, ***Djiad al-da'wa***, les ***Gama'at Islamiyya*** en Egypte. Il est difficile de les répertorier en raison du caractère éphémère de l'existence de certains et d'une tendance à agir sous des noms

[87] Les principaux groupuscules chiites sont installés au Liban, en Syrie et en Iran.

génériques comme Hezbollah ou Jihad, alors même qu'ils recouvrent des groupes différents. Apparu à la fin des années 70, l'expansionnisme radical sunnite se manifeste par l'assassinat du président égyptien Anouar el-Sadate en 1981. L'Egypte constitue le socle de l'idéologie islamiste et de sa dérive activiste. Les Gama'at diversifient leurs cibles, au cours de la décennie 80, de l'appareil de l'Etat à la présence occidentale, visant dès 1991 les touristes présents en Egypte, signes de l'invasion occidentale et de sa corruption.

A l'instar du développement hors des frontières d'Egypte des Frères Musulmans, des groupes activistes apparaissent en Palestine, en 1987, sous la dénomination de Jihad islamique palestinien, branche armée du mouvement Hamas, dans l'exercice d'une terreur contre l'occupation israélienne puis contre le processus de paix israélo-palestinien.

L'irruption, en 1990, d'une tendance violente issue de la présence des Frères musulmans en Jordanie est à noter, même si son action est faible et occasionnelle.

La Syrie abrite également sur son territoire des branches activistes des Frères musulmans, dont le ***Front islamique de Syrie, Majâhidîn***.

En Asie, des mouvements sunnites extrémistes se développent sur les bases de la lutte de libération nationale. Ces mouvements refusent toute alliance avec l'Iran et ses groupes extrémistes, même s'ils reconnaissent le modèle de cette république en tant qu'édification d'un système de pouvoir politico-religieux.

Les tactiques violentes croissent dans les confrontations entre les mouvements islamistes et les gouvernements en place. Les premiers bénéficient de deux facteurs : la dispersion de volontaires en Afghanistan, au Cachemire, en Bosnie, prêts à aider à l'établissement des règles islamiques en rejoignant la propagande guerrière dans un pays ou un autre ; l'apparition d'une diaspora islamique servant de base de réserve aux parties concernées. La violence terroriste pratiquée par les islamistes extrémistes chiites ou sunnites se distingue par la frappe de cibles uniquement humaines et par la frappe indistincte de tout individu sur le lieu de l'attentat[88]. Quant aux méthodes employées, elles se rangent dans trois catégories : l'attentat à la bombe de forte puissance dans la recherche d'un nombre élevé de victimes, le mitraillage de passants ou d'une foule, l'enlèvement et la séquestration d'otages sur une longue période. La haute technicité, le professionnalisme d'individus entraînés au combat militaire, en possession d'un armement récupéré auprès de nombreux conflits régionaux (Iran/Irak, Liban, Afghanistan) garantissent un degré de violence supérieur à celui, souvent artisanal, des terroristes occidentaux.

- *Les années 90 et la réislamisation par le bas*

Les courants sunnite et chiite n'évoluent pas en même temps. L'usage de la violence extrémiste est, à l'intérieur du monde chiite, lié de près au contexte international et à la position de l'Etat mobilisateur qu'est l'Iran (actions dirigées essentiellement contre des Occidentaux et leur influence). Les sunnites, eux, ancrent leur existence dans un contexte interne ; ils bénéficient d'une autonomie de formation et d'action qui les conduit à inscrire leur combat dans la durée.

Les mouvements chiites ont, de par l'évolution de la situation internationale (fin du conflit Iran/Irak, guerre du Golfe) et les bouleversements internes de l'Iran (mort de Khomeyni, difficultés économiques et financières), pris un recul certain avec l'action terroriste pratiquée dans le monde entier durant les années 80, cherchant à renouer avec une action politique légaliste. Par contre, les partisans sunnites poursuivent l'action activiste sur leur territoire (cas des mouvements égyptiens). Ainsi, le danger activiste des années 90 provient-il majoritairement de la tendance sunnite dans l'exacerbation d'un rejet de la présence occidentale.

Alors que la décennie 1975-1985 est marquée par la tentative d'imposer l'islam par la prise directe d'un pouvoir politico-religieux, dont la seule illustration est la République islamique d'Iran, la fin des années 80 et la décennie 90 se

[88] Le terrorisme islamique a parfois pris à titre exceptionnel la forme d'assassinat de personnalités politiques ou religieuses, comme l'atteste l'assassinat du président Sadate.

caractérisent par une impulsion islamiste inversée, en provenance de la base, que Gilles Kepel qualifie, dans *La revanche de Dieu*, d'islamisation par le bas ou de réislamisation « rampante »[89].

L'islamisme se traduit par une emprise sur les modes de vie et les mœurs, opposée à toute culture moderniste. Il aboutit à la constitution au sein de la société de réseaux traditionalistes cherchant à s'imposer face aux pouvoirs publics. Le but est clair : convertir la base à la pureté religieuse de l'islam. Le moyen est efficace : apporter aux déshérités et aux marginaux une aide que l'autorité publique leur refuse. L'objectif est affirmé : conquérir le pouvoir de façon ascendante.

Par un déplacement progressif vers la sphère sociale, ces mouvements essayent de s'infiltrer dans les pays musulmans comme dans les diasporas d'Europe occidentale. Cette inflexion se traduit aussi bien dans l'utilisation que l'Iran fait de l'affaire Rushdie, que dans les manifestations de l'islamisme en Palestine ou en Algérie.

Sanction contre un écrit allant à l'encontre de l'islam, la fatwa est un évènement à l'intérieur du monde musulman. Elle allie, pour la première fois, sunnites et chiites en un même front. Elle constitue la première sentence de mort lancée, à travers le monde, contre un individu au nom de l'islam. Qu'est-ce d'autre que l'internationalisation d'une pratique terroriste qui allie, dans une même direction (celle de l'Oumma), l'ensemble des musulmans de la planète, nationaux comme immigrés au cœur du monde occidental ? C'est là aussi, pour Khomeyni, un moyen d'imposer la primauté de Téhéran comme gardien des valeurs islamiques fondamentales.

L'Iran tente ainsi de regagner son hégémonie sur la scène proche et moyen-orientale. Dans cette optique, il favorise, en Algérie, un processus d'islamisation à partir de la base par le réseau des mosquées et des associations piétistes. Aux affinités

---

[89] Kepel Gilles, *La revanche de Dieu : chrétiens, juifs, musulmans à la conquête du monde,* Paris, Seuil, 1991, 293p.

idéologiques entre le pouvoir iranien et les mouvements intégristes algériens se substituerait, dès 1995, une implication voilée de l'Iran dans le conflit algérien. Les groupuscules extrémistes algériens évoluent, à cette date, vers la pratique d'actions terroristes sur le modèle de celles commanditées par l'Iran au début des année 80 : la prise d'otages de l'Airbus d'Air France en décembre 1994, comme les attentats aveugles perpétrés sur le sol français s'inscrivent dans ce schéma.

L'importance de la violence au Proche et Moyen-Orient au cours du XXe siècle trouve sa source dans des déséquilibres internes et régionaux. Un développement inégal entre de vieilles civilisations et les prospères Etats pétroliers du Golfe ; des rivalités de puissances régionales entre la Syrie, l'Irak, l'Arabie saoudite, l'Iran ; un conflit nationaliste et territorial entre l'OLP et Israël ; des divergences religieuses dans le monde musulman entre sunnites et chiites, mais également entre chrétiens et musulmans au Liban, rejaillissent sur l'ensemble de la région par la confrontation de deux cultures, l'orientale et l'occidentale. Ces éléments génèrent une instabilité, une perte d'identité et de valeur, une crise de conscience, morale et politique, sur le terreau desquelles les islamistes ont pu asseoir leurs volontés révolutionnaires et ancrer un combat violent pour tenter de les imposer.

II.- Les cibles

La violence anti-occidentale s'illustre dans le monde musulman par des prises d'otages, des meurtres de touristes et de résidents occidentaux ou des attentats à la bombe dirigés contre des intérêts diplomatiques et des commerces occidentaux. Elle s'illustre aussi, à l'intérieur même des Etats occidentaux, par des attentats à la bombe contre une foule anonyme.

La violence islamique n'est pas uniquement orientée contre les Occidentaux de souche mais également contre les traîtres à la cause, à savoir les musulmans qui, dans leur pays, se sont occidentalisés, essentiellement la classe moyenne cultivée. Cette tendance forte, apparue en Iran, au début des années 80, à travers l'élimination des opposants au régime de Téhéran, est reprise en

Algérie où Ali Benhadj appelle au meurtre « des Français à visage algérien ».

Le « grand Satan »

Les Etats-Unis subissent, durant les années 80, la vindicte du régime islamique de Téhéran, engagé dans une bataille de déstabilisation contre la première puissance mondiale, avec un objectif : modifier sa politique moyen-orientale et évincer sa présence de la région du Golfe. Une politique américaine très active, guidée par des intérêts économiques certains dans une région riche en matières premières, désigne ce pays comme cible du terrorisme des islamistes, mais aussi des Palestiniens ou d'Etats comme l'Irak, la Libye ou le Soudan[90].

La violence à connotation islamique dirigée contre les Etats-Unis se présente sous un double aspect : un terrorisme dirigé contre les intérêts américains présents au Moyen et Proche-Orient, et à travers le monde, qui constitue la majorité, voire l'exclusivité, des actes violents ; un terrorisme exercé sur le sol même des Etats-Unis. La rareté des actions de grande envergure menées sur le

---

[90] Principales attaques terroristes dirigées contre les Etats-Unis :

- Avril 1983 : bombe contre l'ambassade des Etats-Unis à Beyrouth, 100 blessés.
- Octobre 1983 : bombe contre le quartier général des marines à Beyrouth, 241 morts.
- Juin 1985 : détournement du vol 847 de la T.W.A., un mort dont le corps est lancé sur le tarmac de l'aéroport.
- Février 1988 : enlèvement et meurtre du lieutenant colonel William Higgins, membre de la force de paix au Liban.
- Décembre 1988 : explosion du vol 103 de la Pan Am au dessus de Lockerbie en Ecosse, 270 morts.
- Janvier 1990 : explosion du D.C. 10 d'UTA au-dessus du désert de Ténéré, au Niger.
- Février 1993 : bombe contre le World Trade Center de New York, 6 morts, des centaines de blessés.
- Mars 1995 : mort d'un membre du personnel diplomatique dans un mitraillage à Karachi, au Pakistan.
- Avril 1996 : explosion sur la base américaine de Daharan en Arabie saoudite.
- Août 1998 : explosions à proximité des ambassades américaines de Nairobi et de Dar es-Salaam

territoire américain, au cours des années 80, s'explique par l'éloignement géographique du continent américain, par l'absence de relais dans des Etats proches des Etats-Unis et par l'inexistence de base arrière ou de logistique sur le sol américain.

Le premier acte terroriste iranien à l'encontre des intérêts américains est l'occupation de l'ambassade des Etats-Unis à Téhéran, le 4 novembre 1979, à l'instigation du mollah Mohammad Khoiniha. Il inaugure une série d'attaques contre les intérêts américains présents dans cette partie du monde : attentat suicide contre les marines à Beyrouth, le 23 octobre 1983, explosion d'une voiture piégée à l'ambassade des Etats-Unis à Beyrouth, le 20 septembre 1984, enlèvement d'otages américains au Liban dans la seconde part de la décennie 80. Ce type de terrorisme touche prioritairement les diplomates américains en poste à l'étranger.

Le contexte géopolitique bouleversé, lié à la chute du bloc communiste et aux négociations de paix israélo-arabe, relance la menace. Suite au déclenchement des hostilités dans le Golfe, en janvier 1991, des groupes terroristes basés en Orient développent une rhétorique anti-américaine[91]. Certaines organisations sont considérées par le FBI comme capables, parce que hautement sophistiquées et fortement motivées, de mener des actions anti-américaines aussi bien sur le sol américain qu'à l'étranger. L'attentat contre le World Trade Center de New York, le 26 février 1993, commis par des islamistes radicaux, dont l'instigateur serait un Egyptien membre de la Gama'at Islamiyya[92], l'explosion d'une voiture piégée devant un bâtiment de la garde nationale saoudienne à Riad le 23 novembre 1995, l'explosion d'un camion piégé le 25 juin 1996, sur une base aérienne près de Daharan en Arabie saoudite et les bombes placées à proximité des ambassades américaines de Nairobi et de Dar es-Salaam le 7 août 1998

---

[91] De même, deux groupes favorables à l'indépendance de Porto-Rico justifient une attaque contre les intérêts américains en invoquant le rôle des Etats-Unis dans la guerre du Golfe.
[92] Les terroristes responsables de l'attentat contre le World Trade Center sont égyptiens, irakiens, jordaniens, palestiniens et américains.

illustrent la réalité de la menace. Autant d'avertissements qui visent la présence des Occidentaux dans une région dont la sécurité constitue l'une des priorités de l'administration américaine.

Depuis le début de la décennie 90, la présence d'une communauté musulmane sur le territoire américain, dont certains membres sont sensibilisés par le discours religieux développé au Maghreb comme au Machrek, induit la présence d'une menace islamiste à connotation terroriste. La menace se dirige vers le territoire américain d'abord par l'implantation d'organisations islamistes violentes en Amérique latine, type Hezbollah, bénéficiant ainsi d'une base arrière géographique proche de la cible ; ensuite par l'apparition d'une menace intérieure provenant de la constitution de groupes extrémistes au sein même des Etats-Unis. Qualifié de « terrorisme radical international » par le FBI, cette forme de terrorisme religieux d'apparition récente prend pour cible le gouvernement américain et ses citoyens. Elle puise sa source dans les communautés égyptienne, jordanienne, irakienne, pakistanaise, soudanaise, palestinienne vivant aux Etats-Unis.

L'idéologie islamiste dans ses aspects les plus radicaux prend essor dans la communauté musulmane vivant aux Etats-Unis, avec un objectif : jouer depuis l'étranger un rôle actif dans la venue au pouvoir dans leur pays d'origine (Egypte, Algérie) de personnes favorables à l'application de la charia et à l'édification à terme d'Etats islamiques. Aux Etats-Unis, des lobbies islamiques oeuvrent dans cette direction de façon ouvertement pacifique en organisant des réunions publiques à l'image de celle de Detroit rassemblant 5000 sympathisants du 24 au 29 décembre 1993 sous le nom de Islamic Youth Conference of America. Les sympathisants sont toutefois capables de recourir à la violence : l'attentat du World Trade Center l'atteste.

Comprendre l'origine du courant islamique qui traverse la société musulmane immigrée américaine aujourd'hui suppose de se pencher sur la place et l'essor de la religion islamique aux Etats-Unis. C'est sans doute dans le mouvement noir des ***Blacks Muslims*** qu'il convient de situer, en 1952, l'émergence d'une identité islamique. Malcolm X, principale figure des musulmans noirs, oeuvre à l'instauration d'un réseau social destiné à pallier aux carences du pouvoir américain blanc. Il s'efforce de créer une communauté musulmane noire autarcique, rejetant le « way of life » de l'Amérique blanche (à l'image des groupes islamistes qui apparaissent en Europe en 1990). Le mouvement est relayé par Farrakhan, qui prend la suite de la « Nation de l'Islam » des années 30. En défendant les exclus noirs, il offre à la jeunesse un espoir nouveau et une manière d'affirmer une identité solide ayant prise sur une modernité dont elle se sent écartée. Il s'agit de trouver dans l'islam un encadrement, une ligne de conduite pour une jeunesse abandonnée aux affres de la drogue, du banditisme et de l'échec social. « Engagez-vous dans l'armée d'Allah » devient le mot d'ordre de Farrakhan en direction de la jeunesses noire des ghettos : il s'agit davantage d'une découverte de l'islam en tant qu'aide sociale et morale dans un univers hostile que de la redécouverte de la religion des ancêtres après une période d'occidentalisation des esprits. A côté de ces musulmans noirs apparaissent des Arabes américains musulmans et des musulmans non arabes, souvent exilés iraniens.

L'islam aux Etats-Unis était une voie de socialisation ; il devient un vecteur d'activisme violent contre la modernité occidentale et un culte exclusivement religieux. Rassemblant quelque six millions de musulmans (individus chassés du Koweït après la guerre du Golfe, pauvres d'Egypte ou du Pakistan), les Etats-Unis abritent, depuis la fin des années 70, des groupes radicaux cherchant à recruter des adeptes. La tenue de conférences islamistes, les mosquées, les organisations caritatives offrent autant d'occasions et de lieux d'action en faveur de l'activisme : caches d'armes, transferts de fonds.

Dès la fin des années 80, le FBI observe la montée d'une exaltation religieuse dans les 40 mosquées que compte la seule ville de Chicago et les centaines de lieux de culte musulmans disséminés dans le pays. L'attentat contre le World Trade Center contribue à mettre en lumière les réseaux tissés dans l'ombre par le Hamas, le Jihad islamique, le Front islamique soudanais et le mouvement Al Fukra pakistanais, dont l'objectif n'est autre que la destruction des symboles de la civilisation américaine.

Le plus significatif est sans aucun doute le réseau structuré que le Hamas est parvenu à construire en quelques années au cœur des Etats-Unis. De là, la direction du mouvement recueille des dons collectés auprès des réseaux de solidarité bâtis en Syrie, au Liban, en Jordanie, au Soudan, en Iran, pour les répartir par la suite entre les chefs militaires à Gaza et en Cisjordanie.

La présence aux Etats-Unis de Palestiniens naturalisés, membres du Hamas, leur permet d'accéder aisément au territoire comme base de repli d'où partent les ordres d'attentats contre civils et militaires israéliens dans les territoires occupés ; mais aussi de faciliter l'assassinat d'Israéliens sur le sol américain. Le meurtre de Meir Kahou à New York, en 1990, est le premier assassinat politique commis en territoire américain contre une personnalité juive. Cette présence aux Etats-Unis de membres du Hamas, agissant sous la couverture légale, généralement d'aide humanitaire aux familles palestiniennes, pose aux services de sécurité une difficulté majeure : au nom de la liberté d'expression et d'association, il est impossible d'interdire les échanges avec le Proche et le Moyen-Orient.

Les Etats-Unis offrent aujourd'hui une base arrière, financière et logistique de forte ampleur pour les mouvements islamistes hostiles au processus de paix israélo-arabe. Le rôle majeur joué par les Etats-Unis dans ce processus transforme l'Amérique en cible privilégiée du jihad engagé contre l'Occident.

Les engagements européens

La France est le seul pays européen touché par le terrorisme d'origine islamique à la fois dans ses intérêts à l'étranger et sur son territoire[93] : règlements de compte pratiqués par un Etat contre ses opposants et actions dirigées sciemment contre ses propres citoyens et intérêts. Encore est-il important d'opérer une distinction fondamentale : si, depuis le milieu des années 70, la France devient la cible d'un terrorisme moyen et proche-oriental très actif en raison de sa politique étrangère, chaque Etat recourant au

---

[93] La France est une cible aisée d'accès en raison de frontières communes avec cinq pays.

terrorisme agit pour une cause qui lui est propre. Les prises de position françaises dans la crise libanaise, dans le conflit israélo-palestinien et dans la guerre Iran/Irak se trouvent à l'origine d'un terrorisme d'organisation écran exécuté par des groupes iraniens, palestiniens, libanais. Le terrorisme moyen et proche-oriental se différencie du terrorisme islamique. L'Iran agit dans le cadre de ses intérêts au regard du conflit Iran/Irak et de ses voisins moyen-orientaux, dans la perspective d'exporter sa révolution. La Syrie agit dans une optique de contrôle hégémonique de la région proche-orientale, moteur du terrorisme d'organisation écran dirigé contre l'implication de la France dans la guerre du Liban. Elle œuvre également à gagner le contrôle de la Palestine sur Yasser Arafat. Enfin, les organisations palestiniennes agissent pour obtenir la reconnaissance internationale de l'existence d'un Etat palestinien. Tous mènent des actions terroristes contre le soutien apporté par l'Occident à Israël.

Commandité par Téhéran, le terrorisme islamique qui touche la France durant les années 80 s'insère dans une dimension de jihad, alliant politique et religion. Il ensanglante Paris en 1985 et 1986. La bombe qui explose au magasin Mark et Spencer, le 23 février 1985, inaugure une campagne terroriste d'une violence inégalée, qui non seulement touche le territoire (galeries Lafayette, galerie du Claridge, Point-Show, Gibert, Hôtel de Ville, rue de Rennes), mais aussi se déplace jusqu'au cœur de Beyrouth avec l'enlèvement de ressortissants français[94]. Ces attentats sont commis

[94] Otages français détenus au Liban entre 1985 et 1988 : Marcel Carton, chargé du protocole à l'ambassade de France à Beyrouth, enlevé le 22 mars 1985, libéré le 4 mai 1988 (revendiqué par le Jihad islamique) ; Marcel Fontaine, vice consul de France à Beyrouth, enlevé le 22 mars 1985, libéré le 4 mai 1988 (revendiqué par le Jihad islamique) ; Michel Seurat, universitaire, enlevé le 22 mai 1985, assassinat annoncé le 5 mars 1986 (revendiqué par le Jihad islamique) ; Jean-Paul Kaufmann, journaliste, enlevé le 22 mai 1985, libéré le 4 mai 1988 (revendiqué par le Jihad islamique) ; Marcel Coudari, intermédiaire, enlevé le 27 février 1986, libéré le 10 novembre 1986 (revendiqué par l'Organisation de la justice) ; Aurel Cornéa, preneur de son à Antenne 2, enlevé le 8 mars 1986, libéré le 24 décembre 1986 (revendiqué par l'Organisation de la justice) ; Georges Hansen, caméraman à Antenne 2, enlevé le 8 mars 1986, libéré le 20 juin 1986 (revendiqué par l'Organisation de la justice) ; Jean-Louis Normandin, éclairagiste à Antenne 2,

par le ***Comité de solidarité avec les prisonniers politiques arabes et du Proche-Orient*** (CSPPA), par le réseau Foued Ali-Saleh en France (un Tunisien converti au chiisme et ayant étudié dans la ville sainte iranienne de Qom) et au Liban par une myriade d'organisations terroristes dont l'unité a longtemps posé interrogation aux spécialistes, mais qui, sous le nom du Hezbollah ou du Jihad islamique, agissent pour le compte des ayatollahs iraniens.

Le terrorisme d'Etat est utilisé dans deux perspectives. Instrument de politique étrangère, il impose à l'Occident l'existence et le pouvoir d'une république islamique prête à étendre son hégémonie dans le Machrek. Moyen de répression interne, il permet de poursuivre à l'étranger les opposants au régime islamique. Sont assassinés sur le territoire français, mais également dans d'autres pays européens dont l'Allemagne, des réfugiés politiques iraniens en considération de la position qu'ils occupaient en Iran sous le régime du shah ou de la propagande anti-islamiste amorcée en Iran et poursuivie en Occident. L'ancien premier ministre du shah, Chapour Bakhtiar, tombe sous les balles des hommes de main de l'ambassade iranienne à Paris, le 27 août 1991, après une première tentative infructueuse en juin 1980. Voilà, un terrorisme d'organisation secrète directement commandité et exécuté par le pouvoir iranien.

La répression menée contre le réseau terroriste à l'origine des attentats de 1986 et les initiatives diplomatiques prises pour régler divers contentieux, comme la situation économique catastrophique dans laquelle se trouve l'Iran, permettent de

---

enlevé le 8 mars 1986, libéré le 27 novembre 1986 (revendiqué par l'Organisation de la justice) ; Philippe Rochot, journaliste à Antenne 2, enlevé le 8 mars 1986, libéré le 27 novembre 1986 (revendiqué par l'Organisation de la justice) ; Michel Brian, professeur au collège protestant de Beyrouth, enlevé le 9 avril 1986, libéré le 11 avril 1986 ; Camille Sontag, retraité, enlevé le 7 mai 1986, libéré le 10 novembre 1986 (revendiqué par les Forces unifiées de la justice, mais libéré par l'Organisation de la justice) ; Roger Auque, journaliste, enlevé le 13 janvier 1987, libéré le 27 novembre 1987 (pas revendiqué, libéré par l'Organisation de la justice).

résoudre le bras de fer diplomatique entre Paris et Téhéran à la fin des années 80. Les menaces terroristes islamistes, en provenance du Moyen-Orient, à l'encontre de la France et de ses intérêts s'arrêtent.

Ceci ne met pas pour autant un terme à la violence religieuse islamique envers la France. Elle réapparaît en 1994. Au terrorisme commandité par un Etat succède un terrorisme émanant de groupuscules indépendants, transportant un conflit national hors de leurs frontières. La réislamisation grandissante des sociétés du Sud et le développement en Occident de réseaux intégristes au sein des populations immigrées font peser une menace terroriste sur les sociétés occidentales dont la politique étrangère va à l'encontre des objectifs islamistes. Ainsi, la France subit les répercussions de la guerre civile algérienne entre les islamistes et le pouvoir en place. Elle paye le tribu de ses prises de position en faveur du pouvoir d'Alger comme des liens anciens qui l'unissent à ce pays.

Le terrorisme touche d'abord les intérêts et ressortissants français et occidentaux présents en Algérie. Puis, dans une seconde phase offensive, il s'en prend au territoire français : détournement de l'Airbus d'Air France en décembre 1994, campagne violente à Paris et en province en 1995 et 1996[95]. On renoue avec un

---

[95] Liste des attentats :

- 24 décembre 1994 : prise d'otage à bord de l'Airbus d'Air France sur l'aéroport d'Alger.
- 11 juillet 1995 : assassinat du cheikh Abdelbaki Sahraoui, imam de la mosquée de la rue Myrrha à Paris et cofondateur du FIS algérien.
- 25 juillet 1995 : attentat à la bombe dans une rame de la ligne B du RER à la station Saint-Michel, 8 morts et 84 blessés.
- 17 août 1995 : attentat près de la place Charles de Gaulle à Paris, 17 blessés, 3 grièvement.
- 26 août 1995 : une bonbonne de gaz est découverte sur la voie du TGV reliant Lyon à Paris, à la hauteur de Cailloux-sur-Fontaine, Rhône.
- 3 septembre 1995 : attentat sur le marché du boulevard Richard-Lenoir à Paris, 4 blessés.
- 4 septembre 1995 : un engin explosif est désamorcé dans les toilettes publiques de la place Charles-Vallin à Paris.
- 7 septembre 1995 : explosion d'une voiture piégée devant une école juive de Villeurbanne (Rhône), 14 blessés.

terrorisme aveugle comparable dans sa forme et dans ses cibles à celui des années 80, mais d'une intensité plus faible. Le bulletin islamiste du 13 octobre 1995 considère que l'engagement de la France « dans les sables mouvants algériens » constituerait « un suicide », revendiquant ainsi la paternité de la campagne terroriste menée en France. Dans le même temps, le GIA appelle au « combat pour la religion islamique et sa victoire », qualifiant de « martyrs » les membres de l'organisation morts au combat.

Les opérations sont artisanales, oeuvre d'amateurs, dépourvues de communes mesures avec celles des tueurs professionnels du Proche et Moyen-Orient, disposant d'un matériel sophistiqué et d'une expérience avérée. Toutefois, dans les deux cas, les actes sont dirigés contre des cibles civiles et des lieux publics. Plus faciles d'accès, ils portent surtout un impact supérieur par le sentiment de vulnérabilité qu'ils inspirent. La violence aveugle frappe les corps et les esprits : faire pression sur les autorités, afficher leur existence et leurs revendications. Naît un terrorisme « plus mortel dans ses effets »[96] dont l'objectif n'est plus tant de tuer une personne dont les prises de position ou les actions vont à l'encontre des instigateurs (crimes politiques), mais de semer la terreur au sein d'une population, obligeant l'Etat, à modifier sa politique. Ceci est d'autant plus exact pour le terrorisme émanant de mouvements radicaux autonomes, puisqu'une multitude de petits comités (deux ou trois personnes fanatisées) peuvent décider de construire une bombe artisanale et de la déposer dans un lieu d'affluence sans autre motif et perspective que ceux d'obéir à une sentence divine (fatwa, jihad). Cet islamisme là tue sans stratégie d'action clairement définie.

- 6 octobre 1995 : attentat près de la station de métro Maison-Blanche, 13 blessés légers.
- 17 octobre : attentat sur la ligne C du RER entre les stations Musée d'Orsay et Saint-Michel, 29 blessés dont 5 grièvement.
- 3 décembre 1996 : attentat contre la ligne B du RER à la station Port-Royal, 7 morts.

[96] Professeur Paul Wilkinson, université d'Aberdeen, *Technology and terrorism*, Londres, Cass, 1993, 153p.

Les autres pays européens n'ont jamais connu de campagne terroriste d'envergure dirigée sur leur sol contre leurs concitoyens. Néanmoins, tous ne sont pas épargnés par le jihad lancé par Téhéran à destination de l'Occident. Des actions plus casuistiques s'expriment en raison de la détention de membres d'organisations islamistes, d'intérêts étrangers présents sur leur territoire ou d'actions ponctuelles menées, même dans le secteur privé, à l'encontre des intérêts islamistes. Ainsi, le vol Athènes-Rome de la TWA est détourné sur Beyrouth le 14 juin 1985 par deux pirates du réseau Hezbollah Europe détenant les passagers en otage pendant deux semaines, pour obtenir, avec succès, la libération de militants. Cette méthode typique des commandos palestiniens est quelques fois utilisée par les Iraniens, même si la pose d'explosifs ou l'assassinat sont préférés[97].

La Grèce, en raison de sa situation géographique et de sa neutralité, sert de terrain aux règlements de compte entre factions moyen-orientales rivales et à l'attaque d'intérêts occidentaux[98].

L'Espagne offre un champ de bataille aux islamistes iraniens attirés par les cibles américaines présentes sur son sol : tirs de roquette contre l'ambassade des Etats-Unis à Madrid en 1983 ; attentat meurtrier contre le restaurant El Descarso fréquenté par des membres de la base américaine en avril 1985 ; trois attentats, en 1986, contre des installations américaines ; explosion de mercure en représailles de la destruction d'un Airbus d'Iran Air par un navire de guerre américain au-dessus du Golfe en juillet 1988.

L'Autriche devient, en 1987, la cible d'islamistes iraniens en raison du matériel militaire fourni à l'Irak par une entreprise autrichienne. Son directeur reçoit une lettre piégée signée des *Fils de l'imam Hussen*. Plusieurs actions commises par l'organisation *Vengeance islamique* sont revendiquées à Vienne[99].

---

97 Le détournement d'un DC 10 d'Air Afrique, effectuant la liaison Brazzaville-Paris en juillet 1987, prend fin à Genève par la capture du pirate. L'Iran est mis en cause par la confédération helvétique.

98 Le groupe pro-iranien *Fils d'Allah* se trouve à l'origine de ces actions, il est vrai en nombre limité.

99 Assassinats de Moammar Aksay (janvier 1990) et de Cetin Emee (mars 1990).

Ce sont autant d'actes liés à l'implantation du réseau Hezbollah en Europe, qui opère sous le nom de Jihad Islamique[100].

Mais aucun pays européen n'est touché directement par des groupes islamistes venus de l'étranger. D'où le caractère limité de l'internationalisation de ce terrorisme : les actions conduites à l'étranger se trouvent réduites en comparaison de la transnationalité d'autres groupes terroristes. C'est une conséquence de l'échec de l'exportation de la révolution iranienne : à l'échelle idéologique comme stratégique, l'Iran, en dépit de l'image tracée, ne parvient qu'à imposer une présence limitée sur la scène internationale, même si les actions menées ont été dominées par le meurtre. Les pays européens épargnés par ce type de terrorisme - l'Allemagne, la Belgique, la Grande-Bretagne, la Suisse, le Portugal, les Pays-Bas, le Danemark, la Suède - sont, pour certains, le lieu d'élimination ou de tentative d'élimination d'opposants iraniens et servent potentiellement de base arrière à des réseaux islamistes. La présence d'une communauté musulmane numériquement importante dans certains Etats européens favorise l'émergence en son sein de courants islamistes adeptes de l'islamisation des sociétés du Sud, susceptibles d'apporter un jour leur aide à des activistes prêts à commettre des attentats en Occident.

La Grande-Bretagne entretient un rapport particulier avec l'islam depuis qu'elle a accueilli sur son sol l'écrivain Salman Rushdie, condamné à mort par la fatwa lancée par Khomeyni pour avoir écrit *Les versets sataniques*. Prenant parti, au nom des droits de l'homme et de la liberté, contre une décision religieuse, la Grande-Bretagne se place en porte à faux du communautarisme érigé en système de gestion de l'immigration qui accorde aux musulmans, au sein de l'Etat, le droit de préserver leurs modes de vie comme de résister aux atteintes d'une modernité étrangère.

C'est au sein de la mouvance intellectuelle du groupe islamiste pakistanais, le Jama'at-i-islami, que sont émises les premières critiques contre Rushdie, par crainte de voir la jeunesse

---

[100] On note un attentat perpétré contre le propriétaire d'un journal koweïtien, *An Anba*, pro-irakien, le 5 août 1984, à Marbella.

indo-pakistanaise vivant en Grande-Bretagne, s'occidentaliser et devenir perdue pour la cause islamique. Une campagne contre les *Versets sataniques* est lancée par la fondation islamique de Leicester cherchant à rallier à son soulèvement l'ensemble des organisations musulmanes du Royaume-Uni. La protestation dépasse les frontières britanniques pour devenir un des leitmotive de l'organisation de la Conférence islamique.

Ces circonstances obligent la Grande-Bretagne à adapter son système de sécurité à la protection du ressortissant indien : le pays pourrait abriter des islamistes prêts à accomplir la sentence divine.

L'Algérie

L'islamisme ne prend pas dans tous les pays du Maghreb la forme d'un terrorisme aveugle dirigé contre les civils ou les intérêts du pouvoir en place, à l'instar de l'Algérie.

La poussée islamiste et son corollaire de violence - 40 000 à 70 000 morts depuis 1992 - qui secouent l'Algérie ne sont pas le résultat d'un conflit circonstanciel, mais trouvent leur origine dans un cocktail détonnant d'intégrisme et de nationalisme élaboré au long du XXe siècle. Le mouvement islamiste algérien a eu une capacité fulgurante à s'inscrire dans la sphère politique ; puis à imposer sa présence dans le paysage politique, économique et social algérien, par l'engagement d'un conflit civil clandestin mené sur le mode terroriste contre un pouvoir rétorquant par une terreur similaire ; enfin à exporter le conflit à l'étranger, sur le sol français, par des attaques terroristes et le maintien d'une menace virulente.

Lutter contre toute opposition à l'islam suppose rapidement de lutter contre les étrangers présents en Algérie[101] : leur mode de vie et les prises de position des Etats dont ils dépendent les transforment en modèles à éliminer. Terroriser les étrangers vivant

---

[101]On ne présentera pas ici le mouvement islamiste algérien en tant qu'organisation terroriste interne à l'Algérie, pour se concentrer sur son internationalisation. Sur le terrorisme en Algérie, voir Boudjdra Rachid, *FIS de la haine*, Paris, Folio, 1994, 135p. ; Labat Séverine, *Les islamistes algériens*, Paris, Seuil, 1995, 343p.

en Algérie et les contraindre à partir, tel est le nouveau front dans lequel s'engagent les GIA à l'automne 1993.

Il comprend deux phases : l'une vise les ressortissants étrangers, essentiellement les français et les intérêts étrangers sur le sol algérien ; l'autre débute en décembre 1994, contre le territoire français, dans l'optique de punir les autorités de Paris soupçonnées de « mener une croisade contre l'Islam ». Cette attaque vaut avertissement pour les autres démocraties occidentales, qui seraient tentées d'intervenir en faveur du « pouvoir dictatorial » algérien.

La campagne contre la France débute, le 26 août 1992, par l'explosion simultanée de deux bombes à l'aéroport d'Alger et à l'agence de la compagnie aérienne Air France. La volonté de tuer est évidente : un fort trafic aérien se dirige vers Paris à cette période de l'année.

Le courant extrémiste islamique s'engage, le 21 septembre 1993, dans une phase supérieure en amorçant une campagne d'assassinats contre des Français vivant en Algérie. Deux géomètres, François Barthelet et Emmanuel Didier, sont assassinés à l'arme blanche. L'action intervient quelques jours après la diffusion à Paris d'un communiqué annonçant la création d'une direction politique du FIS à l'étranger. Par ailleurs un tract clandestin, reproduit par un quotidien d'Alger au mois d'août 1993 et signé du GIA, menace les ressortissants français. La manifestation d'une cinquantaine d'intégristes musulmans algériens, dont certains arborent les insignes du FIS, devant l'ambassade de France à Londres, le 27 août 1993, en scandant des slogans anti-Français, se veut le présage d'une action contre la France.

Les assassinats d'étrangers qui n'ont pas quitté le territoire algérien ont, par la suite, été revendiqués par le GIA[102]. Il en est

---

[102] Liste des Français tués :

- 15 janvier 1994, assassinat de Monique Afré.
- 1er février 1994, assassinat d'Olivier Quémenau.
- 21 février 1994, assassinat de Joaquim Grau.
- 22 mars 1994, assassinat de Roger et Pascal Drovaie.
- 8 mai 1994, assassinat de deux religieux, Henri Vergès et Hélène Raymond.

ainsi de l'enlèvement des sept moines français de Tibéhirine et de leur exécution au printemps 1996, une opération cruelle qui n'a sans doute pas fait l'unanimité au sein du mouvement armé. La particularité de ces assassinats est la détention dont ces personnes ont fait l'objet avant leur exécution : jusqu'alors les étrangers victimes des commandos du GIA étaient assassinés quelques heures après leur enlèvement.

La seconde étape de la lutte engagée contre les étrangers prend la forme d'une campagne d'attentats organisée sur le territoire français par le GIA. Présent en Algérie, il use de relais implantés en Europe et, principalement, de l'assise que la mouvance islamiste a su développer dans la communauté musulmane vivant en France. La position occupée par Paris est perçue par les islamistes comme le meilleur soutien politique, économique et financier à la « junte » au pouvoir à Alger. Punir et intimider la France pour qu'elle modifie sa politique, tels sont les objectifs poursuivis lors du détournement de l'airbus d'Air France sur l'aéroport d'Alger en décembre 1994, de la vague d'attentats terroristes de l'été et l'automne 1995 et de l'attentat de Port-Royal du 3 décembre 1996. La première action contre l'avion d'Air France n'est que l'exécution d'une menace adressée deux mois auparavant par Djamel Zitouni au chef de l'Etat français, lui reprochant de continuer à soutenir le pouvoir algérien en dépit des attaques et avertissements menés contre des ressortissants français en Algérie. La revendication des attentats commis sur le sol français en 1995 est faite par un communiqué du GIA en date du 23 septembre 1995. Mais elle ne préjuge en rien des réels commanditaires des attentats : le pouvoir d'Alger comme les islamistes peuvent avoir intérêt à exercer une terreur sur la France pour qu'elle marque ses positions dans le conflit algérien.

Quoi qu'il en soit, les attentats commis en France, causant la mort de dix personnes, sont l'œuvre d'une organisation très hiérarchisée sous les ordres du GIA et dont les dirigeants se

---

- 3 août 1994, assassinat de trois gendarmes, Stéphane Salomon, Jean-Michel Serlet, Fabrice Decamps et de deux agents consulaires, Gérard Tourville et Armand Barde.
- 1995, enlèvement puis assassinat des 7 moines de Tibéhirine.

trouvent à l'étranger, en Grande-Bretagne, en Belgique et en Italie. Ils envoient sur le territoire français des émissaires avec pour mission d'activer des groupes locaux de militants enrôlés dans les cités HLM et les mosquées de banlieues. Ces jeunes passent du prosélytisme à l'activisme violent à l'image de Khaled Kelkal[103]. Le mécanisme est bien rodé : le financement de la campagne terroriste aurait été organisé depuis Londres par Rachid Ramda, alias Abou Farès. La coordination des attentats relèverait de Boualem Bensaïd, appartenant au GIA, dont le pouvoir procède directement de la tête du maquis algérien. Enfin, à l'échelle stratégique, trois groupes se répartissent géographiquement en trois points du territoire : Lille, Vaux-en-Velin et Chasse-sur-Rhône. Une attaque hors des frontières nationales ne peut se permettre l'anarchie.

Les pays du Proche-Orient connaissent un terrorisme islamique soit né au cœur de leur propre Etat, soit exporté d'un Etat voisin.

L'Egypte

Terre d'origine des Frères musulmans, l'Egypte génère, ces dernières années, une pluralité de mouvements d'extrémistes islamistes recourant à la violence terroriste. C'est essentiellement autour des ***Gama'at Islamiyya***, anciennes associations islamistes d'étudiants[104], que se structure au fil du temps l'action terroriste islamique égyptienne. Les Gama'at se manifestent les premières contre les représentants du pouvoir (assassinat du président du parlement, Rifaat Mahjoub) et contre les structures étatiques. Pour déstabiliser le pouvoir, elles portent des coups au secteur du tourisme, moteur de l'économie. Pour protéger le pays contre la dépravation occidentale, elles s'engagent dans un terrorisme à

---

[103] Ce jeune « beurs », enrôlé par des émissaires du GIA dans la défense de la cause islamiste algérienne, est utilisé comme poseur de bombe lors des attentats de 1995. En fuite, recherché dans la région lyonnaise, la police l'abat le 29 septembre 1995.

[104] Elles sont créées à la fin des années 70 sous l'œil bienveillant du président Anouar El Sadate qui comptait sur elles pour contrebalancer l'influence de la gauche, principal adversaire au pouvoir.

caractère médiatique, avec l'assassinat d'intellectuels[105] et de touristes : attaques de trains, d'hôtels ou de bateaux de croisière[106].

Voilà la première étape vers l'objectif avoué : renverser le régime du président Hosni Moubarak, pour établir à la place une République islamique.

La répression engagée par les autorités a une double conséquence : la dispersion des combattants dans les régions rurales où un climat de violence est entretenu, mais surtout l'exportation de la violence terroriste à l'étranger (tentative d'assassinat du président Moubarak en juin 1985 à Addis Abeba, explosion de l'ambassade d'Egypte à Islamabad en novembre 1995).

Le chef de l'organisation, le cheikh Omar Abd-ar-Rahman, vit aux Etats-Unis d'où il commandite les opérations menées en Egypte[107].

---

[105] Notamment, le prix Nobel de littérature, Naguib Mahfouz.

[106] En 1990, le Jihad islamique mène une série d'attaques contre les églises et les biens en Haute Egypte.

[107] Liste des attentats commis en Egypte :

- 21 octobre 1992: attentat à Daïrout, mort d'un touriste.
- 26 février 1993 : attentat au Caire, 3 touristes tués, 19 blessés.
- 8 juin 1993 : attentat près des pyramides de Guizeh, 2 touristes tués, 15 blessés.
-26 octobre 1993 : attentat au Caire, 4 touristes tués, 2 blessés.
- 4 mars 1994 : attentat contre un bateau de croisière sur le Nil, 1 touriste tué.
- 11 mars 1994 : attentat en Haute Egypte, mort de 5 coptes.
- 12 mars 1994 : meurtre de 3 personnes dans la région d'Assiout
- 20 mars 1994 : meurtre de 5 policiers en Haute Egypte
- 9 avril 1994 : attentat contre le numéro deux des services de sûreté, le général Raouf Khayrat.
- 26 août 1994 : attentat à Sohag, 1 touriste tué.
- 27 septembre 1994 : attentat dans le souk de Hourgada, sur la mer Rouge, 3 morts dont un touriste allemand.
- 14 octobre 1994 : attentat au Caire blessant grièvement l'écrivain Naguib Mahfouz.
- 23 octobre 1994 : attentat près de Louxor, mort d'un touriste britannique et 3 autres blessés.
- 23 novembre 1994 : meurtre de 3 policiers près d'Assiout.
- 2 janvier 1995 : attentats dans la région de Minia en Haute-Egypte, 7 policiers et 3 civils sont tués.
- 27 janvier 1995 : meurtre de 7 policiers en Haute-Egypte.

Depuis ces cinq dernières années, un activisme en effervescence donne aux attaques anti-touristes une tournure exacerbée. La terreur aveugle atteint son paroxysme, le 17 novembre 1997, avec le massacre du temple de Louxor où des extrémistes intégristes se jettent à l'arme blanche sur les touristes présents dans un des sites les plus fréquentés du pays. « La plus grande tuerie terroriste en Egypte » titre le quotidien d'opposition libérale, *Al Wafd*. La tâche est ardue pour les autorités prises entre l'engagement d'une répression inflexible et les tentatives d'ouverture d'un dialogue avec des islamistes, partie intégrante de la société égyptienne[108].

Les deux tendances de l'islamisme égyptien, l'islamisme modéré des Frères musulmans et l'islamisme activiste des groupes extrémistes, ne sont pas intégrées au pouvoir, qui tente, après une phase de répression, d'encadrer et de contrôler les valeurs spirituelles. Aussi est-il fort à craindre que « les groupes activistes se reconstituent »[109] et poursuivent leurs activités terroristes sur le sol égyptien, voire au-delà.

Des terres de conquête

Le jeu iranien mené dans la crise du **Liban** consiste à promouvoir la mise en place d'un régime islamique identique à celui de Téhéran. Une ambition qu'il essaye d'imposer par la multiplication d'actions terroristes organisées par le mouvement chiite du ***Hezbollah***.

- 3 juin 1995 : attentat à Minia, 9 morts et 3 blessés.

- 26 juin 1995 : le président Hosni Moubarak échappe à un attentat attribué à des islamistes égyptiens à Addis-Abeba.

- 18 avril 1996 : fusillade dans un hôtel près des pyramides de Guizeh, près du Caire, 18 touristes tués et 14 blessés.

- 18 septembre 1996 : attentat au Caire, 10 touristes tués.

- 17 novembre 1997 : attentat de Louxor en Haute Egypte, par mitraillage, 67 morts dont 57 étrangers, 25 blessés (Gama'at)

[108] La répression des Gama'at provoque l'apparition de groupuscules déstructurés comme les *Jeunes du paradis* en 1993.

[109] Balencie J.M, de la Grange A., *Mondes rebelles*, tomes 1 et 2, Paris, Editions Michalon, 1996, 825p. et 786p.

Fondé en 1982, il se présente comme une fédération de groupes révolutionnaires islamiques, existant pour certains d'entre eux depuis plus de douze ans. Menant des actions au Sud Liban et à l'étranger, l'organisation vise les intérêts et les ressortissants israéliens. Placé sous contrôle iranien et syrien, le Hezbollah allie propagation de l'islam et défense des intérêts palestiniens. Utilisé comme propagande du régime de Téhéran et moyen d'exportation de la révolution iranienne, le mouvement s'affaire à nouer des contacts avec les groupes sunnites du Maghreb, du Machrek, comme avec les activistes kurdes. Les intérêts français et américains présents au Liban font l'objet d'attaques terroristes iraniennes et syriennes : attentat contre le poste Drakkar en 1983, nombreux attentats commis en 1983 contre la présence française[110], attentat contre l'ambassade américaine en avril 1983, attentat contre la FINUL en mai 1986. Certains auraient été commis sous le label iranien de la guerre sainte islamique.

---

[110] Attentats contre les intérêts français à Beyrouth en 1983 :

- 29 janvier : grenade lancée par deux hommes à moto sur une jeep de la Force multinationale.
- 18 mars : deux grenades jetées en direction d'une position française de la Force multinationale.
- 17 avril : grenade lancée contre une patrouille française de la Force Multinationale dans le camp de Sabra.
- 24 avril : une voiture fonce à tombeau ouvert en direction d'un soldat français en faction à un barrage.
- 25 août : attentat contre les locaux d'Air France dans le quartier chrétien de Beyrouth-Ouest.
- 30 août : pilonnage d'artillerie d'une position française de la Force multinationale à Beyrouth-Ouest.
- 31 août : bombardement par roquettes de la chancellerie française à Beyrouth-Ouest.
- 7 septembre : bombardement du Q.G. français de la Force multinationale.
- 15 septembre : grenade lancée sur les légionnaires français.
- 23 octobre : attentat contre l'immeuble Drakkar abritant les forces françaises.

Des esquisses de rébellions moyen-orientales

Mis à part le terrorisme islamique d'Etat exercé par le pouvoir iranien contre sa propre population, certains pays de la région connaissent des contestations islamistes à caractère terroriste.

L'Arabie saoudite, malgré le soutien financier apporté à la cause islamique, n'est pas exempte d'une violence menée par des islamistes du Proche-Orient et des Palestiniens dissidents. Sous les appellations de ***Jun al'Haqq*** et ***Jihad de Hejaz***, ils commettent, en 1988 et 1989, des assassinats contre des diplomates saoudiens en poste à l'étranger (Pakistan, Thaïlande, Liban, Belgique).

Le pouvoir totalitaire et répressif, imposé à la population chiite par Saddam Hussein, donne à la violence islamiste en **Irak** une forme particulière. Certaines organisations islamiques comme la ***Révolution islamique d'Abou Zainab***, le *parti* ***Da'wa***, et la ***brigade Baahr*** du conseil suprême de la révolution islamique d'Irak, engagent, par insurrection, une lutte contre le pouvoir central et ses représentations. Pendant les années 80, ces groupes commettent nombre d'attentats en territoire irakien, notamment contre la personne de Saddam Hussein pour ce qui est d'al-Da'wa, mais également à l'étranger : attaque contre la compagnie aérienne irakienne à Chypre en 1984, détournement d'un avion sur la ligne Bagdad-Aman en 1987. Bref, un terrorisme dirigé davantage contre le caractère totalitaire et répressif du pouvoir que dans la perspective d'imposer une idéologie religieuse par la force.

On signale le développement d'un islam particulier : ***l'islam turc***. Guidés par la volonté d'instaurer un Etat islamique en Turquie, sur le modèle de la République islamique d'Iran, dont ils tentent de se rapprocher avec plus ou moins de succès[111], les islamistes turcs exportent leurs revendications à travers l'Europe grâce à la forte implantation de leur communauté en Allemagne, en Belgique et aux Pays-Bas. On assiste à une politisation de l'islam

[111] Alors qu'en Allemagne les islamistes turcs entretiennent des relations avec l'ambassade d'Iran et obtiennent de celle-ci un financement, le groupe Quam aux Pays-Bas voit ses avances en direction de Téhéran repoussées.

menée par la première génération d'immigrés en direction des classes jeunes et tentant par une multiplication d'associations à vocation islamiste de reproduire la même structuration et les mêmes clivages que ceux existant en Turquie. Alors que les services de sécurité turcs s'efforcent d'empêcher l'intrusion en Turquie de toute propagande, notamment audiovisuelle, en leur faveur, l'internationalisation accroît leur puissance et affirme leur autorité. La stratégie adoptée se développe sur un mode similaire à celui employé par certains mouvements nationalistes qui pensent pouvoir asseoir leur légitimité à l'intérieur de leur pays en menant une action à l'extérieur en faveur de la cause. Le mouvement des Kaplanci s'inscrit dans la montée d'un islamisme kurde en Irak et en Turquie agissant davantage au nom de l'Oumma qu'en celui d'un nationalisme propre. L'action violente vise les intérêts turcs.

L'Allemagne sert de passage central à cette mouvance islamiste puisque c'est en RFA que les partisans de la révolution islamique se regroupent, en 1980, autour de leur leader, Kaplan, qui crée, en 1982, à Cologne, *l'Union des associations et des communautés musulmanes en Allemagne*. Il trouve un relais dans l'édition de journaux tels que la *Nation de Mahomet*, ou *Le Point*[112].

En Belgique, où l'islam est reconnu par la loi du 19 juillet 1974, est créée dans l'optique de propager des idées fondamentalistes une *Fondation islamique religieuse turque*.

Aux Pays-Bas, la présence d'un groupe politico-militaire, *Quiom*, composé d'ultra-fanatiques, anciens de Kaplanci, conduit la mouvance islamique turque à être classée comme dangereuse par les autorités.

Enfin, la France abrite une petite représentation de cet islamisme turc regroupé, depuis 1984, autour de la *Fédération des associations islamiques de France* (FAIF), en étroite relation avec le centre de Cologne.

---

[112] Respectivement Ummet-i-Mohammed et Kerpru.

Les régimes asiatiques

Au **Pakistan**, l'islam affirme sa présence sur la scène politique avec le mouvement fondamentaliste *Jumaat-e-Islam* qui, malgré une faible représentation, tente de s'enraciner dans la société pakistanaise. A travers le ***Jamaat-e Islami Pakistan*** (JIP), le Pakistan soutient également les mouvements islamistes que ce soit en Afghanistan, au Cachemire, en Palestine ou en Egypte. L'islamisation permet aux éléments enrôlés dans un djihad contre les communistes lors de la guerre d'Afghanistan de trouver refuge au Pakistan. Au lendemain de la guerre, les combattants poursuivent leur activisme sur les points de tensions de la planète : Maghreb, Balkans, ex-URSS. Le Pakistan est utilisé comme plaque tournante de réseaux terroristes transnationaux (les responsables de l'attentat contre le World Trade Center de New York venaient du Pakistan) et comme base arrière de mouvements islamistes cherchant à renverser les régimes en place dans leurs pays. Cependant, sous la pression des puissances occidentales, le gouvernement pakistanais engage, dès le printemps 1993, une répression qui contraint les sympathisants à se diriger vers l'Afghanistan, puis le Yémen. Mais la région pakistano-afghane abrite, encore actuellement, un nombre important de moudjahiddin prêts à se mettre au service de causes radicales à travers le monde.

La présence d'islamistes en **Afghanistan** se manifeste par la résistance violente opposée par les moudjahiddin aux forces soviétiques engagées en terres afghanes durant la décennie 80. Attirant à lui des milliers d'islamistes volontaires venant des cinq continents, le conflit afghan parvient à mobiliser une internationalisation de combattants islamistes drainés par une cause commune. La ***Jamaat-i Islami*** est l'une des principales organisations politico-militaires de la résistance contre l'ennemi soviétique. Apparu au sein du monde universitaire au début des années 60, le mouvement s'engage dans une ligne modérée anticommuniste, pour devenir, en 1992, un des éléments principaux du pouvoir.

L'islamisme radical est professé par le ***Hezb-i islami***, rival du Jamaat, mouvement à la fois anticommuniste et anti-occidental. Il dispose d'un large potentiel humain et militaire. Il appelle à une révolution panislamique et développe dans cette perspective des relations avec plusieurs réseaux transnationaux islamiques, dont des réseaux terroristes. Mais de faibles actions commises sur le terrain le portent à être rapidement évincé militairement par les Talibans.

On note, à côté de l'Islam sunnite, l'existence de tendances chiites, exprimées depuis la fin des années 80 et le début des années 90, à travers le ***Parti de l'unité islamique***, rattaché à Téhéran et en lutte pour l'acquisition par la communauté chiite d'une place reconnue en Afghanistan. Celui-ci ne survit pas à la nouvelle crise afghane qui surgit, durant les années 1992-1994, entre les courants religieux islamistes : modérés et radicaux, soutenus par l'Iran et l'Arabie saoudite d'un côté ; chiites et wahhabites de l'autre.

Le conflit est dépassé par l'apparition du mouvement islamiste des ***Talibans*** qui, avec le soutien du Pakistan, parvient, depuis 1995, à remporter des victoires sur les troupes des autorités afghanes. Il s'empare de Kaboul le 26 septembre 1996 et affaiblit depuis la résistance, pourtant endurcie, du commandant Massoud. L'apparition des Talibans est étroitement liée au Pakistan : ils dépendent d'un réseau fondamentaliste réformiste, les Biobardes, présents au Pakistan à travers la Jamiat Ulema e-Islami, alliée au parti de Benazir Butto, hostile au parti islamiste radical pakistanais Jamma-e-Islami. L'éclosion des Talibans s'insère dans une stratégie permettant au Pakistan, en cas de réussite, d'étendre son emprise sur la région et d'obtenir un pouvoir stratégique face à l'Inde.

L'apparition dans le sud des **Philippines** d'une idéologie islamiste prônant l'application de la charia et la fondation d'un Etat islamique date de 1978, avec la création d'un ***Front islamique de libération Moro*** (FMIL), scindé du mouvement indépendantiste, le ***Front Moro de libération nationale*** (FMLN). Créé en 1972, le FMLN mène une lutte armée, pendant près de 25 ans, avant de signer un accord de paix avec les autorités, en 1996. En échange de sa dissolution, le FMLN a gagné le droit de gouverner une région autonome, formée de quatre provinces à majorité musulmane.

Mouvement dissident, le FMIL, fort de 15 000 hommes, rejette le compromis proposé par les autorités de Manille et continue le combat, en s'opposant violemment à l'armée philippine. Alors que le FMIL n'utilise pas, durant les années 80, la violence, estimée contraire au Coran, la réorganisation et l'augmentation d'effectifs dont il bénéficie en 1992 font de lui le mouvement musulman politico-militaire le plus puissant.

Mais l'inachèvement du combat mené par le FMIL, son incapacité à défendre haut et fort l'image de l'islam poussent les jeunes musulmans à se radicaliser au sein d'une nouvelle faction, le groupe ***Abu Sayyaf*** né au début des années 90. Lancés dans une guerre sainte aux accents fondamentalistes, gagnés par une criminalité mercantile, les rebelles d'Abu Sayyaf cherchent à acquérir une reconnaissance par la violence.

Les attaques terroristes, menées comme un défi lancé au pouvoir, se traduisent par l'envoi de centaines de guérilleros contre des villes du pays et se soldent par des dizaines de morts. L'action est voisine d'une technique de guérilla influencée par la révolution iranienne.

Ce mouvement extrémiste, mis à l'écart par ses aînés, puise sa force dans la stratégie internationale déployée. Elle se découpe en quatre temps.

D'abord, le fondateur du mouvement, Abubakar Janjalani, applique la formation reçue en Libye et l'expérience acquise aux côtés des guérilleros afghans. Nombre d'hommes de main ont également bénéficié d'un entraînement en Libye.

Ensuite, le groupe comprend l'impact des attaques spectaculaires sur l'acquisition d'une reconnaissance. Des actions contre les représentations du pouvoir, les leaders du mouvement passent aux enlèvements en série contre des philippins d'abord (27 otages, dont des enfants, sont capturés à la fin du mois de mars 2000), contre des touristes et des journalistes étrangers ensuite. La première prise d'otages étrangers a lieu sur l'île touristique de Sipadan, en Malaisie, le 23 avril 2000 : on compte neuf étrangers[113]

---

[113] Trois français : Sonia Wendling, Stéphane Loisy, Marie-Michèle Moarbès. Deux finlandais : Risto Vahanen, Seppo Fraenti. Deux Allemands : Werner Wallert, Marc Wallert. Deux Sud-Africains : Monique Strydom, Callie Strydom.

parmi les vingt-trois personnes capturées. L'impact international qui s'en est immédiatement suivi et la position de force des rebelles, incite ceux-ci à jouer de la stratégie de la tension : meurtres de trois philippins ; pourparlers de libération ; capture de nouveaux otages les 2 et 9 juillet[114] ; libérations au compte-goutte entre le 14 et le 27 juillet, puis entre le 27 août et le 15 septembre ; capture d'un nouvel otage américain le 28 août[115].

En outre, la volonté d'internationalisation est présente dans les revendications formulées : libération de trois militants islamistes emprisonnés aux Etats-Unis, dont Ramzi Youssef impliqué dans l'attentat contre le World Trade Center, en 1993.

Enfin, le mouvement gère avec doigté la phase ultime de négociation des libérations. Dès le départ, le choix des interlocuteurs est posé. Abu Sayyaf exige une médiation étrangère, ce que rejettent, dans un premier temps, les autorités de Manille. C'est alors l'arme médiatique qu'utilisent les ravisseurs. En autorisant les journalistes occidentaux à filmer et à interviewer les otages, ils sont assurés d'exporter leur action sur tous les continents. A ce jour, Abu Sayyaf s'est imposé sur la scène internationale en tant que groupe terroriste professionnel. L'apport est considérable, non seulement pour la « sensibilisation » de la communauté internationale à sa cause, mais aussi pour les soutiens divers qu'il pourra recueillir d'Etats ou de mouvements prêts à aider la cause islamiste et les combattants de la liberté. Abu Sayyaf joue, dorénavant, dans la cour des grands.

L'internationalisation se poursuit lors des libérations. La négociation engagée par les autorités philippines aboutit grâce à la médiation d'un Etat tiers, dont le chef d'Etat n'est autre qu'un des fidèles soutiens des minorités violentes à travers le monde. Le versement de la rançon passe par l'intermédiaire d'une fondation libyenne dirigée par le fils du colonel Khadafi, la Gaddafi charity foundation, créée en 1999. 12 Millions de dollars sont remis aux

---

[114] 2 juillet 2000 : enlèvement d'un journaliste allemand du Spiegel (déjà enlevé, puis relâché) et de 13 évangélistes philippins.
9 juillet 2000 : enlèvement de trois français, membres d'une équipe de la chaîne de télévision France 2 (Maryse Burgot, Jean Le Garrec, Roland Madura).

[115] Enlèvement de l'américain Jeffrey Schilling.

preneurs d'otages et 25 millions de dollars sont versés sous forme d'aide au développement (construction de mosquées, d'hôpitaux, d'écoles)[116]. Les otages libérés, évacués par avion libyen, font escale à Tripoli, le temps d'immortaliser devant les caméras l'image de « sauveur » du colonel Kadhafi.

Intermédiaire obligé, l'Etat Libyen l'est par intérêt. Son ambition n'est-elle pas d'être réintégré sur la scène internationale et de bénéficier des perspectives qu'offrent les marchés économiques occidentaux ? Mais aussi d'étendre son influence dans la région asiatique, où il était en perte de vitesse au profit d'autres sponsors locaux (Pakistan, Afghanistan, Arabie saoudite). Interlocuteur privilégié, la famille Kadhafi l'est aussi pour Abu Sayyaf. Sa capacité à imposer un négociateur de poids rehausse sa crédibilité face aux autorités locales, ne serait-ce que par la masse financière qu'il tire des rançons. Et quelle humiliation pour les Etats occidentaux d'être contraints d'accepter l'intermédiaire du colonel Kadhafi, suspecté d'une participation active à des attaques terroristes contre leur avion civile. Tel est le triomphe du groupe Abu Sayyaf, rebelles de la jungle, qui ont fait trembler et plier les grandes puissances.

Des diverses revendications émises (création d'un Etat islamique indépendant ; instauration d'une autorité islamique autonome ; libération de prisonniers), seule l'appropriation d'une importante somme d'argent, permettant l'acquisition d'armes et l'entretien d'une armée de guérilleros de plus en plus fournie, a été satisfaite. La tactique de l'enlèvement, de sa vocation affichée de moyen de libération d'une minorité oppressée, se déplace vers un appréciable fonds de commerce aux mains des tenants d'un grand banditisme, camouflés derrière le paravent islamique. La dérive est caractéristique de mouvements qui, en se radicalisant, se coupent de leur vocation initiale, transformant une lutte pour le peuple en organisation criminelle attrape-tout (type PKK). L'ancrage de tels groupes au sein de sociétés corrompues favorise l'escalade. Le risque est, toutefois, de perdre le soutien d'une population qui ne réclamait que la préservation de son identité.

---

[116] La rançon globale est fixée à 40 millions de dollars. L'Allemagne accepte, en juillet 2000, de payer une rançon pour la libération de deux de ses otages.

III.- L'implantation de réseaux islamistes transnationaux en Occident

La décision des mouvements islamistes, au cours des années 80, d'exporter la violence hors du monde musulman suppose l'implantation sur les territoires visés de bases logistiques et fréquemment la présence de bases de repli à proximité géographique du terrain d'intervention. Le choix de l'Europe pour monter des opérations d'envergure n'est de ce point de vue pas un hasard. Sans associer musulmans immigrés ou de confession et islamistes radicaux, enclins à l'usage de la violence contre le pays d'accueil, la présence d'une communauté musulmane offre un vecteur d'introduction des convictions islamistes.

Les propagandistes étrangers poursuivent trois objectifs. D'abord, exporter l'islamisme dans les communautés musulmanes immigrées, en cherchant à communautariser les musulmans afin d'obtenir de l'Etat une reconnaissance officielle de l'application des pratiques de la charia (affaire du foulard islamique). Ensuite, constituer une base opérationnelle à vocation terroriste, par le recrutement d'exécutants au sein de la communauté présente dans le pays visé. Enfin, créer une base arrière chargée de fournir un support d'hébergement, de transfert de fonds ou d'armements à destination d'un autre pays. Cela permet d'alimenter une rébellion menée par un mouvement islamiste dans son pays (Algérie) ou d'assurer la menée d'opérations terroristes dans un Etat voisin (tactique du GIA opérant en France).

Le cas français est significatif de cette capacité de pénétration des réseaux islamistes.

Le processus d'islamisation apparu au sein de la société musulmane française est loin d'être monolithique. Deux courants s'inscrivent dans un espace temps différent et se rattachent à une situation géopolitique dissemblable. Emergent, au cours de la décennie 80, des musulmans qualifiés « d'intégristes », issus d'une frange politisée de la pseudo-communauté musulmane, se rattachant soit à la tradition sunnite des Frères musulmans et prêts à recourir à la violence pour faire triompher leur cause, soit à la secte chiite, parmi laquelle des Iraniens, des Irakiens, des Libanais, mais également des Hindous. Depuis le début des années 90, une réislamisation des jeunes musulmans de la deuxième génération se profile dans les quartiers difficiles des banlieues des grands centres urbains. Dans une logique de rébellion contre une marginalisation imposée par une société dans laquelle ils se sentent exclus, ces jeunes répondent à la mobilisation des réseaux islamistes. En leur inculquant les valeurs de l'islam, les réseaux cherchent à les utiliser dans un combat dont ils ignoraient tout auparavant : le triomphe de l'islam dans un pays qui n'est pas le leur, l'Algérie.

Les vecteurs de la réislamisation

Les réseaux islamistes algériens ne touchent pas les mêmes personnes selon qu'ils ont une mission uniquement logistique ou terroriste. Dans le premier cas, sont recrutés des musulmans traditionalistes de la première génération agissant dans le cadre de réseaux familiaux et amicaux entretenus avec des islamistes de leur pays d'origine. Dans le second cas, sont concernés de jeunes Maghrébins de la deuxième génération, le plus souvent marginalisés. Tous ressentent le même besoin de revaloriser leur image et, pour les jeunes, celui de laver l'humiliation infligée aux parents en tant que travailleurs immigrés ou harkis.

Le malaise socio-économique est le premier vecteur de la réislamisation[117]. Les militants islamistes bâtissent leur emprise sur la réalité socio-économique des grands ensembles urbains de la fin du XXe siècle. Ils jouent de deux façons sur les difficultés économiques. A l'échelle psychologique, l'islam devient un facteur d'identité, de référence et d'espoir. A l'échelon national, une « économie souterraine » se développe, basée sur le marché noir et le trafic de drogue. Elle permet de venir en aide aux familles en difficulté et de financer les activités islamistes, à une époque où les pays du Machrek réduisent leur soutien (Arabie saoudite, Iran, Soudan). Un mélange de religion et d'économie de marché, telle se

[117] Nombre de musulmans ont conscience que face aux difficultés économiques que connaît leur pays d'origine, seule la France permet d'assurer un avenir à leurs enfants. Ils ne souhaitent pas, par conséquent, apporter leur soutien à une idéologie islamiste risquant de remettre en cause les faibles acquis dont ils bénéficient dans l'hexagone.

présente l'alchimie proposée par les militants du Front islamique pour enrôler les sympathisants.

Les difficultés économiques touchent de façon plus abrupte les Maghrébins de la deuxième génération, ceux dont les parents venus en France pour travailler dans les années 60 s'y sont installés définitivement. Aujourd'hui, ces jeunes parviennent à l'âge adulte dans un pays en crise, pays qui, à la différence de leurs pères, ne leur offre guère de place dans la société. Il s'agit d'une jeunesse en colère parce que exclue du processus d'ascension sociale : scolarité difficile sans débouchés professionnels, situation de chômage ponctuée par une multiplication de stages sans lendemain qui pousse certains jeunes vers l'exclusion. La colère s'exprime par le défi envers l'autorité, par la violence contre la société. Le FIS joue de cet univers de chaos social pour pénétrer la communauté maghrébine. Sa stratégie favorise l'expression d'un rejet social (le front incite les bandes de délinquants à créer des troubles), qu'il exploite au profit de la cause.

Face à l'abandon institutionnel, à l'absence de repères, à l'impasse existentielle, l'islam apporte une référence, une règle de conduite, impose une discipline de vie opposée à l'abandon et à la marginalisation. Le retour à des valeurs perdues est vécu comme un refuge. La mosquée se transforme en lieu de bien-être, de rencontre. L'islam devient un moyen de proclamer son droit à l'existence ; bref, un vivier où puisent les islamistes algériens.

Le recrutement s'opère dans des milieux extrêmement différents : principalement des jeunes « beurs », mais aussi des fils d'anciens harkis et même des Français de souche convertis. A l'instar de la jeunesse algérienne, de jeunes Français se considèrent avant tout comme « musulman » : une réussite pour les islamistes qui leur fournissent une identité transcendant leur appartenance sociale. Cette jeunesse islamisée s'organise sur un mode sectaire par le repli sur soi, par la distanciation à l'égard du reste de la société. A l'exclusion communautaire tente de succéder l'islamisation communautaire.

Le mouvement associatif est le second vecteur de la réislamisation. La propagande islamiste s'organise en France autour de trois axes principaux. Un axe diplomatique à travers lequel les ambassades servent de relais au pouvoir de Téhéran. Un axe religieux par le développement progressif de lieux de culte, censés répondre à la ferveur islamique des musulmans vivant en France. Ainsi, la fin des années 70 voit l'apparition de mosquées dans les grandes villes de l'hexagone[118] et la multiplication, de manière anarchique et disséminée, de lieux de culte musulman dans des espaces inappropriés, garages, HLM, usines[119]. Autant de salles de prière privées demeurées cachées du regard extérieur, dont l'initiative revient fréquemment à un réseau associatif musulman propagateur de l'idéologie islamiste dans ce qu'elle a de plus radical. Enfin, le début des années 80, sous l'impulsion du développement de l'islamisme au Moyen et Proche-Orient, consécutif à la révolution iranienne, est marqué par l'entrée de l'islam dans l'espace public français à travers l'émergence d'associations islamiques dûment enregistrées et la construction de mosquées. Troisième axe de propagande, les associations développent un sentiment d'appartenance religieuse à l'islam dans la communauté hébergée en France. Elles servent aussi de couverture aux agents de propagande du régime iranien chargés de recruter des « hommes de main » prêts à intervenir physiquement. Au nombre de trois en 1969, les associations islamiques s'élèvent à 635 en 1985 ; un terrain propice à l'apparition de mouvements islamistes radicaux touchant les étudiants puis les travailleurs immigrés.

Le premier développement d'un courant de sympathisants à la cause islamiste radicale sur le territoire français s'inscrit comme conséquence de la montée de l'islamisme au Machrek, à partir de 1979. C'est l'époque où les fidèles du pouvoir de Téhéran tentent

[118] La mosquée de Mantes-la-Jolie est le premier lieu de culte musulman significatif édifié dans l'espace public français.

[119] Ouverture, au printemps 1977, de la première mosquée à l'intérieur des usines Renault.

de convertir à un islam dur les musulmans de France, qui par la suite serviront de soutien aux opérations terroristes.

Antérieurement à la révolution iranienne, l'Association des étudiants islamiques de France (AEIF), constituée en 1963, regroupe des étudiants iraniens venus accomplir leurs études en France et entendant défendre les principes du Coran. Par la suite, des mouvements comme l'Association des étudiants iraniens, l'Association des étudiants islamiques à Paris et d'autres encore développent un prosélytisme pro-iranien ardent, par l'intermédiaire de journaux, tracts et affiches, en direction des musulmans arabes, mais aussi berbères et africains. Attirant à eux des étudiants islamiques maghrébins qui soutiennent l'Iran dans le conflit avec l'Irak, les propagandistes de Téhéran les forment au chiisme révolutionnaire avant de les utiliser dans le terrorisme meurtrier des années 1985-1987.

Si les groupes pro-iraniens développent un ascendant certain sur les étudiants musulmans, au sein de leur quartier général qu'est le centre culturel iranien de la rue Jean-Bart, leur impact sur les populations islamiques de base demeure faible. Les mouvements islamiques arabes et turcs qui, dans la première moitié des années 80, parviennent à s'implanter dans le tissu social maghrébin, les sensibilisent davantage[120]. De nombreuses associations apparaissent dans les quartiers à forte communauté musulmane (foyers Sonacotra). La plus représentative, le *Groupement islamique en France* (GIF), cherche à réislamiser les travailleurs musulmans, en marge des méthodes prônées par les groupements d'étudiants iraniens qui croient en l'activisme comme voie de propagation de l'islam. Toutefois, son discours appuyé sur la notion de jihad suscitera chez certains adeptes la volonté d'user de

[120] Les immigrés de la première génération connaissent un fervent retour aux valeurs et pratiques de l'islam. Bien qu'insérés dans le système économique et social français, ils revendiquent le droit de pratiquer leur religion, avec toutes les obligations que cela comporte, à l'intérieur d'un système laïque. Confrontés aux objections du milieu syndicaliste, certains musulmans seront sensibles aux appels anticapitalistes et anti-occidentaux lancés par des propagandistes islamistes cherchant à s'implanter davantage au sein de la société qu'ils veulent défier.

de la force pour accélérer le processus de retour aux valeurs religieuses.

L'implantation de l'islam en France passe par des organisations, dont la vocation première est de rassembler ou d'apporter une aide aux musulmans, mais qui sont utilisées comme base de relais et de soutien par les islamistes activistes. S'ouvrent, dans les années 60, *l'Association des étudiants islamiques de France* ; en 1977 à Paris, la *Ligue islamique mondiale*, principal réseau influence saoudien sur l'islam en France ; puis divers organismes recrutant chacun leurs adhérents dans des communautés musulmanes différentes. La communauté turque est présente dans *l'Union islamique de France* créée en 1980 et dans *l'Association islamique de France* (AIF) apparue en 1984. La communauté tunisienne se retrouve dans le *Groupement islamique de France* (GIF) créé en 1981, ainsi que dans *l'Union des organisations islamiques de France* (UOIF) fondée en 1983. Une attention particulière mérite d'être accordée à la fondation, en 1987, à Lyon de *l'Union des jeunes musulmans* qui rassemble, non plus des musulmans de souche mais de jeunes Français musulmans issus de l'immigration. Elle s'inscrit dans le cadre de la réislamisation des « beurs » de la région lyonnaise ; objectif qui n'est pas sans lien avec le recrutement, dans la région, en 1995, de jeunes activistes, par les islamistes algériens.

Au nom des thèses islamistes sunnites ou chiites délivrées dans une interprétation perverse et primaire de la foi, ces associations poussent vers le fanatisme et la violence. Elles favorisent la création de ghettos prêts à se rebeller.

De jeunes iraniens utilisent le statut d'étudiants, avec l'appui de l'ambassade d'Iran à Paris, pour s'infiltrer sur le territoire français et mener, dans les communautés musulmanes, une propagande en faveur du jihad : diffusion de tracts, de cassettes vidéo. L'action est conduite dans la région parisienne comme dans les grands centres urbains : en témoignent les activités de Chadli Benjehad aux environs de Lille, Nancy et Marseille[121].

---

[121] L'accueil par la France de ressortissants de pays musulmans à forte tendance islamiste, notamment l'Iran avec l'hébergement du neveu de Khomeyni, permet l'implantation de réseaux bénéficiant d'un bon ancrage.

Les opérations terroristes menées à Paris en 1985 et 1986 sont rendues possibles par l'implantation en Europe, d'un réseau prenant sa source au Liban, le ***Hezbollah***, en contact avec les foyers musulmans de France. Il est certain que ces centres musulmans, s'ils n'ont pas été directement liés aux actes terroristes, ont servi d'hébergement, de soutien, en raison des liens de parenté ou d'amitié entre les musulmans présents en France et les islamistes du Liban ou d'Iran. Des personnes non croyantes à l'origine s'engagent en faveur du Parti de Dieu soit par solidarité envers des personnes de leur entourage, soit après réislamisation auprès des propagandistes locaux. Le réseau Foued Ali Saleh se compose de musulmans venus du Liban, aux nationalités diverses, mais également de musulmans immigrés séduits par les prêches entendus en France en faveur de la révolution islamique : étudiants, restaurateurs, employés. L'intérêt d'utiliser des musulmans bien implantés est de pouvoir faire circuler ou de stocker un appareil logistique (armes, explosifs) sans attirer l'attention. A cette époque, les poseurs de bombe demeurent des terroristes proche et moyen-orientaux, phénomène qui se transformera dans la décennie suivante.

L'implantation d'un tissu associatif islamique en France et en Occident pose la question de son financement. La création de centaines d'associations et de lieux de culte engendre un circuit monétaire islamique informel alimenté par des contributions de fidèles au sein de l'hexagone et, essentiellement, par des bailleurs de fonds étrangers soutenant la cause iranienne, généralement producteurs de pétrole. Les fonds Libyens ou Saoudiens permettent l'édification de mosquées en France.

L'intermédiaire financier majeur demeure la *Ligue islamique mondiale.* En tant qu'organisation non gouvernementale d'obédience saoudienne, la Ligue se donne pour objectif de favoriser le développement de l'islamisation à travers le monde, officiellement par l'édification de mosquées et la constitution d'associations, mais officieusement par les actions terroristes qui soutiennent la cause.

La menace islamique aujourd'hui inquiète, conséquence de la réislamisation grandissante des sociétés du Sud et du développement en Occident de réseaux intégristes au sein des populations immigrées.

L'implantation des islamistes algériens en France

La stratégie des islamistes de faire de la France un « dar el'ahd » (terre de combat), sanctuaire destiné à soutenir les islamistes algériens, puis d'exporter le terrorisme, passe par le développement d'un « dar el islam » (une terre d'Islam), où le prêche permet de rassembler des fidèles prêts à combattre pour instaurer un Etat islamique en Algérie. Comment celle-ci s'opère et qui est touché ?

La première percée de l'islamisme en France se déroule pendant la guerre du Golfe, alors même que le FIS remporte ses premiers succès électoraux en Algérie. La désignation de la communauté musulmane comme menace potentielle dans son ensemble accentue la mobilisation d'une frange de jeunes prêts à revendiquer cette mise à l'index à travers l'idéologie islamiste.

Trois étapes se succèdent : implantation du FIS dans l'hexagone ; utilisation de la France comme base arrière de soutien à la guerre algérienne avec l'apparition de réseaux logistiques ; déclenchement d'une campagne terroriste contre la France. L'implantation islamiste n'est pas destinée, comme celle venant du Moyen-Orient, à islamiser la culture et la société maghrébine de France dans une optique d'exportation de la guerre sainte. Elle revêt uniquement une finalité tactique : aider l'action menée par les islamistes en Algérie, en leur servant de base arrière et en faisant pression, par le terrorisme, sur la politique française.

1)- D'abord, la victoire du FIS aux élections municipales de 1990 en Algérie incite le mouvement à propager son discours au-delà des frontières algériennes en direction des populations immigrées. La forte communauté algérienne présente en France fait de ce pays un territoire privilégié.

La réislamisation est menée par les imams des mosquées d'un côté et par les associations islamistes d'un autre. Tous deux récupèrent les problèmes sociaux, économiques et éducatifs des populations musulmanes vivant à la périphérie des grands centres urbains que sont Paris, Lyon, Lille et Marseille. Les filières logistiques et activistes recrutent, dans les rangs des convertis, les éléments nécessaires à leurs réseaux, fréquemment de petits trafiquants. Les 1500 mosquées et salles de prière réparties en France rassemblent des fidèles à l'écoute des prêches de 780 imams. Certains d'entre eux diffusent une doctrine intransigeante et propice à l'émeute. A côté des mosquées, plus de 2000 associations fondamentalistes jouent, depuis 1991, un rôle essentiel dans la réislamisation des banlieues et l'implantation de réseaux. Par la création d'un islam de France, le tissu associatif musulman se développe avec une multitude de petites associations locales réunies au sein de *l'Union des organisations islamiques de France* (UOIF). L'Union, créée par des intellectuels tunisiens se revendiquant du Mouvement de la tendance islamique, entend défendre le statut musulman en tant que spécificité religieuse fondant l'identité d'une personne. Dans une telle perspective, il devient légitime pour l'association de soutenir les islamistes algériens et de faciliter leur action. Son implantation auprès de la population musulmane passe par l'offre de services divers comme le soutien juridique, l'aide à tout groupe islamique local souhaitant faire aboutir une revendication, si besoin en saisissant les médias : mobilisation lors de l'affaire du foulard islamique, obtention de subventions pour la construction d'une mosquée ou encore création d'une faculté de déontologie islamique privée dans la Nièvre[122].

Les associations[123] évoluent progressivement vers la propagande islamiste. Fortes de 25000 adeptes, elles regrouperaient un dixième de personnes susceptibles de passer à l'action violente[124]. La radicalisation de mouvements maghrébins,

---

[122] Le ministre de l'Intérieur, chargé des cultes et le ministre de l'Education travaillent sérieusement, au printemps 1998, sur la mise au point d'un projet de Centre national d'études sur l'islam.

[123] Au nombre desquelles, dans la lignée de l'OIF, peut être citée, bien que rivale dans l'hégémonie exercée sur la communauté, la *Fédération nationale des musulmans de France* (FNMF).

[124] Rapport remis au gouvernement, octobre 1995.

notamment algériens, y est évidente. La dissolution du Front islamique du Salut, en mars 1992 en Algérie, favorise l'essor d'un militantisme actif au sein de la communauté algérienne de France, traduit par une importante activité pro-islamique concentrée au départ dans la région parisienne, puis implantée progressivement dans plusieurs villes de province, notamment dans le Nord et l'Est du pays[125]. Créée, le 20 décembre 1990, dans le but de « diffuser la culture arabo-islamique » et déclarée comme une association à but non lucratif [126], la *Fraternité algérienne de France* (FAF)[127] se présente comme une aide apportée aux jeunes marginalisés en situation d'échec scolaire, de chômage et d'exclusion qu'illustre le « je n'ai pas ma place » de Khaled Kelkal[128]. Le soutien scolaire prend la forme de cours d'arabe et d'une éducation religieuse musulmane dispensée aux enfants.

Rapidement l'association assure une fonction de prosélytisme. Mouvement proche du FIS, elle diffuse en France des informations sur la situation algérienne. Elle s'abstient de condamner les exécutions d'intellectuels en Algérie. Elle propage auprès des jeunes musulmans des thèses popularisées par le FIS à l'encontre de la France. Elle exalte le jihad et distribue aux abords de certaines mosquées de la capitale la revue *Le Critère* interdite par arrêté du 27 mai 1993, revue qui se livre à l'apologie des attentats commis par le FIS sur le territoire algérien et qui incite les musulmans vivant en France à voter en faveur du FIS aux élections algériennes[129].

Ce sont autant de manières de façonner les mentalités des musulmans, de les inciter à entrer en conflit avec la société dans laquelle ils vivent. Violence des banlieues, aide matérielle aux islamistes algériens, passage au terrorisme sont les conséquences de tels discours sur des populations en mal de repères. Les

---

[125] Tourcoing, Lille, Rouen, Strasbourg, mais aussi Dijon, Besançon, Marseille, Toulouse.

[126] Déclaration enregistrée à la Préfecture de Police de Paris, le 6 février 1991.

[127] Voir annexe 4, *La Fraternité algérienne en France (exemple de fiche possédée par les services de police judiciaire)*.

[128] Entretien de Khaled Kelkal avec un sociologue allemand, Wieviorka Michel, *Face au terrorisme,* Liana Lévi, Paris, 1995, 107p.

[129] Voir annexe 5, *Communiqué du FIS distribué sur les lieux de culte à Paris.*

environnements les plus violents (Créteil, Argenteuil, La Courneuve, Bobigny, Montreuil) permettent aux islamistes d'opérer et de recruter un grand nombre de militants.

Un réseau se constitue par rencontres : les structures créées par les mouvements islamistes dans un cadre associatif (sport, restaurants, librairies, soutien scolaire, centres d'accueil, centres d'insertion) en offrent l'occasion. On distingue deux types d'associations : les associations à but islamique avéré et les associations locales. Les premières constituées dans l'optique de « communautariser » la population musulmane afin de la faire bénéficier d'un statut spécifique en France (UOIF, FNMF) n'attirent pas à elles les islamistes radicaux qui, s'ils les fréquentent, ne passent pas à l'action en leur sein. Par contre, les associations locales de quartier offrent un terrain propice à l'éclosion d'extrémistes en tant qu'espace de rencontre : une alliance entre clubs de sport et mosquées, qui a existé jadis au Liban, en Iran ou en Afghanistan. On trouve à leur tête des militants charismatiques dotés d'une formation intellectuelle.

Une campagne de propagande, notamment audiovisuelle, en faveur du GIA est effectuée dans les milieux immigrés des banlieues de Paris, Lille et Lyon, dans la perspective de susciter chez les jeunes « beurs » un engouement pour la cause islamiste algérienne. Ces jeunes, une fois recrutés, sont censés travailler pour et obéir à la direction du mouvement présente en Algérie. Leurs intermédiaires sont des émirs, placés à la tête de la dizaine de zones quadrillant le territoire français et chargés de répercuter les ordres de commandement en provenance d'Alger. Commis voyageurs entre Barbès et Alger, les émirs recrutent des « troupes ». Dès 1992, on note un accroissement, sans commune mesure avec les années antérieures, de l'immigration de jeunes en provenance d'Algérie dans les quartiers nord de la capitale propices à une récupération par la frange dure de l'islamisme. Les jeunes, se livrant à des activités de contrebande (« trabendisme ») ou au

« hittisme »[130] (jeunes oisifs), deviennent des propagandistes zélés du FIS sous le contrôle de militants intégristes proches du Front islamique. On assiste au développement de pratiques similaires à celles des grandes villes algériennes[131].

La FAF est l'unique association à revendiquer un lien officiel avec le FIS. Mais nombre d'autres associations, présentes sur le territoire national, entretiennent des relations indirectes avec le Front islamique. *Convergence Emergence*, *Association des familles musulmanes*, *Dialogues 4000* ou encore *Banlieues 2000*, bien qu'à vocation sociale, sont en réalité chargées d'endiguer les jeunes présents dans les cités[132]. Le FIS parvient à s'infiltrer dans les associations, à l'origine, animées par la quête d'une paix sociale (association *Foi et Pratique* ou la *Fédération nationale des musulmans de France*) ; un capital idéologique dont il pourra se servir selon ses besoins.

D'anciens députés du FIS vivent en France en possession de titres de séjours et de visas réguliers. Aidés par les associations islamistes, comme la FAF, ils animent une campagne de soutien aux militants en s'implantant durablement dans la communauté algérienne.

On signale, depuis peu, un nouveau mode de propagation de cette idéologie, consécutif aux arrestations et incarcérations d'islamistes après la campagne terroriste de 1995 : le prosélytisme à l'intérieur des prisons d'Ile-de-France. Les islamistes les plus affirmés exercent dans le cadre carcéral un ascendant sur des jeunes d'origine maghrébine, écroués pour des infractions de droit commun. Cette alliance entre « politique » et « droit commun » risque de déboucher au sortir des prisons sur le basculement d'un nombre significatif de jeunes dans l'activisme, alors même qu'ils étaient dépourvus de toute ferveur religieuse. Khaled Kelkal,

---

130 Terme signifiant « teneur de mur », par référence à l'attitude des jeunes oisifs des cités algériennes qui passent leur temps adossés aux murs.

131 Voir annexe 6 , *Exemple de fiche possédée (en 1993) par les services de police judiciaire sur un membre du FIS en France.*

132 Voir annexe 7, *Exemple d'association proche du FIS (fiche possédée par les services de police judiciaire).*

écroué pour des braquages à main armée, s'est converti à l'islam radical au cours d'un séjour en prison.

2)- Plus tard, le renforcement de la répression contre le FIS en Algérie conduit le mouvement à se replier sur la France. Le territoire national devient une base arrière. Un réseau de soutien clandestin au GIA se met en place de manière empirique en plusieurs points du territoire, à partir de juin 1991 et surtout février 1992. Il se compose d'un nombre important de personnes, placées à différents niveaux de la société française, qui apportent une contribution variable nécessaire aux rudes combats et embuscades du maquis algérien : stockage et transport d'armes en différents point du territoire, acheminement des armes vers l'Algérie par un mandataire du FIS, fourniture de véhicules appropriés, mise à disposition de locaux pour entreposer momentanément les armes ou servir de relais entre les membres du réseau, récupération des fonds indispensables à leur acquisition comme aux déplacements, aux passages des frontières par corruption des douaniers, à la location d'appartements et de maisons, bref, à tous les frais qu'une lutte armée insérée dans une logique de subversion civile occasionne.

La propagande permet de recueillir une contribution financière dans un champ très large ne provenant pas uniquement des sympathisants du FIS mais aussi de commerçants, d'industriels, d'hommes d'affaires algériens et de musulmans d'origines diverses ou autres sympathisants qui entendent ainsi préserver les intérêts qu'ils possèdent en Algérie[133]. Le trafic d'argent permet à l'AIS et au GIA de poursuivre dans la durée guérilla et action terroriste.

---

[133] Ce tissus associatif musulman constitue un socle récupéré par le FIS algérien qui utilise ses membres comme source de financement de ses activités terroristes, notamment à travers le trafic de stupéfiants (si dès la guerre du Golfe, l'Arabie saoudite ne finance plus le FIS algérien, celui-ci trouve un soutien auprès de la Libye et de l'Iran, ainsi qu'à l'intérieur même de l'Algérie, à travers différents procédés : collecte dans les mosquées, soutien de gros commerçants, contrebande, casses). Le financement repose pour une large part sur des quêtes occasionnelles à la sortie des mosquées et des cotisations de militants et sympathisants. Il n'est pas exclu qu'un marché noir pratiqué en France permette l'acquisition de subsides, à l'image de ce qui existe de l'autre côté de la Méditerranée. Il apparaîtrait que certaines sociétés spécialisées dans l'import-export créées, au début des années 90

Le réseau comprend des Algériens de la première génération ayant conservé en France la pratique d'un islam traditionnel, auxquels sont fréquemment délivrés les ordres de mission du FIS, à charge pour eux de s'entourer d'éléments appropriés à l'exécution de la mission. Il comprend aussi des associations qui sous le couvert d'aide aux jeunes musulmans en difficulté servent de paravent au mouvement de soutien logistique. Il renferme, encore, des foyers de travailleurs - type Sonacotra - abritant des personnes démunies, proches de la marginalisation sociale, perméables à une propagande les incitant à une action qui leur donnerait une identité nouvelle[134]. Des Algériens connus des services de police pour des trafics en tout genre (drogue, matériel électronique, vêtements) utilisent ces relais pour un nouveau trafic, celui des armes. Enfin, les liens familiaux et amicaux entre les intervenants priment dans le réseau. Lorsqu'une personne s'investit dans un réseau, l'ensemble de sa famille est appelée à participer occasionnellement à ces activités, que ce soit comme intermédiaire, chauffeur, livreur. Se tisse une base arrière large dont les éléments sont interdépendants, liés à certains membres et ignorant l'existence des autres. Leur appréhension en est rendue complexe. L'ampleur du dossier Chalabi[135] témoigne de cet assemblage de chaînons.

La tête du réseau entretient des liens permanents avec les militants du FIS et du GIA en Algérie. Des conversations téléphoniques la tiennent au courant de l'évolution des combats, des pertes humaines, des succès obtenus lors d'attentats ou des

---

et situées en région parisienne, aient entretenu des relations avec la mouvance islamique algérienne (source : rapport de la Direction centrale de la police judiciaire).

[134] Le foyer Sonacotra de Nanterre est la base d'un réseau international de soutien logistique et financier aux islamistes algériens, démantelé le 10 mai 1996.

[135] Ce dossier, rassemblant 138 prévenus, concerne l'utilisation de la France comme base arrière pour la constitution de réseaux dont l'objectif est l'acheminement de matériel vers l'Algérie, en provenance d'Allemagne, de Turquie et en passant soit par Marseille, soit par l'Espagne et le Maroc. Il s'agit d'un dossier « à la limite du gérable », aux vues des centaines d'auditions à réaliser, face à des individus changeant d'identité au cours de la procédure, face à des filiations et relations des plus complexes (cousins, parents, amis), face au difficile décryptage des écoutes téléphoniques.

besoins en matériel (armes, explosifs). L'action sur le territoire français est vécue comme un combat en faveur d'une cause légitime : la conquête du pouvoir en Algérie. Rien d'autre qu'une guerre subversive classique tactiquement proche des combats de libération nationale menés dans le tiers-monde quelques décennies auparavant.

L'importance du soutien logistique apporté par la mouvance islamiste française se révèle lors du démantèlement des réseaux, à partir de 1998 : sur les cinq groupes opérant sur le territoire en 1995, quatre font de la logistique leur unique vocation. Deux pôles géographiques sont choisis en raison de la forte concentration musulmane y résidant : Paris et la région lyonnaise. Le trafic d'arme s'opère à travers trois groupes : le groupe de Saint-Etienne (région lyonnaise), le groupe des scientifiques (Lyon), ainsi que Djamel Tehari à Paris. Le pôle conséquent demeure Paris et sa proche banlieue, tant comme point d'impulsion, de propagande, que de passage. Les villes à forte présence musulmane, essentiellement algérienne, offrent autant de lieux où les islamistes trouvent un écho et un relais transactionnel : Lille ou Marseille par exemple. Les filières de soutien aux groupes armés en Algérie comme les réseaux activistes en France mettent en lumière une interpénétration croissante entre banditisme et islamisme. L'attentat meurtrier de Marrakech, en août 1994, est l'œuvre de jeunes « beurs » des banlieues françaises recrutés par des islamistes marocains pour le compte du GIA. Formés à l'action armée en Afghanistan, ils sont auteurs, en France, d'attaques à main armée contre des commerçants. L'affaire des frères Chalabi mêle étroitement grand banditisme, trafic de drogue et islamisme.

Le sol français a également été utilisé comme zone de transit pour les combattants venus d'Afghanistan et du Pakistan désireux de s'engager aux côtés des islamistes algériens. Dès 1990, des Algériens impliqués dans la guerre d'Afghanistan mettent en place des structures clandestines destinées à assurer un entraînement militaire à des individus supposés en faire application dans les maquis algériens.

Passerelle humaine et matérielle, la France, au début des années 90, est protégée contre tout transport violent du conflit algérien sur son sol, il aurait été périlleux de s'attaquer à un tel sanctuaire. Pourquoi mettre en péril le soutien assuré par la base arrière ?

Ce fonctionnement apparemment linéaire allait être inversé par la répression inattendue à laquelle les réseaux implantés en France ont dû faire face. L'impasse dans laquelle l'Algérie est jetée par le putsch de 1992, les difficultés rencontrées par ses réseaux français dont l'utilité lui est capitale, cumulées à l'attitude favorable adoptée par le pouvoir français envers les autorités d'Alger conduisent à un renversement de situation.

3)- La France, de spectatrice du conflit, devient partie prenante. Le sol français se transforme, fin 1994, en un champ d'opération où des réseaux terroristes aux configurations originales se mettent en place. La radicalisation des mouvements algériens installés en France débute par le meurtre de l'imam Abdelkaki Sahraoui, cofondateur du FIS, réfugié dans l'hexagone après la dissolution du Front. Ses prises de position contre la violence de la sécurité militaire algérienne et des groupuscules islamistes conduisent à son élimination[136]. Davantage qu'un règlement de compte, ce premier acte terroriste en territoire français témoigne d'une évolution significative : la violence s'étend de l'autre côté de la Méditerranée.

Les attentats de l'été et de l'automne 1995 confirment la tendance. Cette dimension n'est pourtant jusque-là pas totalement absente puisque, au début de la décennie, Kamareddine Kerbane, ancien chef des afghans algériens, forme de jeunes Maghrébins des banlieues françaises à la pratique des attentats à la bonbonne de gaz. Les plus prometteurs sont envoyés au Pakistan perfectionner leur entraînement, entre autre dans l'attentat à la voiture piégée. La formation, dispensée à de jeunes « beurs », comme Karim Koussa et Khaled Kelkal, est la mise en pratique des préceptes des deux théoriciens de la mouvance radicale algérienne, l'imam

[136] Ce crime peut être imputé à la sécurité militaire, comme au GIA.

Abdulrazzak Rejjan et l'imam Mohammed Saïd, suivant lesquels une attaque devrait être menée contre le plus ferme soutien diplomatique, financier et militaire au régime algérien.

Les réseaux bipolaires qui émergent alors comprennent des étrangers et des Français. Les premiers assurent l'instigation, la propagande et la formation. Les seconds sont chargés de l'exécution. Pour cette raison, les attentats s'avèrent rapidement être l'œuvre « d'amateurs » ; le GIA n'en serait que le commanditaire mais non l'exécutant[137].

Le problème de l'ancrage de ces réseaux à vocation terroriste dans la société musulmane surgit : sont-ils simplement occasionnels, faits de quelques éléments incontrôlés ou risquent-ils d'étendre leur emprise aux sympathisants islamistes ? Quelle est la force d'implantation du jihad sur le territoire national ? Doit-on s'inquiéter de l'apparition possible en France de réseaux terroristes qui fonctionneraient à partir d'un commanditaire extérieur, réunissant une petite poignée de sympathisants, mais exprimerait une volonté d'action violente surgie du sein même de la communauté musulmane vivant en France, par constitution de petits réseaux terroristes autonomes, agissant indépendamment de tout ordre reçu de l'étranger ? Une telle évolution supposerait qu'au sein de la population musulmane les activistes soient assez nombreux pour servir d'impulsion et de base à une action religieuse prônant la violence.

La situation actuelle ne le permet. L'implantation en France d'un courant ou parti politique islamique n'aboutit pas, malgré les tentatives du FIS au début des années 90.

Divers facteurs empêchent l'enracinement d'un mouvement radical appuyé sur une base sociale large.

- L'absence d'unité d'une population musulmane répartie en plusieurs communautés selon leurs pays d'origine et repliées sur elles-mêmes : communautés pakistanaise, turque, iranienne ; musulmans d'Afrique noire, musulmans d'origine arabe. Cette dernière, la plus apte à développer une revendication identitaire, se divise entre des musulmans intégrés coupés de leur pays d'origine,

---

[137] Voir annexe 8, *Réseau responsable de la campagne terroriste de 1995.*

des musulmans intégrés demeurant fidèles à leur religion, des musulmans sensibles à la redécouverte d'un islam politique orienté vers l'action.

- Un fort désir d'intégration dans la société française, conjugué au désir de conserver un particularisme religieux (port du voile).

- L'absence d'unité au sein même d'une mosquée où l'apparition de leaders, cherchant à structurer autour d'eux des fidèles, provoque une réaction de rejet de la part du reste de la communauté pratiquante.

- L'inexistence en France de ghettos ethniques dans lesquels la population musulmane s'organiserait en groupe autonome et autarcique. L'existence d'un soutien populaire à la propagande islamiste n'est pas significatif puisque sur quatre millions de musulmans résidant en France une part infime adopte des idées radicales en militant au sein d'associations comme la FAF ou en essayant d'élever la question islamique au rang de débat de société (affaire du foulard islamique).

Aussi, se trouve-t-on en présence d'une communauté maghrébine sensible à un phénomène de réislamisation mais dont la radicalisation n'apparaît qu'à travers l'ébauche de réseaux déstructurés, aléatoires, dépourvus de soutien populaire comme de dimension politique, opérant en marge de la communauté de façon archaïque. Une frange marginale de la population maghrébine obéit aux appels de commanditaires charismatiques usant des filières sociales et religieuses (associations de quartiers, mosquées). La réislamisation ne produit pas les mêmes effets sur les musulmans en fonction de leur génération. Ceux de la première génération accordent à l'islam une importance uniquement religieuse inscrite dans une tradition culturelle et éthique où la religion demeure une affaire privée. Les jeunes issus de la deuxième génération redécouvrent l'islam et l'abordent dans une optique politique, comme instrument d'évolution, d'identification, mais aussi dans une optique internationaliste nouvelle.

Mais qu'en sera-t-il de la génération suivante ? Le risque potentiel de radicalisation surgit au cœur d'une société française et d'un espace européen qui n'avaient pas anticipé cette évolution souterraine, aspect d'une crise économique et sociale ébranlant le socle identitaire. Les manifestations répétées de violences urbaines (destructions de véhicules) dans les quartiers sensibles des grandes villes françaises, oeuvre de jeunes « beurs », portent à s'interroger sur une éventuelle dégénérescence à moyen terme de ce type de violence antisociale vers des actes à caractère terroriste, menés par des noyaux de jeunes en rébellion contre la société. La motivation des attaques urbaines actuelles est souvent la « vengeance de camarades », ce qui n'est pas sans rappeler celle de quelques mouvements gauchistes européens (allemands) et, plus loin encore, celle des activistes russes du siècle dernier. L'alliage entre référence religieuse et esprit subversif peut hypothétiquement déboucher sur un nouveau type de terrorisme, héritage des mouvements gauchistes et dérive des impulsions islamistes du Sud.

IV.- Les bases arrières européennes

Une mouvance islamiste, proche-et moyenne orientale dans les années 80 et algérienne aujourd'hui, s'installe également dans les autres pays européens. Mais elle n'utilise ces Etats que comme base arrière assurant le soutien logistique et/ou financier de groupes terroristes agissant sur le territoire français, ou comme zone de passage destinée à faciliter la livraison de matériel vers certains pays. Des réseaux à caractère international, liés à la présence d'une communauté musulmane sur leur sol, fournissent un pont d'ancrage[138].

L'élimination d'opposants au régime de Téhéran suppose la mise en place de réseaux activistes. Des réseaux révolutionnaires islamiques liés au Hezbollah Libanais sont présents en Europe depuis 1984. La France, l'Allemagne, l'Italie, la Grande-Bretagne, l'Espagne, les Pays-Bas, Chypre constituent autant de points d'implantation où les terroristes, sous des appellations diverses, stockent des armes, assurent des transferts, trouvent des lieux

[138] Même si seule une minorité la composant est favorable aux thèses islamistes.

d'hébergement, récoltent de l'argent auprès des centres islamiques. Le réseau Hezbollah-Europe assure relais et transit, depuis l'île de Chypre, carrefour méditerranéen, à l'occasion de la campagne terroriste de 1985-1986 contre la France. Les réseaux regroupent des individus, non en fonction de leur personnalité, mais de leur confession musulmane. Aux organisateurs et principaux exécutants libanais s'ajoutent des Marocains, Tunisiens, Algériens, Iraniens, présents dans les pays d'implantation.

L'*Afrique* joue, à l'époque, un rôle de passage et de base de repli appréciable. Moins soupçonnable, ce continent sert de voie de pénétration indirecte en Europe. Des membres du réseau Hezbollah-Afrique sont interpellés, en mai 1987, alors qu'ils sont chargés d'acheminer depuis Abidjan, en direction de la France, un important stock d'armes et d'explosifs. Une telle aide trouve sa source dans le développement florissant de l'islam en Afrique. Face à la chute des idéologies et aux grands idéaux déçus s'offre un terreau que ne manque pas d'exploiter l'Iran, conscient du réservoir humain que renferme le continent. Une propagande est menée en direction de la jeunesse au Congo, à Madagascar, au Ghana, au Nigeria, au Sénégal, en Afrique du Sud et au Soudan avec des résultats spectaculaires. Cette fonction est assurée par les ambassades mais surtout par des prêcheurs prônant les vertus de l'islamisme à une population en mal de repères et donc aisément malléable[139].

Les *pays d'Europe du sud* forment des terrains de repli propices aux terroristes islamistes proche et moyen-orientaux cherchant à accéder au cœur de l'Europe.

L'*Italie* connaît l'implantation du réseau Hezbollah au milieu des années 80. L'aéroport de Milan sert de plaque tournante à l'introduction d'explosifs destinés à la campagne contre la France. En même temps, des actions contre les intérêts américains à Rome ont été envisagées[140].

---

[139] Ce rôle est souvent rempli par de jeunes chiites libanais vivant en Afrique.

[140] Démantèlement d'une opération visant à détruire l'ambassade des Etats-Unis à Rome en 1984.

Une situation similaire se rencontre en *Espagne*, où un réseau du Hezbollah en liaison avec l'Afrique s'est implanté très tôt. L'Espagne offre une terre de mission idéale. L'interception d'explosifs, en 1989, à Valence, atteste d'un point de passage en direction de la France et de la Grande-Bretagne, à l'époque où la fatwa est lancée contre Salman Rushdie.

D'autres pays, indépendamment de leur position géographique, constituent des bases privilégiées pour l'implantation de réseaux islamistes iraniens. La *République fédérale d'Allemagne*, en raison des échanges commerciaux effectués avec l'Iran et du passage d'étrangers entre l'Allemagne de l'Ouest et l'Allemagne de l'Est, permet aux Iraniens d'utiliser Bonn et les grandes villes allemandes comme centre de trafic et de stock d'armes destinées à des terroristes de toute l'Europe.

Vienne, la capitale autrichienne, abrite une communauté musulmane dont certains membres se montrent actifs dans la conduite d'une propagande révolutionnaire par l'intermédiaire de centres islamiques rattachés à la République islamique d'Iran. Elle devient, dans la décennie 80, la plaque tournante des activités des Iraniens vers l'Europe, relais du « service action » chargé de l'élimination des opposants.

Enfin, la *Suisse* paraît avoir joué un double jeu vis-à-vis des actions iraniennes, dans le souci de préserver l'immunité du territoire contre toute attaque terroriste. Les membres de l'opposition iranienne dénoncent, en 1986, à l'occasion d'une conférence de presse tenue à Berne, l'existence, en Suisse, d'un réseau terroriste monté par Khomeyni en vue de constituer une base arrière de propagande comme d'achat et de trafic d'armes. Ces propos, démentis par les autorités suisses, sont repris par la France en 1987, qui dénonce le consulat iranien à Genève comme relais principal des attentats commis sur le sol français. Les allégations s'appuient sur la confession faite, auprès de la DST, par un agent des renseignements iraniens mettant en exergue les rôles joués par l'ambassade d'Iran à Paris et le consulat d'Iran à Genève dans l'intrusion de terroristes dans leurs territoires respectifs. Ce réseau à vocation terroriste à l'échelle diplomatique, dont les membres bénéficieraient de l'immunité, couvrirait l'Espagne, l'Italie, la RFA, la Grande-Bretagne, la Suisse et la France. Les bombes et explosifs seraient transportés vers Paris par valise diplomatique.

L'existence de réseaux islamiques européens resurgit à l'occasion de l'exportation de la guerre civile déclenchée en Algérie.

Les réseaux islamistes algériens empruntent des voies similaires à celles des Iraniens, mais leur composition diverge : les premiers interviennent à l'échelle de la base (musulmans immigrés) ; les seconds, à celle des ambassades. La mouvance islamiste algérienne se veut internationale à plusieurs degrés : origines des personnes composant les réseaux (Algériens, Tunisiens, Pakistanais, Egyptiens, Syriens) ; points d'ancrage instaurés à travers l'Europe en Grande-Bretagne (Bradford), en Allemagne (Cologne, Aix-la-Chapelle), en Suisse (Genève) ; enfin, emploi circonstanciel de relais en Suède, en Italie ou encore en Espagne[141]. La présence d'une communauté musulmane importante en Allemagne, en Grande-Bretagne et en Suède permet aux islamistes algériens de mener auprès d'elle une propagande assidue en faveur de l'aide à la cause islamiste : diffusion de journaux comme le bulletin du GIA, *Al Ansar*, aux abords des mosquées[142]. Puis ils vont plus loin en mettant en place des réseaux d'acheminement d'armes et d'argent en direction de l'Algérie, via la France et les réseaux implantés. Un circuit européen de logistique est érigé à travers soit la livraison de matériel en direction de l'Algérie, soit l'acheminement d'explosifs ou d'exécutants vers le terrain opérationnel qu'est la France. En contre-partie, ce rôle de base arrière et de plaque tournante protège ces pays de l'exportation de la violence sur leur territoire.

Le réseau bénéficie d'une forte implantation en *Grande-Bretagne* où les idées révolutionnaires islamiques percent dans la communauté musulmane. La capitale londonienne est utilisée, lors

---

[141] La vague d'interpellation lancée en France et à travers l'Europe dans les milieux islamistes par les autorités judiciaires françaises, en mai 1998, à la veille de la coupe du monde de football, traduit ce tissage de réseaux islamistes.
[142] Respectivement Abou Farrès et Abdelkrim Denèche se livraient à son édition.

des attentats de 1995 en France, comme un relais d'accueil du commanditaire présumé, Abou Fares, sous le statut de réfugié politique. Nombre d'associations islamistes de bienfaisance se livrent à des activités clandestines en faveur du FIS. Le réveil d'une activité islamiste, assez inquiétante dans le pays, prend la forme de réseaux de financement réunis par des islamistes algériens à destination du GIA. Bien que le FIS ne dispose pas d'une représentation officielle, il possède des organisations paravents, comme l'Algerian Community in Great Britain, allant jusqu'à bénéficier de certains appuis parlementaires.

La raison en est la particulière intégration de la communauté musulmane en Grande-Bretagne[143] et le peu de méfiance des autorités envers le développement éventuel d'une mouvance islamiste radicale. La tradition politique britannique privilégie l'insertion collective des immigrés installés, par opposition à d'autres pays, comme la France, qui favorisent une intégration individuelle. La « communauté » acquiert toute sa signification en Grande-Bretagne puisqu'il s'agit de respecter son identité, ses valeurs et de la laisser s'épanouir au sein du royaume grâce à la mise en place de ses propres journaux, radios, écoles, lieux de prière, coutumes vestimentaires[144]. La société britannique est perméable aux intrusions extérieures capables d'influencer une communauté intégrée.

L'Allemagne offre également une base arrière aux extrémistes algériens, avec la présence sur son territoire de dirigeants du FIS, dont Rabah Kébir. On retrouve ici les mêmes réticences gouvernementales à qualifier d'activistes certains musulmans présents. Comme en Grande-Bretagne, cela provient de la place accordée à la communauté musulmane au sein d'une société allemande où l'Etat et les religions coexistent sans problème. Selon la loi fondamentale, personne en Allemagne ne peut être inquiété pour des raisons religieuses. Cela rend difficile

---

[143] Actuellement, vivent dans ce pays un million et demi de personnes qui se réclament de la religion musulmane, essentiellement originaires d'Inde et du Pakistan.

[144] Le port du voile ne s'est jamais heurté à aucun obstacle.

toute prévention à l'égard de ce type d'activité : comment distinguer *a priori* les confessionnels des intégristes ?

Les foyers culturels islamistes et mosquées *italiennes de* Milan, Rome ou Florence servent de paravent à un trafic d'armes opéré en faveur du maquis algérien.

D'autres pays comme la *Suède* et la *Belgique* connaissent une situation analogue, avec une communauté musulmane florissante bénéficiant d'une totale liberté d'expression religieuse. Ces pays deviennent des foyers potentiels de développement d'un islam activiste à partir de la propagande d'islamistes algériens. En témoigne le rôle de base de préparation et de repli joué dans la campagne terroriste française de 1995 et la zone d'ébullition permanente illustrée par les interpellations préventives conduites à la veille de la coupe du monde de football[145].

La *Suisse* abriterait sur son sol des éléments du réseau islamiste algérien, actif en Europe dans le trafic d'armes. Depuis le début des années 90, l'islam accroît son implantation numérique en Suisse par une affirmation politique et culturelle, dans l'optique de développer une mobilisation identitaire. Ce pays fournit une base arrière de qualité puisque les autorités helvétiques fermeraient les yeux sur les trafics d'islamistes algériens réfugiés en Suisse, en contrepartie d'un sacro-saint principe de neutralité[146]. Les commissions rogatoires internationales délivrées par la justice française en direction de ce pays, en mai 1998, révèlent cette présence. Mais les autorités suisses comme leurs collègues

---

[145] L'hypothèse d'un réseau islamiste suédois a été envisagée avec précaution tant les structures et les responsabilités des intégristes algériens dans ce pays demeuraient floues. Plusieurs personnalités du FIS et du GIA auraient trouvé refuge dans ce pays. A noter la progression importante de l'immigration maghrébine en Suède durant cette dernière décennie à côté d'une immigration turque et iranienne plus habituelle.

[146] Un inspecteur du Groupe d'investigations spéciales, l'équivalent des renseignements généraux suisses, a, devant le silence de la justice helvétique, livré les noms et les réseaux d'islamistes présents en Suisse à la Sécurité militaire algérienne, voir *Le Nouvel Observateur*, juillet 1997.

européens, se pliant à l'évidence de l'utilisation de leur territoire à des fins terroristes, s'engagent dans une coopération européenne.

Enfin, certains réseaux d'activistes islamistes s'articulent à l'échelle européenne autour d'organisations non gouvernementales à vocation humanitaire à l'image d'*Islamic Relief Organisation*, dont le siège se trouve à Birmingham, en Grande-Bretagne. Financée par des fortunes proche et moyen-orientales, elle se produit sous des noms d'emprunt en Italie, en Allemagne et même en Bosnie, servant de point d'appui aux volontaires islamistes pour le front bosniaque. Elle assure également à partir de l'Allemagne un trafic d'armes transitant par la France. Les jeunes français d'origine maghrébine utilisés dans la campagne de déstabilisation menée au Maroc, en 1994, auraient été en relation avec ce réseau.

Chapitre 3 - Le terrorisme d'Etat en direction de l'étranger

Un pouvoir qui commandite des actes terroristes peut-il recevoir la qualification « d'Etat terroriste » ?

Alors que les Etats-Unis dressent une liste des Etats qualifiés de terroristes (au nombre de sept en 1996), la France se refuse à admettre cette qualification.

D'abord, la logique américaine n'est pas indépendante de considérations économiques. Elle fluctue en fonction de ses intérêts : la Syrie, après sa prise de position lors de la guerre du Golfe en faveur du Koweït, est rayée de la liste des Etats terroristes, alors que ses diverses manipulations au Moyen et Proche-Orient lui donnaient une place prioritaire.

Ensuite, parler d'Etat terroriste suppose de pouvoir attribuer de façon claire les responsabilités à une structure étatique. Or « que signifie la notion d'Etat dans des pays comme la Libye ou l'Iran? »[147]. Comment remonter la chaîne des responsabilités au sein du pouvoir iranien ? Les attentats menés contre la capitale française, en 1986, renvoient à Téhéran et à Damas, mais l'origine de la décision au sommet reste floue.

I.- Le terrorisme d'organisation secrète

Certains Etats ne se limitent pas à employer la terreur comme tactique de répression dirigée contre les opposants présents à l'intérieur de leurs frontières. Ils poursuivent les exilés à travers le monde pour les éliminer. Ils substituent également le terrorisme à la diplomatie dans les relations de politique étrangère entretenues avec les puissances occidentales. C'est sur ordre des services secrets, parfois avec leur participation officielle, que des assassinats, non revendiqués, sont commis.

La Syrie, l'Iran, la Libye mêlent terrorisme contre les opposants et terrorisme contre les intérêts étrangers. S'y ajoutent l'Irak et la Turquie, lancés à la poursuite de leurs opposants en sol étranger. L'Iran est atypique puisque sa politique de terreur s'inscrit dans un objectif d'exportation de la révolution islamique.

---

147 Raufer Xavier, « Le treizième mollah », *Confluences en Méditerranée*, n°20, « Terrorisme et violence politique », hiver 96/97, p. 87-92.

La chasse aux opposants

Dans la doctrine du « Vilayat Fakih », cadre du ***système religieux iranien***, seul le guide et non un ministre a le droit de condamner une personne à mort. Un assassinat ne peut provenir que de l'exécution d'un ordre religieux et non d'une décision politique. Aussi Bani Sadr, ex-président de la République iranienne, met-il en cause[148] les plus hautes instances religieuses de l'Iran dans l'instigation des assassinats d'opposants au régime à l'étranger.

L'Iran s'illustre d'autant mieux que le châtiment des opposants à l'étranger est légalisé en 1994. Avec 104 tentatives d'assassinats d'opposants iraniens et 26 éliminations, la plupart en Europe, l'Iran se place en tête[149]. L'assassinat de Chapour Bakhtiar, en 1991, ainsi que la fatwa lancée contre Salman Rushdie témoignent de l'actualité de cette pratique quinze ans après la révolution islamique[150].

Ces assassinats s'intègrent dans la stratégie du régime : assurer la défense de l'islam à travers le monde et s'imposer sur la scène internationale à travers l'Oumma. Le régime iranien cherche à renforcer une autorité menacée. Aussi, terroriser les opposants devient-il la préoccupation essentielle du régime.

Dans ce type d'opération, les ambassades iraniennes jouent un rôle de relais. Les assassinats, minutieusement organisés, sont l'œuvre de professionnels : infiltration de l'entourage des victimes, soutien logistique dans le pays de la part de personnes croyant en la révolution islamique, même si elles ne sont pas iraniennes.

Le parquet fédéral allemand a accusé, pour la première fois, le 10 avril 1997, dans un procès de meurtres présumés d'opposants iraniens en Europe, le pouvoir iranien, en la personne de l'ayatollah Khomeyni, en tant que membre du « comité pour les affaires spéciales », d'avoir ordonné l'assassinat de quatre Kurdes opposants en Allemagne en 1992. Les autorités iraniennes ont

---

[148] Interview de Bani Sadr, ex-président de la République iranienne, *L'Evénement du Jeudi*, 9-15 janvier 1997.

[149] Chiffre relevé au milieu des années 90.

[150] Les assassinats à l'étranger contre des opposants dans lesquels le poids de Téhéran est soupçonné sont en augmentation puisqu'ils auraient fait trois fois plus de victimes en 1996 qu'en 1995.

toujours rejeté de telles accusations. L'Allemagne, par ce jugement, reconnaît l'Iran comme Etat commanditaire d'actes terroristes pour une part de ses activités : l'élimination d'opposants.

Le colonel Kadhafi, en ***Libye***, se tourne également vers la liquidation de ses opposants politiques à l'étranger : attentats à Bonn, en 1985, contre deux exilés libyens par des émissaires du gouvernement. Par la suite, il usera de la stratégie terroriste comme pression internationale sur les grandes puissances.

Des commandos du parti Baas ***irakien*** sont soupçonnés d'avoir attenté à la vie d'anti-baassistes vivant aux Etats-Unis en 1983, ainsi que de personnalités en vue d'origine kurde. Les services spéciaux de Saddam Hussein commanditent un attentat contre l'association des étudiants kurdes à l'étranger en Allemagne, en 1980 et éliminent, en Suède, en 1985, un ancien officier des renseignements militaires irakiens. D'autres assassinats interviennent à Londres. Ces attaques sont rendues possibles par la présence à l'étranger d'officiers du Directorat des renseignements généraux, couverts diplomatiquement, chargés de diffuser la propagande du parti Baas et occasionnellement d'éliminer les opposants. La tentative d'assassinat aux Etats-Unis d'un dissident irakien, en 1990, illustre une tactique nouvelle utilisée par le régime : l'engagement de citoyens américains pour l'exécution d'un opposant.

La pression para-diplomatique

L'utilisation du terrorisme, dans un cadre géopolitique où les moyens politiques, économiques ou militaires habituels se montrent incapables de procurer les résultats escomptés, permet de miser sur le chantage et l'intimidation d'Etats puissants. Plus qu'une utilisation fanatisée de la violence, le terrorisme devient un élément calculé de politique étrangère destiné à faire plier les Etats victimes dans un contexte particulier, lié, durant les années 80, à la guerre Iran/Irak, à la crise palestinienne et au conflit libanais. Mode non conventionnel de guerre utilisé en substitut à une action militaire classique, le terrorisme s'appuie sur les éléments émotionnels, irrationnels et psychologiques que fournit une terreur aveugle et impromptue. Il s'utilise contre des Etats bénéficiant d'une stabilité psychosociale et d'un gouvernement représentatif au sein d'un Etat pluraliste et démocratique. L'impact sur une population vivant dans un climat de paix, de liberté, de légalité place l'Etat en positon de faiblesse : rétablir l'ordre et la sécurité devient sa préoccupation première. Et l'Etat ciblé ne peut mettre en oeuvre que des moyens insérés dans un cadre légal, qui *a priori* constituent une garantie appréciable pour les auteurs directs comme indirects de l'acte.

Les services libyens tentent d'assassiner nombre d'hommes politiques arabes dont Hussein de Jordanie ou Hassan II et adressent des menaces publiques à l'encontre de Sadate, de Mubarak, de Saddam Hussein, entre autres. En avril 1986, des agents de Kadhafi placent une bombe à l'intérieur d'une discothèque de Berlin-Ouest fréquentée par des Américains. La Libye est également accusée d'être à l'origine de l'explosion en vol d'un avion de la TWA au-dessus de Lockerbie en Ecosse en 1988, ainsi que d'un DC 10 d'UTA au-dessus du Niger en 1989.

La vocation terroriste de la Libye s'inscrit dans le contexte de la lutte contre l'impérialisme et le sionisme. Le colonel Kadhafi soutient les « mouvements de libération » contre le « terrorisme israélien soutenu par les Etats-Unis » et « l'ensemble des pays colonialistes »[151]. Il prend, à l'époque, ouvertement position en faveur du terrorisme. La propension du pays à accéder à l'armement atomique inquiète d'ailleurs les grandes puissances. Cela mettrait à sa disposition un arsenal logistique terrifiant et le doterait d'un instrument de pression dissuasif sur les relations internationales.

La Syrie s'engage également dans une campagne terroriste contre les intérêts américains et occidentaux pour les contraindre à revoir leur alliance avec Israël et les pays arabes et à abandonner le Liban. Nombre de sous-traitants d'Assad participent aux opérations terroristes menées en Europe et, principalement, en France en

---

[151] Kadhafi Moammar el, *Je suis un opposant à l'échelon mondial,* entretien avec Hamid Barrada, Marc Kravetz, Paris, Edition Pierre Marcel Favre, 1984.

1986, en liaison étroite avec les commanditaires iraniens. Mais c'est par l'intermédiaire de groupuscules terroristes (TOE) que la Syrie se manifeste dans l'emploi du terrorisme.

Aussi le nombre d'actions menées contre des cibles occidentales et exécutées directement par les services secrets d'un Etat est relativement faible. Ces services préfèrent agir par l'intermédiaire d'une organisation qui, sur leurs ordres, accomplira une mission, sans impliquer directement l'Etat. Il est plus aisé pour un Etat de donner des instructions à des mercenaires professionnels, auxquels il fournit le support logistique (armes, terrain d'entraînement) et financier nécessaire.

Si l'Iran, la Syrie et l'Irak mènent des opérations terroristes contre des cibles étrangères situées en territoire étranger, ils agissent essentiellement dans le cadre d'un terrorisme d'organisation écran.

II.- Le terrorisme d'organisation écran

Du milieu des années 70 à la fin de la guerre froide, les relations proche et moyen-orientales sont marquées par la superposition de conflits de faible intensité, dans un espace dominé par une pluralité de conflits traditionnels : guerre civile et religieuse (Liban), guerre inter-étatique (Iran/Irak) ou guerre de libération nationale (Palestine/Israël). L'intervention des puissances étrangères (Etats-Unis, France) suscite la réprobation d'Etats qui engagent alors des actions clandestines violentes soit dans la région, soit sur le territoire même des Etats occidentaux[152].

Derrière la majorité des actions terroristes commises durant la décennie 80 se profile un Etat commanditaire, soucieux d'engager une politique du chantage là où les relations diplomatiques habituelles se révèlent vaines parce que juxtaposant trop d'intérêts. En 1986, des groupes sont envoyés par des Etats du

[152] La participation des Etats commanditaires au terrorisme moyen et proche-oriental en Occident entre 1980 et 1989 est la suivante : Iran, 78% ; Libye, 53% ; Syrie, 15% ; Irak, 6%. La France est le pays le plus touché.

Moyen et du Proche-Orient pour inciter la France à modifier une politique défavorable aux intérêts de la région.

L'Iran, l'Irak, la Syrie et la Libye recourent au nom de la lutte anti-impérialiste, antisioniste, anti-arabe ou pro-islamique à des organisations mercenaires, composées de professionnels des opérations commandos, voués indifféremment aux causes pour lesquelles ils sont payés en argent ou en service rendu. Des figures mythiques comme Carlos ou Abou Nidal prennent la tête de tels groupes. Ces Etats utilisent également des organisations terroristes constituées pour la défense d'une propre cause et qui trouvent intérêt, à un moment ou un autre, à mettre leurs compétences au service d'un Etat, duquel elles obtiennent en échange un soutien logistique ou financier : ASALA, FARL, Jihad islamique. L'avantage d'une telle pratique repose sur une intervention aisée grâce à la présence d'intermédiaires dans des sites où une intrusion directe aurait été matériellement délicate[153].

Commanditer une opération terroriste à une organisation clandestine contre le territoire d'un Etat tiers suppose un appareil sophistiqué et minutieux. La préparation de l'opération exige une phase préliminaire confiée à un état-major placé hors du pays ciblé mais à proximité afin de fournir une base rapide de repli à l'abri des services de sécurité nationaux. Une opération bien menée repose sur une connaissance précise et fiable de la cible : environnement, protection, possibilités d'approches, délais de fuite. Un travail de renseignement, de surveillance de la zone et des personnes visées est établi sur le long terme. Enfin, il convient d'assurer à l'équipe présente sur le terrain la couverture et les éléments logistiques (armes, munitions, planques, véhicules) nécessaires.

De là le besoin d'une complicité établie sur le territoire. Elle se trouve fréquemment dans la communauté des activistes insérée

---

[153] Le Liban constitue la zone privilégiée pour la préparation ou la mise en oeuvre d'opérations terroristes, en raison des multiples tendances et intérêts (américains, français israéliens) présents : groupes terroristes chaperonnés par la Syrie et par l'Iran ; détention des otages occidentaux ; attaques contre les casernes américaines et françaises en 1983.

dans la société visée et parfois dans des éléments dormants implantés depuis longtemps et réactivés quand besoin est. Le groupe Abou Nidal dispose ainsi d'agents sur le sol français. Le meilleur principe consiste à disperser ces agents et à ne créer aucune relation entre eux : l'isolement permet de couper court à tout risque de fuite et de démantèlement du réseau en cas d'arrestation de certains membres. La tactique de Carlos diffère : il maintient sur le territoire ciblé le minimum de liaisons, se limitant aux éléments logistiques indispensables.

Quatre profils d'organisations professionnelles au service d'Etats se distinguent : le mercenariat de Carlos à travers l'Organisation révolutionnaire Arabe, les organisations palestiniennes, les organisations libanaises, enfin l'ASALA au service de la Syrie.

III.- Le phénomène Carlos

Illitch Ramirez Sanchez, dit Carlos, met, au cours des années 70 et au début des années 80, ses compétences de mercenaire et d'homme d'action (proche des Soviétiques, antisioniste et anti-impérialiste, intéressé financièrement) au service de tel ou tel Etat du Moyen ou Proche-Orient cherchant à semer la terreur en Occident[154]. Figure médiatique du terrorisme, Carlos se pose en personnage à part de ce milieu. Alors que l'action terroriste se caractérise par l'usage de la violence au nom de la défense d'une cause, il exerce ses activités comme un employé méticuleux travaillant pour obtenir des ressources. Carlos agit en cavalier seul, menant des opérations en fonction de ses « clients ». Avec lui surgit un terrorisme aveugle dont les manifestations font la belle époque des détournements d'avions et des prises d'otages. Le nom de Carlos est lié à l'apparition du terrorisme dit « moderne » qui ne vise plus des personnalités, mais des citoyens ordinaires, puisant sa force dans la panique créée, les menaces de mort à répétition et l'élimination de personnes pour l'exemple. Un type d'opération proche de celui des commandos palestiniens.

---

154 Des compétences qu'il met également à disposition des services secrets de certains Etats de l'Est, dont l'Union soviétique.

Carlos se place de tout temps en étroite relation avec les services soviétiques, ce qui a pu faire penser que le KGB aurait tenté de mettre sur pied une organisation terroriste internationale. Et, pendant une période, que Moscou dirigeait une internationale terroriste. L'époque de la guerre froide suscite des conflits polarisés vers l'un ou l'autre bloc ; polarisation à laquelle l'action terroriste n'échappe pas.

Dès 1975, l'OTAN prend connaissance de son existence comme de celle d'un réseau terroriste international opérant « avec l'aide de certains gouvernements progressistes »[155]. Carlos apporte son savoir-faire au colonel Boumediene, à l'occasion de l'opération contre l'OPEP à Vienne, en décembre 1975 (enlèvement de onze ministres) [156]. Puis c'est au service de la cause palestinienne, en raison de son antisémitisme marqué, que Carlos met à profit son expérience contre la Jordanie, pour le compte du FPLP et de Wadi Haddad. Dans son combat contre l'impérialisme et les opprimés, il agit pour les intérêts de la Libye, de la Syrie, du Yémen du Sud. On retient le détournement d'un avion de la Lufthansa en direction de la Somalie, le 13 octobre 1977, ainsi que nombre d'opérations contre la France : meurtre de deux agents de la DST rue Thouiller en 1975, attentats contre le TGV Paris-Marseille et contre la gare Saint-Charles de Marseille le 31 décembre 1983[157], actions

---

[155] Fournier Nicolas, Legrand Edmond, *E.....comme espionnage*, Paris, Moreau, 1978, 339p.

[156] La première action de Carlos est la prise d'otage à La Haye, le 13 septembre 1974, pour obtenir la libération d'un membre de l'Armée rouge japonaise, Yukata Furaya.

[157] Ces actions valent à ce terroriste international d'être jugé devant les tribunaux français (12 décembre 1997) et incarcéré en France. Cinq dossiers concernent Carlos devant les juridictions françaises : attentat contre le drugstore Saint-Germain, le 15 septembre 1974 (2 morts, 30 blessés) ; explosion à bord du train le Capitole le 29 mars 1982 (5 morts, 27 blessés) ; explosion de la rue Marbeuf, le 22 avril 1982 (1 mort, 63 blessés) ; explosion d'une bombe à la gare Saint-Charles de Marseille, le 31 décembre 1983 (5 morts, 40 blessés) ; explosion d'une bombe dans le TGV Paris-Marseille, à Tain-l'Hermitage, le 31 décembre 1983 (2 morts, 11 blessés).

envisagées contre certaines personnalités du monde politique français[158].

IV.- Abou Nidal et quelques autres

Dans le contexte de la guerre froide, le conflit israélo-palestinien suscite une prise de position des Etats moyen et proche-orientaux en faveur de la Palestine et du combat mené pour l'obtention d'un territoire. Les groupes palestiniens les plus radicaux, opposés à la recherche d'une solution négociée avec Israël, sont prêts à se mettre au service d'Etats en lutte contre Israël et contre les impérialistes occidentaux qui le soutiennent.

Aussi est-ce par l'intermédiaire de groupes palestiniens que l'Irak, la Syrie, la Libye font valoir leurs revendications sur la scène internationale.

Le groupe dirigé par Sabri al-Banna, plus connu sous le pseudonyme d'***Abou Nidal***, est le plus fréquemment sollicité. La prise d'otages, le 5 septembre 1973, à l'ambassade d'Arabie saoudite à Paris par le *Fatah-Conseil révolutionnaire* d'Abou Nidal ouvre la voie à la structuration d'un groupe terroriste qui, pendant plus d'une décennie, fait passer par la violence le message d'Etats moyen et proche-orientaux. Avec près d'une centaine d'actions terroristes et 500 victimes à son actif, dans vingt pays différents, sur les ordres consécutifs de l'Irak, de la Syrie, puis de la Libye[159], Abou Nidal constitue le modèle type d'une organisation terroriste écran ne concevant pas d'agir autrement que sur les ordres d'un Etat. Suivant ses commanditaires, il agira contre les Etats-Unis, la Grande-Bretagne, la France, Israël, les Palestiniens modérés, l'OLP et divers pays arabes. Le terrorisme d'Abou Nidal marque une évolution par rapport à celui pratiqué antérieurement, en 1968, par l'organisation palestinienne de Georges Habache. La violence atteint, pour la première fois, une dimension diplomatique : agir

---

[158] Selon un rapport remis au juge Bruguière par les renseignements généraux au début de l'année 1996, Carlos aurait envisagé en 1982 une opération contre Robert Badinter.

[159] Entre 1974 et 1982, une trentaine d'attentat a été commise, mais la phase particulièrement active s'échelonne de 1982 à 1986 : en quatre ans Abou Nidal mène près de 70 opérations.

sur la diplomatie des Etats occidentaux en intervenant comme missionnaire des Etats dont il est à la solde ; mais aussi, sur la diplomatie de la zone orientale en défendant une vision radicale de la cause palestinienne marquée d'un anti-sionisme virulent. La finalité poursuivie est, à terme, la disparition de l'Etat sioniste au profit d'une Palestine unifiée dans un ensemble plus vaste constitué par une grande Syrie.

L'organisation Abou Nidal évolue au cours du temps. Chargé de représenter le mouvement palestinien au Soudan en 1967, puis à Bagdad en 1970, Abou Nidal gagne en autonomie par rapport à un El-Fatah qu'il juge dans la droite ligne de l'OLP et donc trop mou. La prise de distance d'Arafat vis-à-vis de la pratique terroriste amène Abou Nidal à se rapprocher de la ligne dure défendue par Septembre noir. Il rompt, en 1973, avec l'OLP préférant continuer seul dans la voie d'une généralisation de la pratique terroriste et s'inscrit dans la ligne du Front du refus, formé en octobre 1974.

Professionnel de l'action clandestine mettant ses compétences au service d'un « employeur », Abou Nidal dispose d'une structure très développée comprenant matériel logistique de pointe, agents implantés dans les pays d'action susceptibles d'apporter le moment venu le support nécessaire. Ce sont 500 à 800 militants et responsables répartis à travers le monde qui permettent à la machine Abou Nidal de fonctionner avec minutie. Son professionnalisme marque l'histoire du terrorisme : politique du secret[160] ; infrastructure implantée en Europe, en Asie, en Afrique[161] ; soutien financier et logistique conséquent ; degré élevé de violence ; diversité des méthodes employées ; choix des cibles prédéterminé, linéaire et multiple ; recrutement d'un personnel

[160] Le groupe Abou Nidal commet ses actions sous une dizaine d'appellations différentes.

[161] Abou Nidal opère dans 18 pays : la Grèce, Malte, la France, la Grande-Bretagne l'Autriche, l'Italie, les Pays-Bas, la Roumanie, la Pologne, la Yougoslavie, l'Inde, l'Egypte, le Pakistan, la Jordanie, la Syrie, le Koweït, les Emirats arabes, le Liban.

exclusivement palestinien. Cette organisation est sans doute la meilleure de sa catégorie[162].

L'organisation bénéficie d'une part d'autonomie dans le choix des cibles, l'Etat commanditaire se contentant de déterminer l'objectif principal : Etat jordanien, intérêts israéliens. Cette part de libre arbitre découle du caractère délicat des actions. Les activistes, seuls à même d'appréhender les impératifs conjoncturels et structurels entourant l'action, ne sont pas réduits au statut de « tueurs à gage ».

Abou Nidal travaille successivement pour des Etats différents sans pour autant abandonner tout lien avec ceux pour lesquels il n'opère plus.

L'Irak devient, de 1973 à 1980, le maître d'œuvre d'Abou Nidal dans sa lutte contre la Syrie, l'OLP et El-Fatah. Implanté en Irak, Abou Nidal mène pendant cette période une action cantonnée dans la région proche-orientale, agissant à Damas et à Amman. Il s'illustre alors par des actions très violentes prenant la forme de mitraillages incontrôlés[163]. Puis la lutte contre l'OLP l'amène à assassiner certains de ses représentants à travers le monde : Paris, Londres, Koweït City. Cette lutte est à l'origine du déclenchement d'un conflit de faible intensité entre deux organisations rivales quant aux intérêts qu'elles défendent : Abou Nidal et El-Fatah. On se trouve, à la fin des années 70, en présence d'une nouvelle forme de conflit qui se déroule à coup d'actes terroristes entre organisations clandestines représentants un Etat ou un peuple. La prise d'otages palestinienne à l'ambassade d'Irak à Paris, le 31 juillet 1978, illustre un type de conflit original, polyvalent et délocalisé, à même de porter sa lutte en terrain étranger à des milliers de kilomètres de la zone de conflit.

---

162 Ne peuvent être mises sur le même plan des organisations moyen-orientales agissant pour le compte d'Etats et des organisations occidentales comme l'IRA ou l'ETA, chacune alliant des niveaux de professionnalisme très élevés dans leurs catégories respectives.

163 A Amman, l'action contre le ministre syrien des Affaires étrangères coûte la vie à dix personnes.

En 1980, Abou Nidal quitte l'Irak pour la Syrie où il reste jusqu'en 1987. Hafez el-Assad utilise la terreur dans sa politique intérieure comme extérieure, d'abord en recourant à sa frappe personnelle, la Saïka[164], puis en engagent une politique internationale officieuse dont il confie la mise en oeuvre aux professionnels d'Abou Nidal. Les objectifs de la Syrie, mêlant enjeux géopolitiques et antisémitisme exacerbé, conduisent son président à jouer dans la région un jeu ambigu fait de prises de position officielles et d'actions souterraines contradictoires. Sa politique au Liban, en 17 ans de guerre, témoigne de cette ambiguïté. Il sera l'allié ou l'adversaire des chrétiens, des druzes, des Palestiniens, qu'il chassera en définitive du pays, avant de rejoindre les occidentaux dans la guerre du Golfe, alors même qu'il se livre depuis des années à un terrorisme voilé contre les puissances occidentales. Machiavel du Proche-Orient, Assad entend s'imposer par la terreur sur la scène libanaise et palestinienne par une action engagée non seulement sur le terrain même des opérations mais aussi contre des puissances étrangères (les Etats-Unis et la France) intervenant directement dans la bataille proche et moyen-orientale à l'encontre de l'expansion syrienne.

Le terrorisme exercé par Abou Nidal pour le compte de la Syrie se déplace sur le terrain occidental. Ses cibles sont les intérêts occidentaux (attentats des aéroports de Rome et de Vienne en décembre 1985, détournement du vol 73 de la Pan Am à Karachi en septembre 1986) ; la présence juive en Europe (tueries des synagogues de Vienne, d'Istanbul, attentats à Paris de la rue Copernic et de la rue des Rosiers) ; les présences française et américaine au Liban (attaque contre le poste Drakkar en 1983, meurtre de l'ambassadeur de France, Louis Delamarre, ainsi que du chauffeur de l'ambassade de France et de son épouse, attaque contre le Q.G. américain à Beyrouth en 1983) ; ou encore les représentants de El-Fatah. Le Liban offre un terrain d'attaque privilégié. Les attentats à la voiture piégée au cœur de Beyrouth sont, durant les années 80, l'expression régulière de la présence

---

164 La Saïka, par une prise d'otages à Vienne, à l'automne 1973, cherche à faire pression sur l'Autriche, pays qui facilite le départ des juifs d'URSS vers Israël.

syrienne et des services d'Abou Nidal, mais aussi d'autres groupes terroristes moyen-orientaux : Hamas, Hezbollah, Amal, Abdallah, ASALA.

Les prouesses réalisées par Abou Nidal ne manquent pas d'éveiller l'attention du colonel Kadhafi. Le groupe établit un état-major en Libye. Cela lui permet, d'abord, de recevoir de ce pays un soutien logistique et financier pour des opérations menées pour le compte de la Syrie au cours de la décennie 80 (attentats contre les aéroports de Rome et de Vienne) et, ensuite, en 1984 de devenir « l'homme de main » du colonel. Des séries d'attentats et des tentatives de liquidations physiques menées contre Yasser Arafat, ennemi commun des deux hommes et contre l'OLP qu'il représente, en découlent. Les attaques restent localisées sur la scène proche-orientale. Les actions d'Abou Nidal en Occident s'exercent principalement pour le compte de la Syrie.

On voit apparaître, à cette époque, un front commun entre certains Etats et les organisations terroristes à leur service : FPLP, FLP, Habache, Jibril, Abou Nidal. En février 1986, sous l'égide de la Libye est créé le ***Commandement national des forces arabes révolutionnaires***. La structure cherche à unifier l'ensemble des courants terroristes présents au Liban, en Syrie, en Irak, au Sud-Yémen, afin de constituer une force de frappe et des « commandos spéciaux » pour lutter contre tout complot sioniste ou impérialiste, notamment américain, allant à l'encontre de leurs perspectives. Ces organisations terroristes se regroupent au service d'Etats dont l'implication sera fortement suspectée dans la campagne terroriste menée contre le territoire français en 1986 : il a été avancé que les ordres auraient été donnés à l'occasion de la réunion de Tripoli, en février 1986.

Les changements géopolitiques survenus à la fin des années 80 calment les volontés d'actions des Etats de la région par terroristes interposés et mettent en sommeil Abou Nidal. Toutefois la question de la réunification du Fatah-CR devient, au début de l'année 1990, un enjeu des relations Libye-Syrie. Tripoli suggère au groupe de renouer avec ses activités en Libye, à une période où l'Iran tente également d'attirer l'organisation, lui demandant de se séparer de la Libye et de la Syrie. Cette évolution est à resituer dans le contexte des otages du Silco, capturés par les Libyens suite au raid américain sur la Libye et « remis » à Abou Nidal agissant pour le compte de la Syrie.

Depuis 1993, Abou Nidal s'est redéployé au Liban d'où il entend mener une action contre les représentants de l'OLP et les Palestiniens favorables à cette tendance. Lié de très près à la Libye et soutenu financièrement par certains Etats du Golfe, le mouvement se place dans une ligne radicale d'opposition au processus de paix israélo-arabe. Il est au nombre des organisations terroristes susceptibles de se manifester dans l'avenir en se mettant au service d'un Etat opposé à la paix.

A côté d'Abou Nidal, d'autres organisations terroristes palestiniennes agissent pour le compte d'Etats. Certaines évoluent de façon autonome, bien que conservant le soutien logistique et financier des Etats habituellement commanditaires. ***Septembre noir*** bénéficie lors du massacre des athlètes israéliens à Munich, en 1972, de l'appui de la Libye sans pour autant agir en son nom. Le terroriste ***Wadi Haddad*** met, jusqu'en 1978, ses compétences au service de l'Irak, puis du Yémen du Sud. Souhaitant susciter une révolution dans le monde entier, il mène, à côté des services rendus à certains Etats, des actions pour son propre compte dans la zone proche-orientale. La ***Saika***, créée en 1968, dépend étroitement du ministère de la Défense syrien qui lui assure financement, encadrement, formation. Implantée au Liban sous étiquette palestinienne, cette organisation permet à la Syrie de contrôler l'intérieur du pays.

V.- La myriade libanaise

De 1975 à 1990, le Liban offre un terrain d'affrontement à l'échelle religieuse (chrétiens/musulmans) et politique (domination syrienne). De multiples organisations terroristes y voient le jour souvent chaperonnées par un Etat, prolongeant dans la clandestinité les actions politiques des parties en présence. De ce conflit surgit un nouveau type de violence infra-nationale, mêlant guerre civile, guérilla urbaine, actions terroristes et interventions étrangères (Israël, Syrie, Iran).

Le conflit libanais trouve son origine dans la désintégration de l'équilibre entre la cohabitation de onze communautés chrétiennes, trois communautés musulmanes et une petite communauté juive. Les communautés confessionnelles présentes au Liban vivent de façon pacifique sous l'Empire ottoman, à partir de 1918 sous mandat français et jusqu'à l'indépendance de l'Etat libanais en 1943. Celle-ci génère une quête d'autonomie progressive exacerbée par l'arrivée, en 1970, des Palestiniens qui imposent leur autorité jusqu'à former un Etat dans l'Etat[165]. Dès lors, le Liban ne cessera d'être « victime de son environnement géopolitique »[166], se désagrégeant au fil des interventions extérieures - syrienne, israélienne, iranienne - par organisations violentes interposées. Les Palestiniens s'opposent à la population chrétienne, puis à la présence israélienne, avant d'être chassés par les forces syriennes chargées du contrôle de la zone frontalière.

En découle en 1975 la montée d'une opposition conflictuelle locale, généralisée à l'ensemble du pays, entre les chrétiens et les druzes ; druzes regroupant les tendances islamistes, palestiniennes et progressistes du Liban. L'intervention de puissances voisines, qui entendent faire valoir leurs intérêts, fait glisser le conflit de la guerre civile au terrorisme inter-étatique.

Si la Syrie intervient militairement, dès 1976, avec l'objectif affiché de soutenir les druzes, elle espère en réalité accroître sa domination sur le Liban. L'intervention, en 1977, d'Israël qui, dans une période de déstabilisation du bloc arabe, voit dans le conflit libanais un terrain propice à l'expression de sa puissance, déplace le conflit palestino-arabe au cœur du « pays des cèdres ». Se trouvent présents sur un même espace d'action : les chrétiens

---

[165] Une présence pesante dans le Sud contribue à qualifier cette zone de « patrie du Fatah ».

[166] « La guerre du Liban », Didier Bigo, Daniel Hermant, *Approches polémologiques. Conflits et violences politiques dans le monde au tournant des années 90*, Paris, Fondation des études de défense nationale, 1991, 557p.

libanais bénéficiant d'un allié dans la présence israélienne ; les druzes soutenus par la Syrie ; des représentants palestiniens fidèles à Arafat ; enfin, une position iranienne. L'ensemble des conflits proche-orientaux se reproduit à échelle réduite au Liban.

A côté d'une armée d'occupation israélienne, d'une armée d'occupation syrienne, de l'armée régulière libanaise, de l'armée du Sud Liban et de la FINUL (Forces d'intervention des Nations unies au Liban), un conflit parallèle s'ouvre sous le poids des organisations terroristes utilisées par les Etats en présence. Les rivalités syro-iraniennes, syro-israéliennes, irano-israéliennes, mais aussi syro-palestiniennes, s'affrontent par organisations terroristes interposées. La Syrie soutient des groupes activistes dans une optique anti-israélienne et antichrétienne, tandis que l'Iran intervient contre la présence israélienne et syrienne dans une perspective d'exportation de sa révolution par l'intermédiaire de groupes islamistes violents.

Les milices deviennent les figures spécifiques du conflit libanais : on se trouve en présence d'une milice druze, d'une milice chiite, d'une milice pro-syrienne, de Amal ou encore du Hezbollah pro-iranien.

Le Liban devient, pendant cette période, l'épicentre d'un gigantesque conflit d'intérêts entre des Etats soucieux d'étendre leur hégémonie politique et religieuse sur cette partie du territoire proche-oriental.

Amal et les FARL pour la Syrie, le Hezbollah et le Jihad islamique, pour l'Iran, conduisent des opérations dans la zone de conflit libanaise et en Occident, grâce au développement de réseaux de relais à travers l'Europe. Un moyen pour ces Etats de faire pression sur les puissances occidentales afin qu'elles cessent leur soutien à Israël comme aux chrétiens libanais.

Le ***Hezbollah***, en tant qu'aile radicale pro-iranienne des chiites libanais, créé en 1982, mène au cours des années 80-90 une campagne active au Liban sous la forme d'une résistance à la pression israélienne, aux dérives de l'OLP et à l'Occident. Autant de combats sous-tendus par la perspective unique de création d'une république islamique de type iranien au Liban et de la disparition de toutes les influences non islamistes de la région.

Apparu au Liban à la suite de l'invasion israélienne, le Hezbollah, dont les membres sont originaires de l'Iran, est le produit de la rivalité entre la Syrie et Téhéran. Installé à Baalbek, le mouvement s'introduit progressivement dans la banlieue sud de Beyrouth, où il accroît son implantion et sa domination à la suite de la défaite de l'armée libanaise et de la force multinationale, en février 1984. Le Hezbollah ne se limite pas à des actions terroristes contre l'occupant étranger ; il engage une action sociale et populaire auprès des classes déshéritées, dans la perspective d'islamiser le pays.

Le mélange de mobilisation politique, religieuse et d'action violente permet au Hezbollah de développer son emprise. La violence du Hezbollah est peut-être « plus religieuse, communautaire, tendue vers la rupture avec l'Occident » que terroriste dans la connotation que ce terme a « d'aveugle, d'éperdue, de déconnectée de l'expérience vécue »[167]. Le caractère unique et exceptionnel du Hezbollah tient à l'évolution rapide qu'il a connue, se transformant d'un mouvement de pensée purement mystique vers une organisation hautement structurée, centralisée, au service de pouvoirs étatiques, pour enfin devenir une des premières forces du terrorisme international, disposant d'une capacité de frappe transnationale. L'usage du terrorisme est pour Fadallah, son chef, légitime : « Vous devez être prêts à effrayer et éloigner les ennemis de Dieu et les vôtres », énonce le Coran.

Le mouvement est placé sous le contrôle de l'Iran et, dans une moindre mesure, sous celui de la Syrie[168], dont il tient les capacités militaires pour agir au Liban. Les opérations menées contre le territoire français en 1986, revendiquées par le CSPPA, répondent à des pressions syriennes et iraniennes[169].

---

[167] Wieviorka Michel, *Sociétés et terrorisme,* Paris, Fayard, 1988, 565p.

[168] L'implantation du Hezbollah dans la plaine de la Bekaa, dans la banlieue sud de Beyrouth et au Sud Liban le place sous surveillance de la Syrie, laquelle se veut garante des activités menées dans la région.

[169] De là la complexité, pour les Occidentaux, de percevoir clairement les ficelles de l'écheveau moyen et proche-oriental, où amis et ennemis se côtoient de très près, au gré d'intérêts ponctuels.

Le « conseil suprême de défense de la République islamique d'Iran » devient le vecteur principal de passage des décisions du Hezbollah au Liban comme à l'étranger. Les directives sont assurées par « l'office islamique des mouvements de libération », qui agit par le biais des représentations diplomatiques présentes dans les pays concernés, principalement à Damas et à Beyrouth. Le clergé iranien assure, enfin, une mission de contrôle sur les activités de l'organisation et, en fonction du bilan effectué, décide des améliorations à apporter aux capacités militaires du Hezbollah.

Les 3000 miliciens du Hezbollah font une priorité de la lutte contre la présence israélienne au Sud Liban par l'usage de commandos suicides, comme celui envoyé, en novembre 1982, contre le quartier général de l'armée israélienne à Tyr causant la mort de 70 personnes. Leur présence dans les quartiers est et ouest de Beyrouth permet de multiplier les attentats à la voiture piégée et le dépôt de charges d'explosifs à proximité des implantations juives. Dans cette partie du pays, l'organisation armée affronte les mouvements structurés que sont Amal, son rival chiite, et l'armée du Sud Liban appuyée par Israël. La terreur devient un instrument d'action sur les esprits : discours, radios, journaux visent à rallier à leur cause la population civile libanaise et palestinienne.

C'est essentiellement par des opérations suicides au Liban, entre 1982 et 1985, contre des cibles israéliennes mais aussi américaines et françaises, que le Hezbollah impose son action sur la scène internationale et parvient à recevoir un écho. Les opérations suicides s'insèrent dans une stratégie minutieusement calculée : la mort d'un homme doit trouver une justification dans le progrès accompli. Jusqu'en 1985, le guide spirituel du Hezbollah estime que ces opérations causent un tort appréciable aux Israéliens. Elles cessent à partir de cette date, les actions n'apportant plus le succès escompté. Par l'intermédiaire du Hezbollah, l'Iran cherche à étendre son emprise sur les mouvements islamiques palestiniens que sont le Jihad islamique palestinien, le Hamas, le Hezbollah palestinien, auxquels il fournit aide financière et facilités d'entraînement dans les camps de la plaine de la Bekaa.

En novembre 1989, le pouvoir iranien donne pour mission au Hezbollah de mettre en place de nouveaux réseaux terroristes en Europe, en Afrique, en Amérique du Sud, mais également en Irak où une opération de recrutement d'individus affiliés au courant islamiste de l'opposition irakienne est organisée par la section des opérations extérieures du Hezbollah. Ces réseaux sont destinés à frapper les intérêts israéliens, américains et français. La Syrie n'est pas étrangère à cette réorganisation. Les attaques menées, en 1994, à Londres et Buenos Aires, visent les intérêts et/ou ressortissants israéliens. Les rangs de l'organisation se gonflent et les recrues reçoivent une formation dans des camps spécialisés de la plaine de la Bekaa, témoignage de l'ardeur et de la persistance du mouvement.

On retrouve le souci d'influer sur les politiques étatiques par une voie détournée, officieuse, cherchant à modifier le cours des événements, sans apparaître comme un pavé lancé par un Etat dans la mare de l'équilibre géopolitique mondial.

La fin de la guerre du Liban permet au Hezbollah de s'affirmer sur la scène politique par la formation d'un parti politique, disposant de huit sièges au parlement. Cette participation est mal perçue par la tendance radicale du mouvement, qui y voit une approbation des rapports de force issus des accords de Taïf[170].

Le mouvement ne renonce pas à son aile militaire. Il maintient son extrémisme antisioniste et sa perspective panislamique. Les attaques contre Israël s'intensifient en mars 1992. Le combat se poursuit à l'intérieur des frontières libanaises : le Sud Liban devient le terrain d'incidents consécutifs aux évolutions du processus de paix[171]. Un Hezbollah renforcé militairement et politiquement mène, en 1995, une série

---

170 L'amorce d'un règlement de compte à la crise libanaise, instituée le 22 octobre 1989 par les accords de Taïf, est rejetée fortement par le Hezbollah qui voit dans cet acte une soumission à « l'impérialisme américano-saoudien », à l'instar du processus de paix israélo-arabe. Ce sont deux évolutions contraires à la cause qu'entend défendre le Hezbollah et qui justifient son engagement activiste.

171 Cette zone est revendiquée par les Israéliens, depuis 1982, comme partie intégrante de la Galilée, alors que les chiites voient en elle le berceau du chiisme libanais.

d'assassinats et d'enlèvements dans une lutte âpre pour le leadership au Sud Liban, mêlant lutte contre Israël et contre Amal[172]. Au début de l'année 1996, le Hezbollah accentue ses attaques contre les Israéliens. Shimon Perès rétorque par l'opération « raisins de la colère ». L'année est marquée par des échanges continuels de raids du Hezbollah à la frontière libano-israélienne et de ripostes israéliennes sur des positions du mouvement pro-iranien au-delà de la « zone de sécurité » occupée par Israël dans le Sud du Liban. Ce type d'attaque, non limité, aux positions militaires touche des populations civiles. Le Hezbollah en sort renforcé par l'accroissement de ses soutiens libanais.

Naît alors un conflit entre Israël et le Liban. Alors qu'Israël demande au gouvernement libanais de désarmer le Hezbollah, le Liban invoque son impossibilité et demande à Israël de se retirer de son territoire, promettant d'assurer la sécurité de la zone[173]. Mais rien n'y fait. Et le Hezbollah, socialement implanté, poursuit, depuis, ses attaques régulières contre Israël[174], par des actions terroristes visant les soldats et, par ricochet, les populations civiles[175].

A côté du Hezbollah, le ***Jihad islamique***, placé sous le contrôle de l'Iran, revendique les actions terroristes de groupes pro-iraniens dans la région. Plus qu'une organisation unique, le Jihad apparaît comme une structure écran regroupant sous un même nom une constellation de groupuscules violents, mettant en pratique

---

[172] On note l'emprise croissante, au début de cette période, de la Syrie sur le Liban, avec son intervention directe dans le domaine politique, puisque ministres et députés sont nommés par Damas. L'emprise syrienne est dénoncée, en juillet 1995, par Amine Gemayel qui voit dans le Liban « une sorte de fiction d'Etat ».

[173] L'absence de pression des autorités libanaises sur le Hezbollah s'explique par les manœuvres iraniennes et syriennes pesant sur le mouvement. L'Iran et la Syrie utilisent le Liban comme zone d'opération mais le Hezbollah n'est pas placé sous contrôle libanais.

[174] Le retrait de l'armée israélienne du Liban, au cours du mois de juillet 2000, ne met pas fin aux attaques armées des miliciens chiites du Hezbollah.

[175] Une attitude que dénonce, maladroitement, le Premier ministre français, Lionel Jospin, lors d'une visite à Jérusalem, le 24 février 2000.

l'idéologie et les revendications défendues par le Hezbollah[176]. Bien que le chef du Hezbollah affirme l'absence de coalition entre le Jihad et son organisation, niant ainsi sa responsabilité dans l'enlèvement des otages occidentaux dans les années 80, il est indéniable qu'ils appartiennent tous à la même mouvance politique et religieuse[177]. On assiste à un dédoublement de l'écran protecteur : les mouvements se réclamant du Jihad sont strictement clandestins et servent de paravent à l'organisation qui les manipule, elle-même utilisée pour mettre en oeuvre une politique étatique. La multiplication des intervenants brouille les cartes au sein d'une nébuleuse assurant à la fois protection et charisme à ses partisans. L'ignorance quant aux réels commanditaires est propice à l'accroissement de la terreur engendrée auprès des pays ciblés. Les missions de sacrifice comme les enlèvements effectués sous le couvert du Jihad islamique présent au Liban ne sont pas l'œuvre de purs fanatiques se livrant à des opérations irrationnelles en proie à des accès de violence incontrôlés. Elles répondent à une stratégie élaborée, hiérarchisée, dont les ficelles sont tirées par des Etats calculant leurs intérêts. Le terrorisme au Liban devient au fil du temps une pratique banalisée, qui dissuade les Occidentaux de s'y rendre, un objectif recherché[178].

---

[176] Groupes relevant du Jihad islamique :

- Le Jihad islamique
  - Brigades du Jihad islamique (aile militaire)
  - Mouvement du Jihad islamique en Palestine
  - Mouvement islamique dans la partie occupée
- La communauté islamique (branche étudiante du mouvement)
  - La voix de la communauté islamique (origine)
  - Le manifeste publié par le mouvement étudiant islamique
- Le mouvement du Jihad islamique en Palestine occupée
  - L'avant-garde islamique (origine)
  - L'Islam et la Palestine
  - La tendance islamique révolutionnaire
  - Le parti de Dieu

[177] Le Hezbollah a longtemps nié qu'il connaissait les preneurs d'otages agissant sous le nom de Jihad islamique, dont la dépendance envers le Hezbollah et l'Iran ne fait aucun doute.

[178] La présence du Jihad islamique ne se limite pas au Liban. Des groupes de cette tendance se manifestent en Palestine sous des appellations diverses, témoignage de la présence iranienne au sein du conflit israélo-palestinien.

La méthode de prédilection du Jihad islamique, au Liban, contre la présence occidentale est la ***prise d'otages***. Au début du conflit libanais, la prise d'otages est employée uniquement dans les relations conflictuelles entre milices et organisations terroristes. Mais l'enlèvement, en 1982, de David Dodge, administrateur américain de l'université américaine de Beyrouth, ouvre la voie à l'emploi d'une pratique terroriste qui, compte tenu de la présence importante de citoyens occidentaux à Beyrouth, allait devenir la particularité du réseau iranien. Des militants du Jihad islamique portent la responsabilité de l'enlèvement et de la détention de la plupart des otages américains et européens au Liban, au milieu des années 80, en qualité « d'ennemis » de la cause iranienne. Là s'explique le rôle prépondérant que l'Iran joue dans les négociations visant à obtenir leur libération. L'objectif de la prise d'otages varie selon les circonstances : libérer des combattants de la révolution islamique emprisonnés à l'étranger, comme au Koweït en 1983 ; chasser les étrangers pour mettre à mal les structures économiques, sociales et culturelles du pays, lesquelles dépendent majoritairement de la présence et des investissements étrangers ; obtenir facilement des puissances hostiles des avantages militaires, politiques ou économiques qui leur étaient jusque-là refusés, notamment la levée des sanctions contre l'Iran[179].

Le Hezbollah dispose d'un moyen de pression redoutable sur les grandes puissances : l'impact publicitaire sur la communauté étrangère vivant au Liban et le retentissement profond sur l'ensemble des citoyens occidentaux. La force des prises d'otages réside dans la prolongation de l'action (des mois voire des années), elle ne prendra fin qu'avec l'obtention d'une compensation significative. Durée sans tension et tension sans durée jongleraient avec l'échec. Le maintien d'un lien permanent avec les autorités des pays dont les otages sont ressortissants par l'envoi de messages écrits ou audiovisuels est essentiel. L'exécution de prisonniers, comme William Beckley ou Michel Seurat, livre autant de preuves du sérieux et de l'intransigeance des ravisseurs. Une pression continue est maintenue sur les familles et les gouvernements, en

---

[179] Déblocage du gel des avoirs iraniens.

créant entre les deux une relation de tension opposant atrocité des informations reçues et impuissance du pouvoir à résoudre le conflit. La politique du chantage permet d'obtenir une publicité maximale[180] : faire connaître une opposition, minoritaire localement et s'assurer le succès en forçant l'Etat visé à négocier pour récupérer les otages sains et saufs. Terreur physique et terreur psychologique sont étroitement liées dans une stratégie qui utilise les moyens modernes de communication pour internationaliser le conflit. Enfin, les terroristes demeurent à l'abri de toute riposte antiterroriste de l'Etat victime sur un terrain d'opération qui lui est étranger.

Par des actions répétées dans le temps, un groupuscule terroriste acquiert sa réputation et assoie son autorité sur la région où il opère. La capacité à mettre à mal les membres d'une puissance étrangère a un effet attractif sur la jeunesse.

Les enlèvements survenus au Liban, en 1983 et 1987, ne touchent pas que des Occidentaux, puisque 73 hommes d'affaires arabes, essentiellement saoudiens, subissent ce sort contre le versement de rançons élevées. En tout, une centaine de personnes auraient été enlevées au Liban, parmi lesquelles trois otages britanniques et un français ont été tués[181].

VI.- Les stratèges d'Assad

La Syrie, en chassant Arafat, a pu étendre son emprise sur le Liban et y affirmer son pouvoir. A côté de sa présence militaire, l'Etat syrien apporte son soutien à des milices et groupes violents usant de la pratique terroriste pour déstabiliser les forces en présence et faire pression sur les puissances occidentales.

Gouvernant dans la perspective d'annexer la Palestine, Hafez el-Assad dirige aussi des terroristes sur trois terrains d'opérations. Au Sud Liban ont lieu les attaques menées en 1985 contre le QG israélien de Tyr et des attentats suicides contre la population israélienne. En territoire israélien, des hommes de Habache tentent de tuer le maire de Naplouse en avril 1986. Enfin, en Occident, des

[180] La détention des otages français au Liban fait l'objet d'un rappel télévisé quotidien.
[181] Respectivement, Douglas, Portfield, Hill, Seurat.

attentats sont perpétrés contre les guichets d'El Al aux aéroports de Madrid et de Londres en 1986, contre le territoire français, mais aussi contre les intérêts américains : attaque contre une base militaire américaine à Francfort en 1985 ; assassinats de militaires américains à Kaboul, Paris, Wiesbaden ; détournements d'avions de compagnies américaines ; assassinats de personnes travaillant pour des firmes américaines comme le directeur de la firme Black et Decker ; attaques contre la British Airways suite au raid américain sur la Libye.

Le terrorisme proche-oriental sous influence syrienne est porté en Europe par les ***Forces armées révolutionnaires libanaises*** (FARL), placées sous la direction de Georges Ibrahim Abdallah, ancien membre du FPLP. Créées au Sud Liban sur la base de relations essentiellement familiales et relationnelles, les FARL inscrivent leur champ d'action sur la scène européenne. Elles empruntent au continent européen la structuration de ses organisations terroristes et, à l'image des Cellules communistes combattantes (BR, AD, RAF), elles sont guidées par les principes marxistes-léninistes et anti-impérialistes. Le soutien reçu des organisations européennes facilite leur implantation. C'est en France que le mouvement syrien se livre à des attaques contre des cibles américaines et sionistes : meurtre du colonel américain Charles Ray, le 18 janvier 1982 ; de Yacov Barsimentov, secrétaire de l'ambassade d'Israël à Paris ; attentat manqué contre le conseil général des Etats-Unis à Strasbourg. Les prises de position pro-israéliennes des autorités françaises l'emportent sur les amitiés arabes qu'elles ont pu nouer antérieurement.

Jusqu'en 1985, le groupe opère un repli sur l'Italie et effectue des trajets réguliers entre le Liban et l'Europe.

Sous le nom de ***Comité de solidarité avec les prisonniers politiques arabes et du Proche-Orient*** (CSPPA), les FARL et, derrière elles, la Syrie effectuent un retour en force, en 1985 et 1986, sur le territoire français, par leur participation à une campagne terroriste en trois étapes (décembre 1985 ; février-mars 1986 ; septembre 1986). L'organisation engage un chantage en direction des autorités françaises : l'arrêt de la terreur dépendrait de la modification de la politique française au Machrek comme de la libération des membres d'organisations terroristes emprisonnés en France (Varadjan Garbidjan, auteur de l'attentat d'Orly en 1983 ; Anis Naccache, chef du commando mis à la disposition de la Syrie par l'Iran pour assassiner Chapour Bakhtiar ; Georges Ibrahim Abdallah, organisateur des FARL). Une médiation analogue à celle suscitée au Liban par les attentats du Hezbollah est recherchée : agir sur l'opinion publique et par là sur les autorités pour obtenir des résultats concrets sur le court terme. La vague de terreur dirigée contre la population française n'implique pas uniquement l'Etat syrien, puisque l'Iran a également intérêt à faire pression sur le gouvernement français, ne serait-ce que pour obtenir la libération d'Anis Naccache. La lutte contre des ennemis communs est un facteur fort de cohésion propice au dépassement des clivages habituels et à l'interconnexion en termes de logistique et d'exécutants.

Enfin, la Syrie, dans sa volonté d'intervention internationale par le truchement du terrorisme, appelle à son service une organisation étrangère à la région : l'***ASALA***. Inscrivant son combat dans une optique de libération nationale qui lui est propre, l'organisation arménienne se laisse manipuler par les services secrets syriens et soviétiques, en contrepartie d'un support matériel et financier. Ainsi trouve-t-on derrière l'attentat de l'aéroport d'Orly à Paris, le 15 juillet 1983, la main gantée de la Syrie.

La Syrie se manifeste également à Beyrouth par le soutien apporté à deux organisations limitant leur zone d'influence à cette région : la milice Amal et le Parti populaire syrien (PPS).

Créé en 1974, le ***mouvement Amal***, successeur politique du mouvement des déshérités, s'implante dans le Sud du Liban avec pour objectif de protéger le pays contre les assauts israéliens, puis palestiniens. Il participe aux massacres du printemps 1985 et à la «guerre des camps » de 1986. Le combat contre les Palestiniens amène Amal à entrer en conflit terroriste avec El-Fatah et le Hezbollah[182]. A partir de 1982, la tendance se double d'une

---

[182] Une grande partie des actions de ces mouvements s'inscrit dans un combat intra-organisations terroristes, fait d'explosions et d'enlèvements.

campagne contre les Etats-Unis et la France. En 1983, le ***mouvement Amal islamique,*** né d'une scission au sein d'Amal, s'illustre contre la présence militaire de ces deux pays. Puis le mouvement penche, en 1985, vers un nouveau type d'intervention : les attentats suicides dirigés contre les troupes israéliennes.

C'est également par l'action du ***Parti populaire syrien*** (PPS) que la Syrie tente d'imposer son autorité au Liban, par le biais d'opérations suicides. La reconnaissance acquise sur le terrain de combat comme dans le pays d'origine est proportionnelle au choc des attaques menées.

Mais le terrorisme pratiqué localement par Amal et par le PPS ne dépasse pas le niveau de l'amateurisme, avec des actions lancées au coup par coup et ne bénéficiant ni de l'intégration ni de la structuration de celles de leurs rivaux du Hezbollah ou de El-Fatah. Cette faiblesse s'explique par l'absence d'assise sociale. Or, ici comme ailleurs, ce critère est indispensable à la réussite et à la durée d'une entreprise de déstabilisation par le terrorisme dans une perspective de changement social et/ou politique.

Si le terrorisme d'organisation écran, prédominant dans les années 80, régresse, compte tenu des changements géopolitiques et des échecs rencontrés, on ne peut pour autant conclure à sa disparition. Le regain de l'islamisme dans les pays du Sud laisse augurer la manifestation d'un terrorisme religieux soutenu par certains Etats, comme le Soudan ou l'Iran.

VII.- L'ambition soudanaise

Le régime islamiste de ***Khartoum***, impopulaire auprès des Nations unies, est rangé dans le camps des « parias de l'Occident » au rang des « Etats terroristes », selon la classification américaine, aux côtés de la Libye et de l'Iran. Une accusation pèse contre lui : le Front national islamiste (FNI) accueillerait divers mouvements terroristes et pourrait commanditer des opérations de cette nature à l'étranger[183]. Le Soudan a vu évoluer sur son sol le mouvement des Frères musulmans qui, par implantation clandestine au fil du temps

---

[183] L'Ethiopie le soupçonne d'avoir commandité la tentative d'assassinat contre le président égyptien, en juin 1995.

dans les rouages de l'Etat, est parvenu à imposer la marque sunnite sur le pouvoir. L'influence islamiste du régime soudanais s'illustre sur quelques pays africains - Tchad et Kenya essentiellement - par un financement apporté au développement des centres de formation islamique, ainsi que par le soutien à la mise en place de réseaux islamiques de nature à exercer une pression sur les autorités nationales.

La stratégie politique du Soudan se place dans une optique régionaliste : en essayant de contrôler l'Erythrée, la Somalie et l'Ethiopie, les islamistes espèrent dominer la corne de l'Afrique. Cette position conduit le pays à privilégier l'action terroriste et à bénéficier de l'appui d'islamistes présents au Maghreb.

La position géographique stratégique du Soudan lui permet de servir de base arrière à nombre de mouvements islamistes terroristes, plaque tournante du trafic d'armes et de fonds. Ce refuge est apprécié des insurgés égyptiens, comme les Gama'at Islamiyya, qui préparent au Soudan des opérations exécutées en Egypte. Le Soudan noue également des relations d'intérêt avec des pays occidentaux à la faveur desquelles il tente de faire jouer ses influences et ses réseaux comme lors de la livraison du terroriste Carlos, en 1994, à la France ou des tentatives de médiation avec les islamistes algériens. Cette attitude inquiétante montre l'influence qu'est parvenue à acquérir Khartoum sur le monde arabe et la mouvance islamiste par ses relations tissées avec les organisations terroristes.

Aucun jugement n'a, jusqu'à ce jour, été rendu contre un Etat pour commandement d'opérations terroristes en territoire étranger, que ce soit par action des services secrets ou par un groupe activiste intermédiaire.

La seule exception est le dossier de l'explosion en vol d'un avion de la TWA, en Ecosse, en décembre 1988. Les Etats-Unis et la Grande-Bretagne obtiennent la mise en accusation de deux Libyens responsables de conspiration pour avoir détruit un avion civil américain utilisé pour le transport international de citoyens. Puis, au mois de mars 1999, après dix ans d'oppositions judiciaires et diplomatiques, la Libye donne son accord à la livraison de deux suspects afin qu'ils soient jugés aux Pays-Bas sous juridiction écossaise. Quant à l'affaire du DC10 d'UTA, qui a explosé au-dessus du Niger, en 1989, elle aboutit devant la cour d'assises spéciale de Paris, le 10 mars 1999, par la condamnation à perpétuité, par contumace, des six suspects libyens. Un progrès est certes réalisé par rapport à une époque où de telles affaires ne parvenaient pas à déboucher au judiciaire ; cependant il ne s'agit toujours pas de rendre un jugement pour acte de terrorisme contre un Etat, mais contre des ressortissants de cet Etat.

La situation pourrait évoluer grâce à la plainte déposée par l'association SOS Attentats contre la personne du chef de l'Etat libyen, plainte que la chambre d'accusation de la Cour d'appel de Paris a autorisé à instruire, à l'automne 2000, en estimant que « l'immunité accordée aux chefs d'Etat en exercice ne pouvait s'appliquer à des actes de terrorisme », contrairement à l'argumentation du ministère public. On ignore quelles seront les conséquences du mandat d'arrêt international délivré par le magistrat instructeur contre le colonel Kadhafi, dans une période où le gouvernement entend poursuivre la normalisation de ses rapports avec la Libye, pays qui, quelques semaines auparavant, a joué un rôle privilégié dans la libération des otages français détenus sur l'île de Jolo par le groupe philippin Abu Sayyaf.

Chapitre 4- Une internationale terroriste ?

Le terrorisme doit-il s'appréhender comme une pratique utilisée par des groupuscules autonomes, animés par des mobiles divers, ou serait-il l'élément d'un ensemble subversif mis en place à l'échelle planétaire ?

La multiplication, depuis les années 60, de mouvements contestataires ayant recours à la lutte armée clandestine pour tenter d'imposer leurs choix de société à l'Etat dans lequel ils vivent a pu laisser émerger l'idée d'un dénominateur commun entre ces nouvelles formes d'expression. La période de la guerre froide, au cours de laquelle se développent un discours et des actions à caractère révolutionnaire et anti-impérialiste, fait suspecter, par certains, l'existence à l'arrière-plan d'une manipulation exercée par l'Union soviétique, moyen de s'infiltrer à l'ouest et de déstabiliser l'Occident. En progression souterraine, une maladie rongerait le système de l'intérieur, de façon sournoise.

L'émergence, dans les années 70-80, de campagnes terroristes semant une terreur sanglante, la réislamisation des sociétés du Sud et, plus récemment, des communautés implantées en Occident ont laissé à nouveau présager de l'existence d'un courant islamiste unique commandé par une puissance occulte (l'Iran ? Un conglomérat de pays dits « terroristes » ?). Le manipulateur chercherait à déstabiliser les pays arabes, l'Occident et petit à petit l'ensemble du monde : attentats islamistes à Paris, New York, Le Caire, Alger, Delhi ; mouvements islamistes en Allemagne, en Grande-Bretagne, au Maghreb, dans le Golfe Persique, en Indonésie. A l'internationale rouge concomitante de la rivalité est-ouest succéderait une internationale verte avide d'étendre l'Oumma musulmane.

Liaisons entre organisations terroristes au plan structurel ou stratégique, liaisons entre organisations autonomes et Etats, liaisons occidentales, liaisons orientales, croisements

Orient/Occident, liaisons nationales, liaisons internationales, liaisons mafieuses, criminelles, de narcotrafic : ce jeu de réseaux hétéroclites, diffus, ponctuels ne signifie pas forcément l'unicité d'un circuit ou d'une direction.

Il semble hâtif d'en déduire, sur la base de leur idéologie commune, l'existence de liens internationaux de forte ampleur entre des groupes se mettant spontanément au service les uns des autres. Les difficultés rencontrées par un mouvement pour maintenir la cohésion dans ses rangs laisse perplexe quant à l'existence possible d'une orchestration unique de l'ensemble.

I.- Liens entre groupes occidentaux

S'il est exact qu'un vent gauchiste à visée révolutionnaire souffle, à la fin des années 60, des Etats-Unis à l'Asie en passant par l'Europe et l'Amérique latine, le terrorisme d'extrême gauche se veut un terrorisme purement étatique, mené à l'intérieur d'un Etat, par des membres de cet Etat, contre celui-ci.

Un échange intéressé

Les ***communistes combattants européens*** opérant en France, en Italie, en Allemagne, en Belgique, en Espagne se connaissent. Ils nouent des contacts sans pour autant mener de relations suivies, encore moins d'opérations conjointes.

Certaines organisations européennes, comme Action directe, ont besoin d'appuis logistiques étrangers : peu nombreux, ses membres disposent de peu de ressources et de matériels. Aussi, les communistes combattants italiens réfugiés en France font bénéficier AD d'un massif transfert de technologie.

Un obstacle au rapprochement entre groupes terroristes européens réside dans leur isolement, conséquence de leur très faible implantation sociale (quasi inexistante pour certains comme AD). Une clandestinité totale empêche toute ouverture en direction de l'étranger.

Dans les années 70, la première relation transeuropéenne est celle des terroristes allemands et italiens qui utilisent la Suisse et sa relative perméabilité pour se livrer à un commerce d'armes. C'est à ce niveau que les contacts internationaux se révèlent indispensables. Il est difficile de se procurer un matériel adéquat illicite au sein même de son Etat lorsque l'unique méthode consiste à voler des armes dans les dépôts publics ou privés.

Malgré les fortes analogies entre les Brigades rouges et la Fraction armée rouge qui auraient pu les amener à accroître leurs forces respectives, leurs relations demeurent marginales et épisodiques. De 1970 à 1982, leurs contacts ne débouchent jamais sur une alliance opérationnelle, sans doute par le fait que la RAF ne cherche ni à se poser comme représentant d'un courant particulier de la société, ni une légitimité extérieure. Les BR, quant à elles, situent leur combat révolutionnaire exclusivement à l'intérieur de l'Etat, ce qui ne les pousse à rechercher des contacts ni avec les organisations communistes, ni avec les organisations nationalistes dont elles estiment les projets divergents des siens.

Les liens établis entre les groupes communistes combattants sont également fonction de la proximité géographique des Etats au sein desquels ils opèrent. La RAF n'établit aucun lien avec l'ARJ ou les Wethermen américains, alors que les BR et la Gauche prolétarienne française constituent des partenaires potentiels[184].

Les organisations révolutionnaires adoptent la référence idéologique des Tupamaros uruguayens : la guérilla est bien latino-américaine même si la structure géopolitique européenne ne permet pas sa reproduction à l'identique.

La règle de ces organisations est de « jouer personnel » : dépourvues de tout objectif de transnationalité, elles n'œuvrent pas dans l'espoir, à terme, d'une révolution mondiale.

Pourtant, en 1982, face aux revers subis par les groupes terroristes révolutionnaires à travers l'Europe, la RAF pense pour la première fois qu'une union anti-impérialiste pourrait avoir des répercussions favorables, là où un ensemble d'individualités a échoué. L'organisation allemande lance un projet internationaliste à travers la constitution d'un Front anti-impérialiste en Europe occidentale. La résistance du « prolétariat international » vise à

[184] A l'intérieur même des mouvements gauchistes italiens a existé une liaison entre les BR et les NAP à travers la programmation de formes communes d'actions en un front uni. Toutefois, le décalage entre les deux au profit des BR s'est rapidement fait sentir, traduisant l'échec de toute unité opérationnelle.

coordonner groupes gauchistes et nationalistes dans l'optique de susciter un phénomène euroterroriste. Déstabilisateur de l'Etat, il devrait séduire les opinions publiques. L'initiative est ambitieuse. Elle se heurtera à l'indifférence des nationalistes et à une cohabitation aléatoire avec les communistes combattants.

Alors qu'une liaison étroite s'établit, de 1981 à 1983, entre AD et les « communistes organisés pour la libération du prolétariat italien » issu de Prima Linea, l'infériorité d'AD par rapport à la RAF place le groupe français sous la domination de l'organisation allemande dès 1985. Ils mettent en commun idéologie, logistique et renseignement, avec pour limite la confiance toute relative que la RAF place en AD qu'elle juge peu professionnelle. Le rapprochement des deux organisations se scelle officiellement, le 15 janvier 1985, par la diffusion d'un communiqué franco-allemand intitulé « Pour l'unité des révolutionnaires en Europe occidentale ». AD voit là une reconnaissance politique du combat mené, elle qui était laissée jusque-là à l'arrière-plan par les organisations communistes combattantes. L'assassinat du général Audran revendiqué par le commando Elisabeth Van Dick-Action directe, du nom d'une militante de la RAF abattue, est le signe d'une liaison qui se voudrait officiellement tactique entre les deux groupuscules. La même année, une explosion sur la base américaine Rhein-Main de Francfort, revendiquée à nouveau par AD et la RAF, atteste de la persistance dans cette voie. L'innovation ne doit pas laisser croire à l'existence d'une fusion opérationnelle entre les deux organisations. Des échanges de renseignements et de moyens logistiques auraient constitué les enjeux réels de la liaison[185].

La RAF ne trouve que peu d'enthousiasme à son projet du côté des CCC belges qui n'entendent pas cohabiter avec un groupe comme AD qualifié péjorativement « d'anarchiste ».

Malgré le soutien apporté par les organisations italiennes à l'alliance RAF-AD, le Front promu par la RAF ne remporte pas l'adhésion unanime qu'il recherchait. Il se limite rapidement à un binôme Allemagne-France chancelant, pour s'évanouir avec l'arrestation des leaders d'AD en 1987 et la disparition du groupe.

---

[185] L'incertitude de l'alliance visée oblige à employer le conditionnel.

Pourtant, l'ambition du Front unique ne prend pas totalement fin. Postérieurement, le groupe allemand tente d'ouvrir un second front en se rapprochant des BR ; une tentative éphémère en raison de la neutralisation de l'organisation italienne en 1988. La RAF aurait tenté de reconstruire un lien avec les GRAPO espagnols, mais en vain[186].

La tentative de mobilisation contre l'impérialisme se solde par un échec, dernier souffle avant l'expiration du terrorisme fustigeant cette idéologie. La RAF a vu dans le réseau la solution de dernier recours par laquelle elle a cru pouvoir se renforcer. Or, agir en réseau dépend d'un ensemble de conditions qui ici faisaient défaut.

L'Amérique latine connaît l'existence d'une liaison établie entre les groupes terroristes, issue de l'organisation révolutionnaire, *La tricontinentale*. Créée à Cuba en 1966, elle réunit les mouvements castristes du continent sud-américain.

La coopération impulsée entre les mouvements révolutionnaires latino-américains prend forme par l'organisation de rencontres. L'une d'elle, en février 1970, se déroule en Argentine entre les Tupamaros d'Uruguay, le MIR chilien, l'ELN bolivien, l'ERP argentin. Elle donne le jour à un conseil révolutionnaire de coordination destiné à faciliter la réalisation d'opérations conjointes de grande envergure, comme à procurer un appui financier. Se dessine, entre groupuscules terroristes, un lien effectif basé sur l'idéologie commune, qui les amène à s'allier au-delà des frontières pour la révolution qu'ils veulent au moins régionale. Il s'agit du seul essai de coopération suivie entre organisations. La conférence permet de dégager des thèmes révolutionnaires qui ont de fortes répercussions sur les organisations gauchistes émergeant en Europe. Des membres de la bande à Baader, des Brigades rouges, de l'ETA ou encore de l'IRA auraient, sans distinction, bénéficié de stages de formation à la lutte clandestine dans les camps cubains, à partir desquels devait

---

[186] Alexander Yonah, *Europe's red terrorists*, Londres, Cass, 1992, 258p.

être lancée une guérilla internationale[187]. Les rapports étroits entre Cuba et l'URSS auraient permis à celle-ci d'assurer la fourniture en armes nécessaires à l'entraînement des guérilleros puis aux opérations.

Une influence stratégique

Des liens ont-ils été noués entre groupes indépendantistes agissant en Europe ?

Les liaisons établies entre mouvements nationalistes européens s'expliquent, en premier lieu, par l'idéologie commune poursuivie. A partir d'elle, les soutiens logistiques ou financiers se justifient. Chacun conserve son autonomie. Il ne s'agit en aucun cas pour l'ETA, l'IRA ou encore le FLNC de mener des opérations en commun, mais uniquement de constituer un réseau de solidarité idéologique et d'entraide logistique. Les séparatistes corses sont, au milieu des années 80, ouverts à la tenue de rencontres avec les organisations politiques représentatives des mouvements de libération nationale irlandais, basques, arméniens, kurdes. Les nationalistes basques et irlandais fournissent un modèle au FLNC. Ils disposent de l'expérience et agissent dans une même perspective : imposer à l'Etat une guerre d'usure qui, à terme, débouchera sur l'indépendance.

Des appuis ont lieu entre l'ETA et les Corses, les Bretons, les Kurdes, l'IRA, mais aussi au-delà le FLQ et les Palestiniens. Ils se révèlent idéologiques mais aussi tactiques : échanges d'armes, de techniques et entraînements dans les camps palestiniens.

L'ETA et l'IRA entretiennent des rapports fréquents et fructueux : réunions au cours des années 70[188], entraînement des activistes de l'ETA à Dublin et en Ulster. A la même période, s'organise un transit d'armes à destination de l'IRA en provenance des groupes nationalistes français et européens et au-delà, puisque des armes passant par la Bretagne et l'Espagne arrivent en Irlande,

---

[187] Sterling Claire, *The terror network : the secret war of international terrorism*, Londres, Weidenfeld and Nicolson, 1981, 357p.

[188] En janvier 1972 se tient une réunion entre l'IRA et l'ETA au centre espagnol de Londres pour aborder des sujets de logistiques.

sans compter le soutien oriental, canadien et en provenance de l'Europe de l'Est. Le combat révolutionnaire irlandais trouve des appuis en France avec le Comité français pour la libération du peuple irlandais et en Espagne grâce à la forte activité logistique de l'ETA. La présence aux Etats-Unis d'une importante communauté irlandaise permet à ce pays de fournir un apport financier à la cause des nationalistes de l'Ulster. Le *New Republic* du 8 octobre 1975 souligne « les subventions considérables fournies par les Américains d'origine irlandaise », rendues responsables du développement du terrorisme en Irlande.

L'implantation sociale du mouvement, basée sur la légitimité de l'idéologie défendue, lui permet de bénéficier de soutiens divers à l'échelle internationale. Récemment les liens de solidarité entre des Basques réfugiés sur le territoire français et des nationalistes bretons ont été mis en cause[189]. La Bretagne servirait de base arrière aux terroristes espagnols cherchant à se faire oublier ou à se reconstruire (vols d'explosifs par des membres de l'Armée révolutionnaire bretonne au profit de l'ETA ou par des commandos composés de membres de l'Armée révolutionnaire bretonne et de l'ETA). Cette pratique est ancrée dans une tradition d'hospitalité développée au long des années 70-80, conséquence de la présence accrue de réfugiés basques dans la région. L'originalité de l'entraide tient à ce qu'elle joue non seulement entre un groupe clandestin violent et une organisation subversive, mais aussi entre un groupe clandestin violent et une frange de la population bretonne sensibilisée par une cause défendue dans un territoire étranger. Le vecteur idéologique revêt un rôle essentiel dans l'aménagement de réseaux nationalistes.

---

[189] Depuis 1992, 216 personnes ont été interpellées pour avoir « aidé » des clandestins basques. Des filières bretonnes de l'ETA ont été jugées en novembre 1996 et en mars 1997.

Quelques relations croisées

Les relations entre les mouvements nationalistes et les groupes d'extrême gauche restent ambiguës. Si les mouvements de guérilla urbaine sont attirés par les groupes nationalistes, l'inverse n'a pas lieu. L'ETA comme l'IRA, avides d'autonomie, refusent de s'allier, de quelque façon que ce soit, avec les groupes gauchistes dans un mouvement « euroterroriste ». La finalité poursuivie est dissemblable : si les deux mouvements s'élèvent violemment contre l'Etat, les nationalistes inscrivent leur action dans la recherche d'un soutien des masses que l'extrême gauche ignore.

Il est arrivé qu'à l'échelon logistique des échanges en armes ou faux papiers aient lieu entre les Basques et les groupes terroristes italiens. Mais il ne s'agit là que d'un échange d'intérêts favorable à l'organisation terroriste la mieux implantée, à savoir l'ETA. Les rares contacts que les organisations nationalistes nouent avec les OCC relèvent d'une stricte opportunité[190].

II.- Réseaux au Moyen et Proche-Orient

L'apparition dans le Sud de mouvements contestataires (nationalistes, religieux ou politiques), ayant recours au terrorisme pour tenter d'imposer leurs propres valeurs, favorise l'essor de liaisons stratégiques entre groupuscules terroristes au-delà de toute référence idéologique commune. Les unit la révolte clandestine et violente de minorités contre l'étouffement d'un pouvoir.

Les groupes terroristes moyen et proche-orientaux, mais aussi les Etats qui soutiennent cette pratique, adoptent une stratégie qui tire profit du soutien mutuel au niveau de l'entraînement, de la fourniture logistique, du matériel (planques, relais). La notion de réseau terroriste prend tout son sens dans cette zone géographique : réseaux familiaux, amicaux, professionnels représentent autant de

[190] Un comité de solidarité ouest-allemand à l'Irlande est instauré en 1972 par des partisans du groupe Baader-Meinhof. Il apporte son soutien à l'IRA officielle pendant plusieurs années.

moyens pour une organisation de s'implanter, tout en respectant la clandestinité par un cloisonnement des noyaux.

L'internationalisation de l'action favorise ce type de fonctionnement. Dès qu'il s'agit de porter ces opérations dans une sphère géographique inconnue, des relais deviennent indispensables. Au-delà, la complexité des intérêts politiques et géopolitiques de la région poussent aux alliances entre des mouvements, parfois aux intérêts divergents (rôle joué par la Syrie dans la situation libanaise). Enfin, une solidarité culturelle joue certainement.

De l'entraînement à l'assistance stratégique

L'entraînement est le domaine où la coopération est la plus intense. L'apprentissage et la mise à niveau posent problème à l'ensemble des organisations terroristes. Il est difficile pour un groupe contestataire dans un Etat démocratique de parvenir, dans la clandestinité, à disposer de terrains géographiques adéquats sans éveiller l'attention des services de sécurité. En outre, une formation ne s'acquiert que par l'expérience d'autrui. Or, pour des novices en la matière, souvent passés des campus universitaires à l'action violente, les manuels de Marighella ou les préceptes de Castro s'avèrent rapidement insuffisants.

Ce sont dans des aires géographiques troublées par des conflits ou sous la coupe d'Etats favorables à la pratique terroriste que des camps d'entraînement s'établissent. Au cours des années 70-80, au Liban, en proie à la guerre civile, ainsi qu'en Afghanistan s'affrontent des groupes s'essayant à l'action armée clandestine. L'importante présence de Palestiniens dans cette zone offre des aires de formation inégalées aux terroristes du monde entier. Le caractère transnational de leur terrorisme appelle à l'émergence d'une telle entraide. La plaine de la Bekaa, au Liban, devient l'école du terrorisme, passage obligé de toute organisation voulant acquérir un certain professionnalisme. L'entraînement, fourni essentiellement par le FPLP, est dispensé au-delà des idéologies et en échange de quelques services : des paiements en nature, comme l'appui apporté aux Palestiniens dans l'exportation de leur violence dans le monde arabe et en Occident. Des groupes occidentaux gauchistes ou nationalistes fournissent ainsi un support (facilités d'accès en Europe) à des groupes palestiniens. Ils vont plus loin encore, en effectuant certaines opérations en accord avec les terroristes palestiniens ou pour leur compte contre des cibles intéressant la cause palestinienne. On voit AD s'en prendre aux intérêts juifs français ; les membres de la RAF fournir un appui à Septembre noir à l'occasion du massacre de Munich en 1972 ; ou des Allemands et des Palestiniens se joindre à Carlos dans la prise d'otages des membres de l'OPEP à Vienne en 1975.

Le conflit afghan, quant à lui, attire des combattants de toute nationalité rejoignant les rangs de la résistance et forme à la guérilla et au terrorisme de jeunes musulmans venus du Maghreb ou du Machrek. Ceux-ci mettront, par la suite, leur expérience au service de causes religieuses ou nationalistes (islamisme algérien, islamisme et nationalisme bosniaques ou encore cachemiris).

Plus récemment, le conflit bosniaque offre un terrain d'entraînement et d'apprentissage similaire à des individus mettant leur expérience au profit de la mouvance islamiste algérienne[191]. La mondialisation du terrorisme débouche sur une internationalisation de terroristes parcourant le monde pour acquérir une formation et mettre les connaissances acquises au service d'une cause idéologique. Les mêmes personnes formées en Afghanistan ou en Bosnie se placent indistinctement au service de la lutte armée et de l'islam, en quelques parties du monde. On assiste à l'apparition de jeunes mercenaires apatrides qui, à la différence d'un Carlos des années 70, deviennent les bras d'une organisation et non le cerveau.

En dehors des zones de conflits qui ont l'avantage d'être d'un accès facile et d'une couverture adéquate, la formation terroriste a été dispensée par des pays comme la Libye, l'Iran, le Sud Yémen,

---

[191] L'affaire de Roubaix, en mars 1996, (fusillade au cours de laquelle cinq malfaiteurs recherchés dans une affaire de grand banditisme trouvent la mort) met en lumière l'existence de filières bosniaques au sein desquelles de jeunes musulmans maghrébins vivant en France, voire des Français de souche, apprennent le maniement des armes et explosifs pour revenir en faire usage en Occident.

la Syrie, Cuba ou la Corée du Nord. L'existence de tels sanctuaires est primordiale. Ces pays servent de bases arrières acceptant sur leur sol la présence de groupuscules assurant dans l'espace géographique alloué l'entraînement des novices. Le Sud Yémen abrite un camp du FPLP qui entraîne les membres d'organisations communistes et les membres de l'ETA. Ce séjour permet à ces derniers, au printemps 1980, de s'initier à l'utilisation de bombes à déclenchement télécommandé. Au long de la décennie, la Syrie sert également de lieu d'entraînement aux terroristes turcs.

Le réseau relationnel créé poursuit un objectif plus large que le seul entraînement : il tend à améliorer la crédibilité des organisations face au milieu extérieur. La coopération comprend l'échange d'informations tactiques, de faux papiers, la fourniture d'armes et d'équipements, l'aide apportée aux membres d'un groupe à la suite d'une opération, la réalisation d'opérations pour le compte des uns ou des autres et les opérations conjointes.

C'est essentiellement par le trafic d'armes que les relations et, si l'on peut dire, la solidarité entre organisations terroristes et entre Etats et organisations terroristes se développent. Les Etats proche et moyen orientaux s'avèrent les plus aptes à procurer de la logistique puisqu'ils disposent, par leur position géographique, d'un marché florissant. Outre l'acquisition se pose le problème de l'acheminement de stocks d'armes clandestins à travers des milliers de kilomètres, au cœur de pays démocratiques protégés par un dispositif sécuritaire rigoureux. Les organisations présentes dans ces pays rendent cet acheminement possible. Ainsi se créent par nécessité des liaisons entre organisations terroristes, Etats commanditaires, voire sympathisants civils à la cause. Dans ce réseau se croisent des éléments agissant pour des motifs différents : solidarité (groupes), idéologie (sympathisants), intérêts tactiques (Etats). Dans ce double jeu, chacun croit tirer parti de l'autre. L'exemple de l'IRA est significatif : les armes livrées à l'organisation, au début des années 80, proviennent de l'OLP via la Syrie et la Libye, vers le Canada où le FLQ les transfère au Havre d'où elles sont livrées à l'IRA. Autre illustration : la Libye met à disposition des organisations ses ambassades implantées dans les pays occidentaux[192].

Pour bénéficier d'une efficacité maximale, nouer des liens avec des partenaires puissants devient indispensable[193].

La tentation de l'Occident

Les groupes moyen et proche-orientaux, friands d'attaques terroristes en Occident, comprennent leur intérêt à nouer des contacts avec les mouvements terroristes locaux. Carlos, dans sa stratégie d'implantation en France, tente d'entrer en relation avec les groupes séparatistes européens basques, bretons, croates, irlandais, corses, mais également avec les Turcs présents à Paris.

L'implantation d'Abou Nidal, en France, est facilitée par des contacts suivis avec AD qui permettent à l'organisation terroriste de disposer plus aisément d'une base française. Le procès d'AD aurait permis de mettre en lumière le rôle du groupe Abou Nidal dans certaines de leurs opérations[194]. Bien que les relations entretenues par le groupe français avec les organisations étrangères aient toujours été aléatoires à cause de l'amateurisme de ses membres, les rapports entretenus par AD avec le Proche-Orient sont visibles dans le type d'armes utilisé lors d'actions anti-israéliennes à Paris[195]. Les FARL, qui mènent entre 1981 et 1984 plusieurs opérations en France contre des cibles israéliennes, nouent des contacts avec les communistes combattants européens, donc en France avec AD. L'assassinat de Yacov Barsimentov, deuxième secrétaire de l'ambassade d'Israël, l'illustre : communiqué de revendication distribué par les membres d'AD,

---

[192] C'est par valise diplomatique que les auteurs de la tuerie de Munich, en 1972, reçoivent les armes de l'opération.

[193] Les soutiens logistiques entre Etats et organisations apparaissent dans la nature des explosifs ou des armes utilisés lors d'attentats. Les similitudes des matières employées par des groupes agissant sous des étiquettes différentes témoignent de la présence de filières d'approvisionnement identiques. Des combattants palestiniens et des membres de l'IRA ont utilisé des explosifs provenant d'un même stock possédé par la Libye.

[194] Melman Yossi, *Le mystère Abou Nidal,* Paris, Hermé, 1987, 275p.

[195] Affaire de la rue Borrégo à Paris où une arme utilisée pour le mitraillage de la façade de la mission d'achat israélienne, le 31 mars 1982, est découverte dans une cache d'armes d'AD.

impression des communiqués par la même société qu'utilise AD, défense d'une idéologie anti-impérialiste voisine de celle du groupe français. Abou Nidal, quant à lui, noue également des liens avec certaines organisations italiennes.

Mais les contacts avec les groupes étrangers restent superficiels, purement tactiques et logistiques, ils ne vont en aucun cas jusqu'à échanger des militants ou commettre des opérations conjointes. L'emploi des terroristes locaux ne répond, pour ces organisations écrans, qu'à un intérêt stratégique et opportuniste.

Les Palestiniens et la mouvance transnationale

Des membres des organisations palestiniennes et de l'OLP enseignent leurs connaissances jusque dans les camps d'Amérique latine, dont certains sont dirigés directement par des Palestiniens. Cette participation à la mouvance terroriste à l'échelle planétaire s'inscrit dans le courant d'une révolution mondiale dirigée contre l'impérialisme. Il s'agit d'appuyer toute entreprise de déstabilisation de l'Occident et d'encourager la révolte, la conquête par la force d'un changement perçu comme légitime.

Après des débuts aléatoires où quelques militants gagnent les camps palestiniens à titre individuel pour apprendre à manier la Kalachnikov, la formation politico-militaire dispensée aux européens devient possible à partir de 1973 avec l'installation de l'OLP au Liban. Un centre d'entraînement structuré se met en place.

Son influence se ressent sur l'ensemble des groupuscules terroristes présents sur la scène internationale dans les décennies 70-80 quelle que soit l'idéologie défendue. Des activistes originaires du Pakistan, de l'Inde, du Sri Lanka, du Soudan, du Niger, du Mali, de Turquie, d'Italie, d'Allemagne, d'Espagne, d'Irlande, du Nicaragua se sont croisés, il y a une quinzaine d'années, dans les camps palestiniens de la plaine de la Bekaa, non pas comme des fedayins dévoués à la cause palestinienne, mais comme des combattants venus suivre un entraînement rigoureux chez les spécialistes mondiaux en la matière[196].

Toutefois, certains éléments venus s'entraîner dans les camps se laissent séduire par la cause palestinienne. Le groupe Septembre noir recrute dans ses rangs des gauchistes venant des Wethermen américains, de l'ARJ ou encore des nationalistes de l'IRA. Au début des années 70, apparaissent, en France et en Allemagne, des comités de soutien idéologique à la cause palestinienne. Sporadiquement, ci-et-là, éclôt un soutien opérationnel. Le Mouvement du 2 Juin allemand participe au détournement d'un avion d'Air France sur l'aéroport d'Entebbe, en été 1976, organisé par Carlos et des Palestiniens. La coopération directe de Wilfried Bose et Brigitte Kulhman, recrutés par Carlos, est le point culminant de la participation terroriste est-allemande à des actions palestiniennes[197].

La RAF a toujours eu pour règle de cantonner ses opérations au territoire national et de ne pas défendre une cause autre que la sienne, même si, à côté de cela, elle noue des rapports avec les organisations palestiniennes pour résoudre des problèmes d'infrastructure. Les relations nouées par les Palestiniens avec les membres de la bande à Baader passent soit par des séjours dans les camps d'entraînement d'El-Fatah en Jordanie et en Syrie, soit par la fourniture d'armes. Georges Habache, chef du FPLP, escompte par de tels contacts ouvrir un front de combat au cœur de l'Europe.

La seule exception est l'emploi particulier et unique que la RAF fait des Palestiniens à l'occasion du détournement d'un avion sur Mogadiscio en 1977. Cette opération, effectuée à l'initiative de l'organisation allemande, bénéficie de l'expérience que possèdent les Palestiniens dans ce type d'action[198].

---

[196] Mais très vite la concurrence s'avive entre les camps des Palestiniens d'El-Fatah et ceux des groupuscules en marge de l'OLP.

[197] Notons, la participation des Allemands Hans Souchim-Klein et Gabriele Krocher-Tiednnam à l'attaque de la conférence de l'OPEP à Vienne en 1975.

[198] L'enlèvement retentissant de Schleyer en Allemagne par la RAF incite les Palestiniens à s'associer à une opération de cette organisation pour faire valoir leur cause à travers la notoriété du groupe allemand.

Le rayonnement du terrorisme palestinien se veut planétaire dès sa création. Une forte correspondance s'établit à l'échelle bilatérale entre le groupe marxiste-léniniste asiatique ARJ et le FPLP. Plusieurs comités de soutien au peuple palestinien, comme le « comité Kansai d'aide au peuple palestinien » ou, en 1976, le « comité préparatoire pour le comité palestino-arabe » soutiennent l'ARJ. Le FPLP fournit également un appui logistique et une formation aux Japonais. En échange, les Palestiniens bénéficient de la coopération opérationnelle de l'ARJ. La plus célèbre opération de soutien à la cause palestinienne est le massacre de l'aéroport de Lodz. La liaison établie va plus loin que celle nouée avec les organisations européennes, car s'observe un chassé-croisé de l'enseignement professé au Proche-Orient et au Japon. De son côté, le FPLP ouvre son camp d'entraînement de Baalbeck aux membres de l'ARJ et organise dans le camp de réfugiés de Baddari des réunions auxquelles le responsable de l'ARJ, Fusako Shigenobu, est convié. Réciproquement l'adjoint de Habache, Bassam, est envoyé au Japon avec pour mission d'instruire les militants de l'organisation japonaise sur les multiples façons d'opérer un détournement d'avion. A la même époque un bureau du FPLP s'ouvre à Tokyo.

L'ARJ, transformée en disciple de l'organisation palestinienne, est poussée à mener des actions en faveur de la cause palestinienne, alors qu'à l'origine son combat est d'obédience marxiste révolutionnaire. Un transfert est opéré entre le soutien fourni et l'appui stratégique donné à l'organisme de formation. En décembre 1970, un détournement d'avion d'El Al sur l'aéroport de New York, qui échoue, est organisé par Leila Khaled et un chef féminin de l'ARJ. En juillet 1973, le détournement d'un Boeing japonais vers Benghazi en Libye est mené par un groupe terroriste composé d'un Japonais et de quatre Palestiniens. Une collusion semblable se retrouve lors de l'attentat contre l'ambassade de France à La Haye en 1974. Ce type de jonction est unique en matière d'opération terroriste, chaque groupe tenant habituellement à conserver jalousement son autonomie et la paternité de ses actions. Les opérations conjointes de l'ARJ et du FPLP atteignent le sommet de l'internationalisation de la pratique terroriste : les militants d'organisations idéologiquement et géographiquement distinctes se lient pour mener une action contre un intérêt étranger dans un Etat tiers.

L'ARJ, peut-être en raison de son isolement géographique, a toujours cherché à entrer en contact avec des organisations terroristes de par le monde, quelle que soit l'idéologie poursuivie, comme El-Fatah, la Saïka, le FPLP, le groupe Ahmed Jibril, la bande à Baader-Meinhof, l'IRA, les Black Panthers américains ou encore les groupes latino-américains.

Les organisations palestiniennes nouent également des liens avec les mouvements nationalistes et indépendantistes européens. Depuis 1968, une coopération épisodique s'instaure entre le FPLP et l'IRA, avec l'envoi de militants irlandais dans les camps palestiniens de Jordanie pour acquérir une formation terroriste. Cette assistance vaut aux Palestiniens d'obtenir le soutien des nationalistes irlandais. Ce sont sûrement les liens IRA-FPLP qui s'avèrent les plus opérants, même si l'on note le séjour au Liban, en février 1978, de membres du FLNC, s'initiant aux techniques de sabotage.

Quand à l'ASALA, sa transnationalité la pousse à concevoir l'action comme étroitement liée à la perspective de déstabilisation d'un équilibre régional qu'elle conteste. En 1979, à la suite d'une campagne d'attaques à la bombe contre des compagnies aériennes occidentales, elle annonce sa coopération logistique et opérationnelle avec des groupes terroristes palestiniens, mettant ainsi ses compétences au service d'une cause distincte de la sienne, comme elle l'avait déjà fait avec les services libyens. La complicité entre ces deux organisations se retrouve dans les revendications d'attentats commis contre la compagnie israélienne El Al à Rome, en 1980. Elle apparaît, à nouveau, dans les relevés balistiques des attentats menés, à Paris, en 1980, contre des intérêts turcs et israéliens.

Au départ proche de El-Fatah, l'ASALA penche par la suite en faveur d'une action plus radicale, qui la conduit à se rapprocher de tendances comme le FPLP et le FPLP-CG.

Bref, les Palestiniens aident l'ASALA contre les Turcs et l'ASALA aide les Palestiniens contre les Israéliens et les

Occidentaux[199]. La déstabilisation provoquée par les uns n'est pas sans intérêt pour les autres.

Après l'invasion du Liban par Israël, l'organisation arménienne est contrainte de se replier vers la Syrie, l'Iran, la Libye, Chypre ou la Grèce. Ces nouveaux terrains de repli la mettent en liaison avec des Etats recourant à la politique de la terreur. Le moment venu, ils feront appel à ses services (Syrie).

III.- Les appuis étatiques

Portés par des idéologies et stratégies radicales comme la lutte contre le capitalisme, l'impérialisme, le sionisme, les groupes terroristes font le jeu d'Etats partisans de la propagation de conflits de faible intensité. Pour l'Iran, l'Irak, la Syrie, la Libye, le Yémen du Sud, la Corée du Nord, Cuba, voire certains pays de l'Europe de l'Est, tout groupe susceptible de déstabiliser l'équilibre géopolitique régional mérite de recevoir une aide dans son entreprise.

Les réseaux de soutien étatiques bénéficient à l'ensemble des groupuscules quelle que soit l'idéologie défendue. Ils opèrent dans une dimension beaucoup plus vaste que celle des réseaux inter-groupusculaires.

Outre l'assistance stratégique, l'aide logistique et l'entraînement, les Etats apportent aux groupuscules une alliance idéologique, un support de propagande, une assistance diplomatique, un sanctuaire géographique, une aide financière, des renseignements opératoires[200]. Parmi ces modes d'intervention, les Etats privilégient l'aide financière, totale ou partielle, la fourniture d'armes et le sanctuaire de repli ou de préparation, notamment par le droit d'asile, parfois jusque dans les ambassades.

L'aide financière est d'une importance cruciale pour le terrorisme international. Sans l'appui de ces financiers, le

---

[199] L'ASALA entretient également des liens avec les groupes turcs, comme *l'Armée de libération de la Turquie et du Kurdistan du Nord* (PKKKO). Bien que ces liens ne soient pas de l'ampleur de ceux qui existent avec les Palestiniens, ils permettent des opérations conjointes contre le territoire turc.

[200] Ce soutien provient parfois d'Etats démocratiques apportant leur aide à des personnes persécutées : les relations de la France avec les réfugiés basques s'inscrivent pendant des années dans cette logique.

terrorisme international ne pourrait se développer et les organisations internes, comme l'IRA, manqueraient de matériel d'assaut comme de technologies à opposer aux services de sécurité. Mais la contrepartie de ce procédé est la dépendance créée vis-à-vis de l'Etat bailleur. Pour cette raison, les groupes cherchent à côté une plus grande autonomie en recourant à l'extorsion, au vol ou au trafic de drogue.

L'aide reçue par une organisation n'est pas limitée à une source unique : des groupes professionnels comme Abou Nidal reçoivent un soutien considérable incluant entraînement, assistance logistique, aide financière de l'Irak, de la Syrie, puis de la Libye.

La **Libye** se manifeste par une aide logistique en armes sophistiquées, missiles et explosifs de type semtex, plastic ou TNT, mais aussi en matériel d'appoint : détonateurs, silencieux, faux passeports. De telles livraisons s'opèrent à destination du groupe Abou Nidal, des mouvements palestiniens tels le FPLP ou El-Fatah. Une aide toute particulière est accordée par Kadhafi à Abou Nidal en raison de son grand professionnalisme, de la réussite et de la violence de ses opérations, comme de ses prises de position contre le processus de paix israélo-arabe. La Libye apporte son soutien logistique aux mouvements de libération nationale occidentaux (basques, corses irlandais). Certains membres de l'ETA reçoivent un entraînement sur place. Au cours des années 70, des relations étroites se construisent entre la Libye et les nationalistes irlandais faites d'échanges : envois d'instructeurs irlandais en Libye, agents libyens prenant des contacts à Dublin, livraison d'armes par cargo sur les côtes irlandaises. Cet appui s'étend, à travers le monde, à l'ASALA, aux Moros des Philippines ou encore au Ku Klux Klan.

Pays d'accueil de tous les terroristes, la Libye ne tente guère de gommer cette image. Elle se plaît à donner refuge à de célèbres terroristes internationaux comme Carlos. La politique de soutien s'insère dans l'ambition de Kadhafi de dominer et d'unifier le monde arabe. Tout mouvement qui déstabilise l'ordre politique mondial sert sa cause. A la fin des années 80, Kadhafi tente d'établir un lien avec des militants révolutionnaires soudanais, en fournissant fonds, armes et entraînement, dans l'optique qu'un gouvernement se formera un jour au Soudan sur le modèle libyen. Ce rôle est rendu possible par sa richesse pétrolière : la moitié des neuf milliards de dollars perçus chaque année serait consacrée au terrorisme international[201]. Cette somme se répartit entre le financement des opérations directement commandées par la Libye et le soutien apporté aux organisations terroristes à travers le monde. L'aide est proportionnée à la réussite des opérations conduites par les groupuscules aidés. La Libye mise sur les « meilleurs chevaux » ; pour cette raison, les sanglants attentats réalisés par Abou Nidal permettent à l'organisation de recevoir annuellement cinq millions de dollars. La persistance du conflit nord-irlandais et la capacité « exemplaire » de l'IRA de s'imposer face aux autorités britanniques ou encore la ténacité de l'ETA leur ont permis de bénéficier d'un appréciable soutien du colonel. Les BR et la RAF auraient également reçu leur part du budget annuel de la Libye.

L'Etat libyen noue, dans les années 70, des liens avec les mouvements islamistes indépendantistes philippins. Avide d'exporter son modèle révolutionnaire des rivages de l'Afrique aux îles asiatiques, le colonel Kadhafi vient en aide au Front Moro de libération nationale en mettant les camps d'entraînement libyens à disposition des combattants du FMLN et en soutenant financièrement et militairement le mouvement musulman. La tutelle ainsi installée n'a de raison de cesser ni avec le FMIL, ni avec la frange radicale Abu Sayyaf. Soucieux de poursuivre sa politique dans un espace convoité par d'autres Etats du Machrek comme l'Arabie Saoudite ou la Syrie, le chef de l'Etat libyen tire partie, au cours de l'année 2000, de l'affaire des otages de Jolo, pour se rapprocher d'Abu Sayyaf, en servant d'intermédiaire avec les Etats occidentaux, soucieux de récupérer au plus vite et sains et saufs leurs ressortissants détenus. Seul interlocuteur accepté par les rebelles, la Libye joue un rôle ambigu parce qu'essentiel, dans le déroulement de l'affaire. Est-ce là, en arrière-plan, une nouvelle expression du soutien apporté aux entreprises de déstabilisation

---

[201] Labin Suzanne, *Les Etats terroristes et la guerre des lâches*, Paris, auto-édition, 1987, 159p.

régionale ? Kadhafi a-t-il tronqué l'affiche d'un sponsor des causes défendues par la violence pour l'habit d'un Machiavel paré des attraits du bon samaritain, pour mieux feindre ? Derrière l'œuvre de charité humanitaire se camoufle-t-il une nouvelle et discrète forme du soutien politico-criminel ?

Fonds, terrains d'entraînement, armes, sont mis par l'**Iran** à la disposition des mouvements islamistes et palestiniens opérant au Proche et au Moyen-Orient, en Occident, puis en Bosnie. L'Etat islamique étend son soutien à des mouvements contre les puissances qui entravent sa progression : Israël et les Occidentaux, les Etats-Unis et la France. Le successeur de l'ayatollah Khomeyni, Ali Khamenei, fustige, en janvier 1992, les Etats-Unis et Israël «ennemis de l'islam ».

Cependant, la liaison étroite entre l'Iran et l'OLP s'altère. Durant le conflit Iran/Irak, l'OLP se rapproche de l'Irak, tandis que l'Iran s'allie à la Syrie. Les réseaux d'intérêts prédominent.

Puis, l'essor du processus de paix israélo-palestinien renforce l'Iran dans son combat antisioniste. Il soutient alors le Hezbollah libanais et les groupes palestiniens opposés à l'accord de Washington. L'appui est d'autant plus enthousiaste qu'une connotation islamiste est venue se mêler à la conviction nationaliste des mouvements palestiniens. Téhéran affréterait des avions-cargos chargés d'armes à destination des milices chiites du Hezbollah, via la Syrie, pays sponsor de l'organisation fondamentaliste[202].

Le régime iranien aide également la Turquie, pays où il s'efforce de développer une base islamiste. La Turquie aurait ainsi servi de transit aux terroristes iraniens cherchant à s'infiltrer en Occident pour assassiner Chapour Bakhtiar.

La réislamisation des sociétés du Sud au cours de la décennie 90 ne laisse pas l'Iran indifférent, alors même que sa politique d'exportation de la révolution stagne du fait des difficultés économiques auxquelles le pays est confronté. En 1995, le « Conseil iranien de sécurité » aurait approuvé un budget de

[202] *Los Angeles Time*, 19 avril 1996.

financement de trois millions de dollars pour une vingtaine de mouvements intégristes se réclamant d'un islam radical[203].

Soutien et stimulant de mouvements terroristes islamistes indépendants apparus à travers le monde, l'Iran troque l'habit de guide contre celui d'assistant de l'ombre.

D'autres Etats tiennent une place non négligeable dans l'aide apportée au terrorisme à l'échelle mondiale. La **Syrie** soutient Abou Nidal, l'ASALA, le FPLP, les FARL, le FDLP. Le régime d'Afez el-Assad offre un refuge appréciable aux activistes.

Le **Yémen du Sud** offre, au long des années 70, un terrain d'entraînement privilégié pour les terroristes de tous bords[204]. Le Sud Yémen devient la plaque tournante de la formation des rebelles et des révolutionnaires : Iraniens désireux de renverser le Shah, corps d'élite palestiniens, Turcs, Irlandais, Espagnols, Sud-Américains, Italiens, Japonais, Belges, Allemands passent par ces camps. La formation très efficace leur permet au retour de mener des opérations de grande envergure.

L'**Irak** et la **Corée du Nord** apportent leur soutien à Abou Nidal et à certaines organisations palestiniennes.

Enfin, les groupes latino-américains bénéficient de l'aide du leader communiste **Castro**. Cuba et les sandinistes du Nicaragua fournissent une variété de services comme le support logistique aux révolutionnaires d'Amérique latine, mais aussi aux groupes européens ou moyen et proche-orientaux[205].

IV.- Le soutien de la population civile

Certaines personnes, que l'on ne peut qualifier de terroristes, appuient idéologiquement le combat mené et facilitent l'action opérationnelle (pouvoirs, caches, aide de toute nature). Des organisations de gauche strictement clandestines bénéficient du soutien de quelques individus qui, sans avoir jamais eu d'activités

[203] Selon des sources de la DGSE.

[204] Les meilleurs camps d'entraînement se trouvent à Adun.

[205] Yonah Alexander signale l'aide que Cuba aurait apportée, notamment en armes, au El-Fatah palestinien dans les années 70.

subversives, mettent leur fortune ou notoriété au service de la cause.

En France, *Henri Curiel*, militant communiste, dirige, entre 1962 et 1978, un réseau de soutien aux mouvements de libération nationale dans le tiers-monde[206]. Son réseau Solidarité fonctionne comme un prestataire de services au bénéfice des mouvements tiers-mondistes : il réunit nombre de militants (jeunes, communistes, syndicalistes, prêtres ouvriers), aguerris aux techniques de la clandestinité et au maniement d'explosifs. « On était dans une lutte commune, on substituait la solidarité à la charité » déclare un ancien membre du groupe[207]. S'est rapidement posé la question de la relation entretenue par ce réseau avec les « combattants de la liberté ». L'hebdomadaire *Le Point* accuse, en 1976, Henri Curiel d'être « le patron des réseaux d'aide aux terroristes ». Cette association aurait permis à des terroristes comme Carlos ou les membres de l'ARJ de bénéficier de logements, d'argent, de papiers. Curiel, pour sa part, a toujours démenti vouloir aider le terrorisme ou avoir des liens avec les services soviétiques. Son assassinat à Paris, en 1978, revendiqué par une organisation d'extrême droite, contribue à faire planer des hypothèses quant à son rôle dans la déstabilisation terroriste comme dans le fonctionnement des réseaux internationaux.

En Italie, le richissime *Feltrinelli* met une part de ses ressources au service du terrorisme d'extrême gauche. L'éditeur radical révolutionnaire a permis, par ses ambitions d'ultra-gauche et ses ressources financières, d'accélérer la transformation des franges les plus radicales des Italiens de gauche regroupés en organisations paramilitaires secrètes. Feltrinelli aurait ainsi noué des liens informels avec des leaders comme Castro, Che Guevara, l'URSS et ses pays satellites, spécialement la Tchécoslovaquie. Les liens directs entre Feltrinelli et le KGB ou Cuba auraient été

---

206 Henri Curiel fonde le mouvement égyptien de libération nationale, puis est membre du réseau Jeanson, soutien au FLN. A partir de 1976, il organise les pourparlers israélo-palestiniens.

207 « Vingt ans après, l'enquête sur l'assassinat du communiste Henri Curiel n'a pas abouti », *Le Monde*, 6 mai 1998, p.12.

confirmés par le leader des BR, A.Francechini, ainsi que par le renseignement militaire italien[208].

En Suisse, le réseau des « anarchistes », dirigé par *Anna Maria Grezi,* fonctionne sur une base similaire à celui d'Henri Curiel, se chargeant d'assurer l'intendance par la livraison d'armes à de multiples organisations terroristes grecques, basques espagnoles, irlandaises, allemandes, italiennes, françaises et aussi palestiniennes. Essentiellement axé sur ce type de trafic, le réseau fonctionne à partir de vols commis dans des dépôts suisses. Autonome, ce réseau ne dépend d'aucun Etat. Il facilite la tâche des terroristes en accomplissant une action préparatoire : les activistes se concentrent alors sur la cible à atteindre. L'autre bénéfice est celui d'une multiplication des intermédiaires qui, en cas d'arrestation, brouille les pistes.

Il est quasiment impossible pour une organisation terroriste qui se veut performante de fonctionner en autarcie. La diversité des champs à couvrir pour passer outre les lois, contrôles et frontières suppose l'utilisation de relais au sein de la société visée. Les appuis dont bénéficient les groupes, que ce soit par support d'Etats ou collaboration ponctuelle entre mouvements violents, sont autant d'éléments en l'absence desquels le terrorisme n'aurait pu atteindre le développement qu'il a connu dans le monde entier. Les groupuscules gauchistes français ne parviennent pas au degré de technicité et de réussite de leurs voisins italiens ou allemands, en raison de leur repli. Isolée, une poignée d'individus coupe tout contact avec l'extérieur, persuadée de pouvoir par elle-même sauver le pays de la « catastrophe impérialiste ». Le fonctionnement en réseau, même casuel, épisodique et informel prime.

Les mouvements nationalistes et indépendantistes inscrivent très tôt leur action dans l'espace sociétal qu'ils cherchent à transformer. Leur structuration bilatérale en une aile politique et une aile militaire traduit cet état d'esprit : le changement ne s'opérera qu'en associant la population.

---

[208] Alexander Yonah, *Europe's red terrorist*, op. cit.

Les refuges offerts par la population varient selon qu'ils se situent en zone urbaine ou rurale. L'appui extérieur est appréciable en ville. Quelques personnes apportent, dans ces circonstances, leur soutien à l'IRA ou à la RAF sans être impliquées directement dans les opérations. Les soutiens à l'intérieur des mouvements de guérilla proviennent fréquemment de milieux intellectuels (politiques, professions libérales : avocats, médecins). Certains ecclésiastiques se prononcent en faveur de la cause nationaliste basque. Les moines catalans de l'abbaye de Saint-Michel-de-Cuxa organisent une filière de passage de la France vers l'Espagne, assurant ainsi l'hébergement de Catalans, de Basques, voire de Bretons.

La faille d'un réseau de soutien est d'être perméable à l'infiltration des forces de sécurité, qui ne parviennent pas à pénétrer l'organisation terroriste proprement dite. Aussi les soutiens ne doivent-ils pas se disperser. Si un soutien large au combat est primordial, les soutiens directs à l'organisation clandestine doivent demeurer en nombre limité et cachés.

V.- Une internationale organisée par Moscou?

Au début des années 80, l'idée selon laquelle le régime soviétique aurait mené une conspiration visant à déstabiliser le monde occidental et à convertir au marxisme-léninisme la plus grande partie de la planète, en suscitant dans les sociétés développées l'apparition de groupes clandestins, est défendue par chercheurs et journalistes.

Précurseur de la thèse du complot communiste, Walter Laqueur[209] fait état, pour la première fois, en 1977, dans le monde scientifique, d'un lien entre le communisme et le terrorisme. Puis l'hypothèse d'un réseau de la terreur est défendue par Claire Sterling, dans *Terror Network*[210]. L'ouvrage, paru en 1981, suscite une génération de disciples.

---

[209] Laqueur Walter, *Terrorism : a Study of National and International Political Violence*, Boston, Little, Brown & Company, 1977.

[210] Sterling Claire, *The terror Network : the secret war of international terrorism*, op. cit.

D'un « super commanditaire» monocéphale...

L'idée d'une conspiration mondiale repose sur un postulat : l'ensemble des mouvements terroristes, nationalistes, ethniques, religieux, séparatistes, anarchistes, trotskistes, maoïstes, marxistes-léninistes se considèrent comme « faisant partie des bataillons d'élite de l'armée mondiale du combat révolutionnaire »[211] et agissent dans une optique anti-occidentale favorable à l'Union soviétique. Le fait que nombre d'organisations terroristes affichent leurs convictions marxistes-léninistes, indépendamment de motivations nationalistes ou religieuses plaide en faveur de l'existence d'un réseau pro-soviétique : RAF, FARC, Carlos, Abou Nidal, groupes palestiniens pro-soviétiques, ETA, IRA.

L'absence de terrorisme dans les pays de l'Est, son omniprésence dans les sociétés démocratiques constitueraient la preuve que « la guerre terroriste est dirigée par le monde communiste contre le monde libre »[212].

D'autres éléments concrets renforcent l'hypothèse.

- Des réunions internationales rassemblent les principaux leaders des organisations terroristes latino-américaines, européennes et moyen-orientales, dès 1966 à La Havane, lors de la conférence tricontinentale, mais aussi au Liban en 1970, à Florence en 1971, à Dublin en 1972 et 1979. La conférence tricontinentale de La Havane pose comme principe la cohésion entre les pays socialistes et les mouvements de libération nationale. Cette réunion marque les esprits puisque certains y voient le point de départ d'un réseau de terrorisme international pro-communiste. L'enjeu serait la création d'une Organisation africaine, asiatique et américano-latine de solidarité (OAAALS) faisant de Cuba le pilier d'un réseau subversif dont le terrorisme constituerait une arme parmi d'autres, en donnant aux combattants du monde entier un terrain de préparation et un soutien logistique.

- Le soutien logistique et l'entraînement seraient fournis par les pays communistes sous le contrôle du Kremlin : armement

[211] *Ibidem.*

[212] Labin Suzanne, *Les Etats terroristes et la guerre des lâches*, op. cit.

polonais ou tchèque, entraînement en RDA et à Cuba, existence d'un réseau bulgare en amont de l'attentat contre le pape. Bref, on serait en présence d'une mosaïque d'organisations pénétrées par les services spéciaux des pays communistes : le KGB, mais aussi les services tchèques, bulgares, hongrois, à l'échelle de la logistique, du financement, voire des instructions. Des liens sont entretenus entre les membres de l'ETA et La Havane où, dès 1964, des éterras basques se rendent pour suivre un entraînement au kidnapping, à la subversion, au sabotage technique. Au cours de ces stages, les jeunes Basques s'imprègnent de l'idéologie marxiste-léniniste. Ceci ne sera pas sans effet sur les prises de position de l'ETA, au début des années 70, en faveur de la dictature du prolétariat et de l'idéologie léniniste. Sont présentes en germe les bases de l'influence communiste qui imprègne l'ETA-militaire à la fin de la décennie, à l'image de l'IRA provisoire.

- Les organisations terroristes du Moyen et Proche-Orient seraient sous le joug de manipulateurs soviétiques qui, par la méthode du « false flag », confieraient des missions à des agents en les « trompant sur le compte de leur employeur »[213]. Les activistes agissant officiellement pour les pays du Maghreb et du Machrek seraient en réalité à la solde des puissances communistes. Dans cette logique, les Etats pratiquant le terrorisme comme mode de gestion de leur politique étrangère, seraient des « sous-traitants du plus puissant des Etats terroristes : l'Union soviétique »[214].

- Le soutien apporté aux mouvements de libération nationale dans les pays du tiers-monde, dans l'optique de remplacer les régimes en place par des régimes communistes, se perçoit comme une manifestation de l'internationalisation du terrorisme en provenance de Moscou. Enfin, un soutien soviétique est apporté aux mouvements de libération nationale africains, du FLN algérien à l'ANC sud-africain, en passant par le Frelimo du Mozambique ou

---

[213] Alem Jean-Pierre, L'*espionnage : histoires récentes*, Paris, Lavauzelle, 1987, 466p.

[214] Labin Suzanne, *Les Etats terroristes et la guerre des lâches*, op. cit.

le MPLA d'Angola. Au milieu des années 70, émerge l'idée d'une internationale tiers-mondiste guidée par Moscou et par la Chine.

- Le KGB, dans la direction occulte du terrorisme européen des années 70, aurait disposé à Vienne d'une direction chargée de « stimuler » les organisations terroristes gauchistes en Italie, en Allemagne, en France, en Hollande, en Belgique. Un rôle de relais serait joué au centre de l'Europe par l'Allemagne de l'Est, avec le soutien apporté au groupe allemand de la bande à Baader, mais aussi par le parti communiste de Berlin-Est qui aurait assuré une partie du financement de l'OLP. Le soutien clandestin accordé à l'OLP, compte tenu des relations établies par cette organisation avec la majeure partie des groupuscules terroristes opérant à l'Ouest, aurait permis aux Soviétiques de créer une connexion occidentale majeure. Entraînement, financement, commande de centaines d'opérations, tels auraient été les services que le réseau terroriste soviétique proposait pour stimuler le combat anti-impérialiste.

- L'intervention des Soviétiques s'illustre également par des manifestations terroristes en Turquie où la puissance de l'Est cherche à déstabiliser une région qu'elle souhaiterait voir animée d'un courant révolutionnaire communiste. Les manifestations violentes de groupes comme *Dev-Genc*, l'*Armée de libération du peuple turc* (ALPT) ou le *Front de libération turc* (FLT) sont perçues, par Paul Henze[215], comme une manipulation soviétique, tentant par ce moyen de déstabiliser le régime politique turc : soutien logistique et idéologique, telle serait la démarche soviétique.

L'URSS, selon le même auteur, apporterait son appui à l'ASALA dans sa lutte contre l'Etat turc. On retrouve une triangulaire entre l'URSS, l'ASALA et l'OLP. L'OLP, au plus fort de sa crise, en 1972, voit son leader reçu au Kremlin et obtenir de l'URSS l'assurance d'un appui logistique au Fatah palestinien. Cette aide est la conséquence du poids et du prestige grandissants

[215] Henze Paul. B., "The long effort to destabilize Turkey", *The Atlantic Community Trimestrial*, 1980-81, p.468.

du mouvement palestinien au sein du monde arabe. En contrepartie, la liaison fournit à l'URSS un moyen d'intervention dans cette région, mais aussi un moyen d'action au sein du monde occidental via le caractère international d'organisations comme le FPLP, dont le dirigeant, Mohamed Boudia, aurait été « sous tutelle du KGB »[216].

- L'URSS ne se serait pas contenté d'agir indirectement par le soutien et la mise à disposition de lieux d'entraînement mais aurait été directement impliquée dans des activités terroristes à travers la participation de conseils soviétiques et d'agents du KGB à certaines opérations. Le jugement de l'enlèvement d'Aldo Moro met en lumière une triangulaire entre le bloc de l'Est, l'OLP et les BR. L'OLP se présente comme la source d'approvisionnement en armes des BR : par la filière bulgare en liaison étroite avec le KGB et par l'intermédiaire, en Italie, de Maurizio Follini. L'OLP fournit un support logistique à l'organisation italienne, à l'occasion de l'enlèvement du général Dozier, dans l'optique de susciter le développement d'une action de guérilla en Italie.

Les liens entre l'Union soviétique et le terrorisme italien sont également soulignés par Yonah Alexander qui affirme que les services secrets d'URSS ont « exploité le terrorisme pour la conduite de leur politique internationale »[217]. Les relations entre les deux pays remonteraient à la fin de la seconde guerre mondiale, période pendant laquelle l'URSS établit des relations idéologiques avec les communistes italiens et les groupes de partisans extrémistes (GAP) spécialisés dans le terrorisme urbain. Dans les années 60, le service de renseignements militaire de l'armée soviétique aurait réactivé les groupes de partisans avec l'entraînement de certains éléments directement assuré par l'Europe de l'Est. Ces relations auraient influencé les groupes de gauche dans leur perspective de lutte contre l'Etat capitaliste et de destruction des démocraties libérales en portant des coups à ses représentations étatiques, judiciaires, médiatiques, humaines. C'est

---

216 Kauffer Rémi, Faligot Roger, *Au cœur de l'Etat, l'espionnage,* Paris, Autrement, 1983, 173p.

217 Alexander Yonah, Cline Ray, *Terrorism : the soviet connection*, op.cit.

là rejoindre les perspectives expansionnistes de l'URSS. En 1968, les leaders des BR auraient effectué des stages organisés par le KGB en Tchécoslovaquie.

Des liens sont établis entre le KGB et l'IRA. L'officier du KGB, Yuri Istimentov, aurait eu, sous la couverture de correspondant de l'agence TASS à Dublin, des rencontres régulières avec le représentant du parti communiste irlandais, convié aux fréquents meetings de l'IRA.

On retrouve ce rôle prédominant du KGB au centre de la thèse développée par Edouard Sablier[218], qui voit dans le terrorisme international l'avènement d'une Ve internationale, forte de 700 000 agents chargés de mettre en oeuvre à travers le monde la terreur, vecteur d'une révolution mondiale. Yonah Alexander et Ray Cline défendent également cette thèse[219], comme le font les instances gouvernementales européennes dans les années 70. Les services spécialisés placent, en 1979, le KGB « à la tête d'une entreprise de terrorisme international »[220]. Une réunion des ministres de l'Intérieur de la CEE concluait, en juin 1977, que le terrorisme international était assuré « presque entièrement » par le KGB. La position est partagée par les Etats-Unis qui, à la même époque, font de l'URSS le principal commanditaire du terrorisme international. Le général Alexander Haig, secrétaire d'Etat américain, accuse, en 1981, ce pays de « nourrir, soutenir, et étendre le terrorisme international »[221].

Cette conception du terrorisme lui confère automatiquement un caractère international. Toute action, d'apparence locale, serait encouragée en sous-main par la puissance soviétique. Le KGB agirait de façon clandestine par la manipulation tactique et psychologique des organisations européennes. Assurer aux

---

[218] Sablier Edouard, *Le fil rouge : histoire secrète du terrorisme international*, Paris, Plon, 1983, 308p.

[219] Alexander Yonah, Cline Ray, *Terrorism : the soviet connection*, New-York, Crane Russak, 1984, 162p

[220] Sterling Claire, *The terror Network : the secret war of international terrorism*, op. cit.

[221] Alexander Yonah, Cline Ray, *Terrorism : the soviet connection*, op. cit.

membres de ces groupes des stages dans l'enceinte communiste de l'Europe de l'Est est un moyen non seulement de soutenir le terrorisme et de le professionnaliser, mais encore d'insuffler une idéologie communiste, de renforcer les convictions anticapitalistes des groupes d'extrême gauche européens et de conduire sur cette pente les nationalistes[222].

Si l'idée d'une internationale terroriste semble rallier de nombreux auteurs, ceux-ci divergent sur son parcours ou son origine : certains situent en Union soviétique l'apparition de cette internationale ; d'autres, comme Edouard Sablier, la font découler de la réunion tricontinentale à La Havane en 1966, donnant ainsi à Cuba un rôle prédominant en la matière ; enfin, certains placent cette éclosion en Libye ou au Liban. Mais tous s'accordent pour situer l'internationale sous la dépendance de Moscou.

...à une liaison stratégique

Le rôle de l'Union soviétique, quelle que soit l'importance que lui accordent les thèses en présence, a un impact incontestable sur le développement du terrorisme à travers le monde dans les années 60-70, en termes de soutien clandestin.

La mise en évidence de cette complicité au milieu des années 80, associée à la phase de détente des relations Est-Ouest, avec l'arrivée de Gorbatchev au pouvoir, contraint l'Union soviétique à cesser l'appui apporté à ce type de combat.

Si la participation de cette puissance aux activités terroristes entreprises dans le monde est avérée - même si l'existence d'une direction unique n'en est pas, à nos yeux, la conséquence induite -, il semble hypothétique d'aller au-delà de l'aide apportée par un Etat à une entreprise terroriste (aide logistique, aide financière, entraînement) à l'image de celle délivrée par nombre d'Etats du Moyen et Proche-Orient. Toutefois, les groupes aidés sont bien plus nombreux puisqu'ils recouvrent la majorité de ceux existant de par le monde.

---

[222] L'article 28 de la constitution soviétique de 1977 peut, dans une interprétation exhaustive, confirmer cette tendance si l'on se réfère à la déclaration selon laquelle l'URSS « soutient les mouvements de libération nationale ».

L'idée d'une direction unique animée par le Kremlin et ses services, laissant de côté toute autonomie groupusculaire et étatique, paraît excessive. Elle relève d'un fort degré de paranoïa caractéristique de l'état d'esprit régnant pendant la guerre froide qui voyait de l'espionnage derrière toute action. Certes l'URSS est entrée en contact avec ces organisations ; certes elle a apporté son aide aux terroristes, soutenu leur action et sans doute tenté d'en orienter certains avec plus ou moins de succès. Mais n'est-ce pas préjuger de ses capacités que de l'ériger maître d'un univers de subversion souterraine à l'échelle planétaire ? Le schéma devrait plutôt être inversé : l'URSS ne serait pas à l'origine des entreprises terroristes qui se multiplient dans la décennie 60, mais elle aurait tenté de récupérer leur action pour l'utiliser dans un jeu de déstabilisation des puissances de l'Ouest dans le cadre de la guerre froide. Bref, l'URSS soutiendrait les actions terroristes - avec un poids certain - sans pour autant les diriger d'une main de fer voilée[223].

VI.- Une internationale islamiste ?

L'irruption au cœur des années 80 d'un terrorisme guidé par une idéologie religieuse, basée sur le triomphe de l'islam, donne lieu à des interrogations similaires à celles de la décennie précédente. Derrière des attentats souvent présentés comme l'œuvre de fanatiques se dissimule-t-il un centre de commandement unique qui dirigerait à travers le monde une déstabilisation politique et religieuse en faveur de l'islam ? Peut-on parler d'une internationale islamiste, comme certains ont avancé l'existence d'une internationale communiste ? Un pays manipule-t-il dans l'ombre une armée de guérilleros prêts à sillonner le monde pour imposer la parole divine ?

Si l'on se réfère à ce que les islamistes nomment l'Oumma, la communauté des croyants, il existe indéniablement une

[223] La thèse d'un réseau international terroriste unique commence à être remise en cause au milieu des années 80, non seulement par certains chercheurs, mais surtout par l'administration américaine, qui l'avait créditée antérieurement. La détente Est-Ouest, puis l'éclatement du bloc de l'Est conduisent à repenser dans une sphère géopolitique nouvelle le « réseau de la terreur ».

solidarité entre croyants dépassant « les clivages nationaux, ethniques et tribaux »[224], qui pourrait légitimer, à l'échelle de l'action violente, l'existence d'une direction internationale. A partir d'éléments de chaque pays, animés des mêmes convictions islamistes, elle agirait sur les ordres d'un pouvoir central émanant d'un Etat diffuseur d'une idéologie politico-religieuse.

La réalité est plus complexe. S'il est indéniable que se propage à travers le monde, au cours des années 80-90, une tendance politique active basée sur l'islam, s'exprimant selon des méthodes similaires, guidée par des objectifs communs (édification de sociétés politico-religieuses vivant selon les préceptes du Coran et de la charia), cette tendance ne répond pas à une direction unique, hiérarchisée, stratifiée, puissance tentaculaire qui, progressivement, étendrait son contrôle sur la surface du globe et dont les musulmans seraient les agents de liaison.

Alors que de multiples éléments pouvaient laisser croire que l'Union soviétique était un Etat commanditaire, la diversité du monde musulman à l'échelon idéologique (clivages entre sunnites et chiites) et stratégique (divergences des groupes islamistes dans leurs recrutements, leurs implantations et leurs modes opératoires) empêche objectivement de parler d'une unité à l'échelle internationale entre les mouvements se réclamant de l'islam et s'exprimant par la violence terroriste. On observe dans le monde musulman une pluralité de pôles idéologiques et tactiques qui fonctionnent dans des aires géographiques cloisonnées, oeuvrant pour étendre leur hégémonie, sans craindre de rentrer en concurrence[225].

Il existe des modèles de mouvements radicaux qui seront reproduits dans certains pays, jamais à l'identique, mais adaptés

---

[224] Roy Olivier, *Généalogie de l'Islam*, Paris, Hachette, 1995, 143p.

[225] Martine Gozlan, dans son étude sur l'islamisme intégriste *(Pour comprendre l'Islam intégriste,* Paris, Albin Michel, 1995, 251p.), écarte dès le départ l'existence d'une internationale terroriste. Elle souligne la présence de centres de rayonnements idéologiques sur un ensemble de mouvements islamistes dans une aire donnée et une prédominance du fonctionnement en réseaux, connections, solidarités entre groupes, de façon occasionnelle et stratégique.

suivant les spécificités locales. Le mouvement des Frères musulmans bénéficie d'un fort prestige au sein du monde sunnite sans offrir un centre de propagation unique d'un mode de pensée et/ou de combat. Certes, l'islamisme radical présente une unité réelle dans l'idéologie finale poursuivie : la menée d'une guerre sainte au nom d'Allah contre tout ce qui porte obstacle à son triomphe. Mais sur cette base, chaque mouvement évolue de façon autonome selon ses propres stratégies, en fonction des impératifs locaux et de ses intérêts. Il existe une mondialisation de l'islamisme, une internationalisation des actions, mais pas une direction centralisée diffusant méthodologiquement l'idéologie dans chaque pays.

On distingue des centres d'influence, puis des réseaux interrégionaux : le khomeynisme iranien et le wahhabisme saoudien sont incontestablement les pôles de centralisation du développement de l'islamisme radical à travers le monde musulman puis occidental.

Les centres d'influence

L'Iran, au lendemain de la révolution islamique, est animé par une double ambition : déployer les mouvements chiites à travers le monde musulman et rallier à lui les masses sunnites pour façonner un mouvement islamiste mondial dont il serait leader. Se dessine ici, au moins en théorie, l'idée d'une internationale islamiste s'aidant du terrorisme pour s'imposer. Mais la tentative de Téhéran de transcender les clivages traditionnels entre chiites et sunnites échoue. L'influence est uniquement régionale. Elle est de nature à renforcer l'opposition entre l'Iran et le monde sunnite. L'internationale islamiste rencontre là ses premières limites, au profit d'un clivage entre pays revendiquant la qualité de centre de l'islamisme mondial.

Il en sera ainsi de l'Arabie saoudite, puis du Soudan, qui tour à tour chercheront à attirer courants et réseaux islamistes éparpillés.

Grâce à des revenus financiers colossaux qui permettent d'apporter une aide matérielle conséquente aux mouvements islamistes, l'***Arabie saoudite*** se pose en centre de direction occulte de l'islamisme radical. La poussée saoudienne concomitante à la révolution iranienne allie, par son caractère souterrain et ambigu, relations ouvertes avec les Occidentaux et soutien aux mouvements de déstabilisation des puissances capitalistes. L'entreprise fonctionne relativement bien jusqu'à la guerre du Golfe puisque la majorité des mouvements islamistes sunnites, dont les célèbres Frères musulmans, entretiennent des liens avec ce pays.

Le conflit du Golfe et les prises de position divergentes des pays arabes provoquent un éclatement des courants islamistes et la montée en puissance d'un nouveau centre islamique : le ***Soudan***. Briguant le leadership des mouvements islamistes, le Soudan accorde ses faveurs, ouvrant sur son territoire des camps d'entraînement et offrant un appui matériel et financier au radicalisme. La tenue annuelle, depuis 1991, d'une conférence populaire arabo-islamique à Khartoum et sa médiatisation témoignent de la volonté de l'Etat de se présenter comme le nouveau pôle du mouvement islamique, unissant les principaux courants radicaux (Hamas, Jihad islamique, FIS, Hezbollah libanais). Un objectif se profile : élaborer le cadre structuré d'une « internationale islamiste ». Celle-ci comprendrait un conseil permanent de 60 membres et un conseil militaire doté de réseaux de communication de renseignements et de « groupes de choc ».

Il ne s'agit là que d'une déclaration d'intention ponctuelle non suivie d'effet : les différentes tendances islamistes progressent et agissent suivant leurs propres stratégies, indépendamment de toute injonction supérieure. Les rivalités entre courants islamistes au sein d'un même pays, ajoutées aux rivalités entre courants de sensibilités idéologiques différentes, dressent autant d'obstacles à la réalisation d'une union islamiste à l'échelle mondiale.

Les réseaux inter-régionaux

En revanche, des relations, parfois très fortes, s'établissent entre mouvements de la même idéologie et de la même aire géographique, comme entre Etats influents et mouvements relevant de leur sphère locale. On retrouve une notion d'intérêt proche de celle présente entre les mouvements marxistes en Occident : les Etats qui veulent devenir un pôle islamiste apportent un soutien financier et logistique aux mouvements radicaux ainsi que certaines facilités d'acheminement en armes et matériels. Est présente la notion de réseau islamiste ponctuel, occasionnel, fonction des circonstances et dominé par un critère d'appartenance géographique.

De multiples réseaux se mettent en place autour des pôles cités mais aussi au-delà, ce que Martine Gozlan nomme « inter-régionales islamistes » à défaut d'internationalisation.

L'Iran réussit à tisser un réseau autour des communautés chiites et tente, au cours des années 90, de gagner en influence sur l'apparition de nouveaux mouvements islamistes. Dans les ex-républiques musulmanes soviétiques, il cherche à stimuler et soutenir les communautés chiites dans la voie du processus révolutionnaire. Auprès des mouvements islamistes palestiniens opposés au processus de paix israélo-arabe, il tente de s'imposer.

La tentative de l'Iran de reconquérir le leadership au sein du monde musulman se manifeste par sa participation au sommet de Dakar, en 1991, où il offre aide et appui aux Africains en difficulté. C'est une façon de relancer la diplomatie islamique et l'influence religieuse dans cette partie du monde. Des contacts s'établissent avec le Soudan. En contrepartie d'une aide économique l'Iran espère s'implanter en Afrique du Nord, dans l'est du continent et en Afrique noire. L'idée d'une hégémonie iranienne n'est pas abandonnée, même si elle demeure utopique.

En même temps, le Soudan tente d'implanter des réseaux à travers le continent africain. Actuellement les réseaux les plus actifs se trouvent au Maghreb et dans le sous-continent indien - Pakistan, Afghanistan - relayés depuis peu par les Balkans.

Le Maroc, la Tunisie et l'Algérie constituent des terrains de prédilection de la mouvance islamique, notamment depuis le déclenchement de la guerre civile en Algérie : armes et militants transitent par ces pays pour apporter leur soutien au FIS et au GIA. A ce réseau se joignent des combattants luttant à travers le monde pour la cause islamiste, grâce à une formation reçue lors de la guerre d'Afghanistan.

Les conflits d'Afghanistan, d'Algérie, de Bosnie ou de Tchétchènie suscitent des réseaux islamistes transnationaux, non pas organisés par une puissance obscure, comme il est parfois avancé, mais évoluant de façon empirique grâce à de nouveaux mercenaires de l'islam que sont ces jeunes individus sacrifiant leur vie, souvent faute d'autres débouchés, au profit de la guerre d'Allah. L'Afghanistan offre un centre de formation international dont le prestige est comparable au rayonnement politique de centres comme l'Iran ou l'Arabie saoudite. La fin du conflit afghan, qui avait attiré à lui nombre de volontaires musulmans du monde arabe comme d'Asie ou d'Amérique, provoque un repli des militants au Pakistan, qui tissent entre eux des liens durables axés sur la défense de l'islam radical, qu'ils soient de nationalité algérienne, égyptienne, marocaine, tunisienne. Ces militants, professionnels de la lutte armée, sont un modèle, une source d'inspiration, pour nombre de jeunes musulmans vivant en Europe, dont certains n'hésitent pas à aller s'entraîner dans les camps pakistanais de Peshawar ou à s'engager en Bosnie pour revenir en Europe expérimentés et porteurs de l'idéologie islamiste, prêts à se mettre au service de tout commanditaire. D'après les résultats de l'information judiciaire confiée au juge Bruguière, en octobre 1995, le Pakistan aurait joué un rôle essentiel dans la formation des islamistes radicaux algériens. Le « bureau des services aux moudjahiddin », installé à Peshawar, aurait accueilli, en 1992, des responsables de l'ex-FIS chargés de l'entraînement des Algériens à destination des maquis. On se trouve en présence d'un relais d'entraînement et de formation logistique fonctionnant sur un mode analogue à celui des camps d'entraînement soviétiques, cubains ou palestiniens. Les mêmes logiques de solidarité et d'intérêt président à leur fonctionnement.

Oussama Ben Laden

Où situer dans ce raisonnement le personnage de Oussama Ben Laden qui a, récemment, fait surface sur la scène publique internationale, désigné par les Etats-Unis comme le responsable des attentats de Nairobi et Dar es-Salaam, le 7 août 1998, financier occulte, prosélyte, présenté comme le porte flambeau d'une cause islamiste fédérée à travers les pays musulmans ? Cet homme d'affaire, originaire d'Arabie saoudite, élevé dans la tradition d'un islam rigoureux qu'est le wahhabisme, protégé des Afghans dont il a soutenu le combat contre les soviétiques grâce à la constitution d'un puissant réseau d'approvisionnement en matériel, combattants et fonds, serait-il à la tête d'une internationale terroriste islamique qui aurait déclaré la guerre aux Etats-Unis au nom de la sauvegarde d'un monde arabo-musulman en décadence et d'une volonté d'affirmation de l'islam au sein de l'Oumma ? Ou doit-il être replacé au niveau du réseau, à savoir d'un financier qui apporte, au nom de la défense d'une idéologie, son aide, çà et là, à des mouvements islamistes activistes à la recherche de moyens matériels indispensables à leur manifestation ?

Un rôle que remplit déjà Ben Laden, au début des années 80, en Afghanistan, lorsqu'il s'engage à financer non seulement par sa fortune personnelle, mais aussi grâce à un riche réseau de soutiens dans le Golfe et la péninsule arabique, les opérations de la résistance afghane, drainée par son ami Abdallah Azzam. Les efforts conséquents qu'il est prêt à réaliser pour la cause islamiste et son riche carnet d'adresses lui confèrent une aura particulière au sein de la mouvance islamiste et chez les tenants de l'anti-occidentalisme et de l'anti-sionisme. Pourtant à cette époque, des relations se nouent entre Ben Laden et les américains : la CIA, dans son combat contre les soviétiques et contre le régime iranien, est plutôt favorable à la création d'un pôle sunnite, apte à contrebalancer l'hégémonie chiite iranienne chez les islamistes. Les Etats-Unis vendent des armes sophistiquées à Ben Laden pour lui permettre de soutenir la résistance afghane.

L'incroyable appareil financier et logistique instauré ne pouvait disparaître avec la fin du conflit afghan. L'effervescence islamiste qui accompagne la décennie 90 dans le Machrek et le Maghreb incite Ben Laden à poursuivre son action, en sous-main, en faveur du triomphe de l'islam dans la lutte engagée contre ses opposants, gouvernements arabes comme puissances occidentales. Aussi a-t-il été avancé[226] que les islamistes algériens auraient bénéficié des mannes financières de Ben Laden, un appui

[226] « Le mystère Ben Laden », *Jeune Afrique*, n°1964, 1-7 septembre 1998, p.56.

appréciable dans la guérilla engagée contre le pouvoir et exportée sur le territoire français depuis 1995. Les activités de Ben Laden sont présentées sous deux angles : une fortune colossale placée, notamment en Occident, dans nombre de sociétés écrans ; mais aussi un réservoir humain important de volontaires islamistes enrôlés dans des camps d'entraînement à la guérilla rurale et urbaine[227], qui donne à certains l'occasion de parler de « force internationale capable de frapper n'importe où, n'importe quand »[228]. Les Etats-Unis voient, dès 1995, derrière les attentats de Riyad et de Khobar contre la présence américaine dans le Golfe, la main mise de Ben Laden. Une accusation qui lui vaudra, sous l'influence américaine, son expulsion du Soudan en 1996 et son accueil en Afghanistan où il bénéficie de la protection du gouvernement Taliban, sans doute en raison de ses accointances saoudiennes[229]. Les attentats anti-américains commis, le 12 novembre 1999, à Islamabad, contre des bâtiments américains et des Nations unies ne sont pas étrangers aux sanctions économiques (gel des comptes en banque des talibans et embargo aérien sur les vols de la compagnie afghane Ariana) prises par le Conseil de sécurité des Nations unies, le 15 octobre 1999, à l'encontre des Talibans, dans l'optique de contraindre le régime de Kaboul à extrader le terroriste présumé.

Toutefois, il semble préférable de parler de réseau de financement, de soutien logistique et humain, davantage que du spectre d'une « internationale terroriste », monstre tentaculaire du Sud qui par ses progressions souterraines défierait le reste du monde avec la capacité de renverser, un jour ou l'autre, à son profit, l'ordre mondial établi. Certes, la mise à jour de la stratégie et de l'entreprise de Ben Laden révèle la présence d'un réseau d'un nouveau type quant à sa puissance et sa capacité à fournir l'impulsion qui fait souvent défaut aux fondamentalistes islamistes

---

[227] Situés d'abord au Pakistan, ils se déplacent ensuite au Soudan, pour revenir au Pakistan au fil des périples contraints de leur organisateur.
[228] « Le mystère Ben Laden », *Jeune Afrique*, op.cit.
[229] L'Arabie saoudite apporte son soutien à tout ce qui est susceptible d'éliminer l'influence iranienne en Asie Mineure.

dans l'engagement d'un combat de terrain. En cela, Ben Laden, et d'autres mécènes de ce type, alliant les moyens matériels à l'idéologie, présentent un danger avéré dans une région où prolifèrent groupements islamistes et individus désœuvrés en mal de repères, prêts à se laisser endiguer et fanatiser par une cause qui souvent les dépasse. Ben Laden, tout en rejetant les responsabilités imputées dans les attentats contre la présence américaine en Afrique en août 1998, approuve les actes et affirme sa vindicte contre Américains, juifs et Britanniques dont il appelle les musulmans au meurtre (entretien donné à la chaîne de télévision américaine ABC, le 23 décembre 1998).

Davantage qu'un chef d'orchestre, instigateur dans l'ombre d'une stratégie planifiée de reconquête des terres islamiques, il est préférable de voir en Ben Laden un vecteur d'énergie, nécessaire à la mise en marche, non pas d'une seule machine islamiste activiste, mais de multiples pôles qui, éclos ci et là, sauront en tirer profit à un moment donné. Quand à la question de sa « garde prétorienne », il convient mieux de la regarder comme une organisation terroriste potentielle, dont il serait à la tête, mais qui ne recouvrirait pas pour autant les autres mouvances activistes, elle s'y ajouterait simplement. Dans cette logique, Ben Laden est certes en mesure de bâtir une organisation puissante, puisque composée d'individus acquis à sa cause et à sa personne et disposant de moyens logistiques performants, d'acquisition aisée. Apporter son soutien aux groupes armés algériens, palestiniens, soudanais, égyptiens ou autres n'implique pas d'être à la tête d'un empire subversif qui regrouperait en son sein les mouvances activistes évoquées.

La distinction est importante : dire que Ben Laden alimente financièrement le mouvement islamiste algérien et que grâce à ces ressources il a été possible au GIA d'exporter la rébellion sur le sol français, via les attentats terroristes, a une toute autre signification que de dire que les attentats commis sur le sol algérien ou en France sont commandités par l'instigateur international du terrorisme islamique que serait Ben Laden.

Rejeter l'existence d'une internationale ne signifie pas pour autant affirmer l'autarcie d'organisations violentes.

Il existe des réseaux islamistes comme il existe des réseaux gauchistes, nationalistes, bref, des réseaux terroristes animés par les besoins propres à la conduite d'une lutte clandestine, perdurant grâce à une organisation clandestine dans laquelle la solidarité entre individus constitue la meilleure garantie d'évolution et d'enracinement. La complexité du combat terroriste, le développement d'une stratégie d'exportation de la violence vers l'étranger rendent impératifs des points de contacts, de relais, de liaisons, entre des organisations agissant selon des méthodes similaires et confrontées à des besoins analogues.

L'expérience des uns permet de construire celle des autres. La guerre en Bosnie sert de vecteur à la propagation islamiste par l'ouverture d'une nouvelle terre de jihad à d'anciens combattants d'Afghanistan ne pouvant regagner leur pays d'origine, ainsi qu'à des islamistes ayant quitté l'Europe occidentale sous le coup d'une mesure d'expulsion ou du démantèlement d'un réseau. Plus d'un millier de combattants venus du Maghreb, des pays du Golfe, d'Iran, du Liban ou de Turquie combattent en ex-Yougoslavie. Parmi eux se trouvent des musulmans volontaires qui, sous le couvert d'associations caritatives, servent de soutien aux opérations militaires des moudjahiddin musulmans étrangers en Bosnie. Expulsés de Bosnie, suite aux accords de Dayton, du 14 décembre 1995, ces musulmans rejoignent, à nouveau sous le couvert d'ONG musulmanes, soit les rangs des organisations intégristes de leurs pays d'origine, soit leurs réseaux de soutien en Europe.

La notion de réseau islamiste se développe, au cours de ces dernières années, en liaison avec la réislamisation des sociétés du Sud et des populations musulmanes vivant dans les sociétés occidentales.

Mais on ne peut en déduire une vision globalisante qui placerait sous une direction commune le Hezbollah libanais, le FIS, le GIA, la Gama'at Islamiyya égyptienne ou le Hamas palestinien. Le conflit sunnite/chiite, les scissions internes à chaque mouvement empêchent tout projet d'unification, même si la réislamisation de la société dans laquelle ils interviennent est un objectif commun à l'ensemble des mouvements activistes.

Les groupes dispersés s'entraident mais n'ont pas de mission commune, ils ne s'entendent que sur un objectif. Des groupes entre lesquels prévalent habituellement des rapports d'hostilité vont, dans un cas particulier, travailler ensemble, s'aider pour passer un message, servir d'intermédiaire. Une solidarité s'installe, mais non structurée, non organisée, non systématique. Les réseaux terroristes sont activés en fonction des circonstances géographiques, géopolitiques, des intérêts, des besoins entre les organisations terroristes présentes dans le monde. Les réseaux relationnels sont constitués de multiples liens entremêlés, occasionnels, complexes, fonctionnant au cas par cas, susceptibles à tout instant de se modifier. Par leur caractère informel, les réseaux sont mouvants, évolutifs, aléatoires, éphémères. La seule manifestation d'une internationale est l'Organisation de la Ligue internationale de La Mecque. Elle permet d'avoir à disposition un ouvrage recensant toutes les adresses des organisations islamiques. Ceci donne l'impression qu'un lien existe entre elles, mais, en réalité, des différences sont présentes et une lutte est ouverte entre les islamistes du haut (les recteurs) et les masses qui montent. Il n'est d'ailleurs pas certain qu'ils travaillent pour la même cause.

Un ensemble d'autonomie d'action et de fonctionnement en réseau caractérise la stratégie terroriste. La force du phénomène terroriste tient à sa capacité à émerger et à se développer n'importe où et n'importe quand, indépendamment de toute organisation unitaire. Il n'en est que plus dangereux et déroutant.

Chapitre 5 - Le terrorisme par diffusion

Dans un monde multipolaire et chaotique, les « conflits de faible intensité » s'érigent en modes d'expression privilégiés. Chaque individu devient potentiellement en mesure de faire entendre, par la force, sa voix et ses volontés de changement.

Le danger réside dans l'imprévisibilité d'actes commis par des citoyens ordinaires utilisant des engins techniquement simples mais avec des répercussions terribles (gaz, toxiques).

Le terrorisme du XXIe siècle sera d'autant plus complexe à appréhender qu'il présentera des finalités, des structures et des cibles multiples. Le terrorisme, se nourrissant de l'état de la société dans laquelle il vit, devient international, multiforme, ramifié.

La dernière décennie du XXe siècle voit naître une forme nouvelle d'expression de minorités qui tentent par la violence terroriste d'imposer une conception idéologique propre, au plan soit religieux, soit séculier. On passe « d'une vague d'attentats à caractère nationaliste, d'un terrorisme d'Etat, à des manifestations de fanatisme religieux et extrémiste, voire à l'expression de délires irrationnels »[230].

Une distinction s'opère entre le terrorisme des sociétés du Sud et celui des sociétés développées. Dans les premières s'exprime un dévouement absolu et exclusif à une cause religieuse, qui pousse à l'intolérance et conduit à des actes de violence. Il s'enracine au cœur des sociétés du Sud et conquiert le monde occidental par l'intermédiaire de certaines diasporas. Cette violence à motivation religieuse est mise en oeuvre par des groupuscules autonomes et incontrôlés susceptibles d'exprimer à tout moment, sans logique diplomatique déterminée, par la terreur aveugle, une idéologie meurtrière. L'islamisme, entré depuis quelques temps sur ce terrain, en liaison avec l'évolution de la crise israélo-arabe, est rattrapé par un courant sioniste ayant recours au terrorisme pour saborder le processus de paix.

---

[230] Xavier Raufer, *Jeune Afrique*, Interview, 14-20 septembre 1995.

Les sociétés avancées, après une période de *statu quo* consécutive à la chute des grandes idéologies d'après-guerre, renouent avec ce type de violence, fruit de la dichotomie entre une évolution permanente dans le champ de la modernité appelant à toujours plus de rationalité, de technologie et de science et un frein opposé, en contrecoup, par une frange de cette société qui en mal de repères recherche d'autres valeurs, d'autres attaches et revient aux aspirations traditionnelles d'une époque révolue[231].

Ce sont aujourd'hui des considérations ponctuelles, à l'échelle micro-sociétale, qui drainent les combats écologistes, anti-avortement ou patriotes. Ce terrorisme naissant porte la marque de la paranoïa dans laquelle évoluent ses instigateurs. Il ne s'agit plus de mener un combat dans l'espoir d'instaurer un système politique meilleur, mais d'une réaction à un avenir jugé catastrophique, dominé par l'idée d'une fin du monde soit en raison de phénomènes liés à un esprit divin, soit par une destruction de la planète soumise aux désastres de la modernité : nucléaire, pollution.

Les communautés sectaires ont pour objectif de « sauvegarder l'humanité » d'une décadence où le monde moderne la précipite ; les écologistes veulent préserver la planète d'une catastrophe naturelle qu'ils pensent imminente ; les patriotes entendent protéger leur race de l'étatisme fédéral et de la mondialisation ; les militants anti-avortement désirent sauver l'humanité d'un génocide scientifique au nom de l'appartenance de la vie à Dieu.

---

[231] On observe en cela un parallèle entre l'usage du terrorisme dans les sociétés arabes et occidentales : dans les deux cas il consiste pour une partie de la population dans le rejet de la modernité, de l'évolution de la société, en prônant le retour à des pratiques idéalistes jugées plus justes et plus naturelles. L'appel à la religion en devient le vecteur. Les sociétés du Sud sont bousculées par l'émergence de mouvements islamistes radicaux ; les sociétés du Nord nouent avec de nouvelles formes de religiosité qui dépassent les carcans traditionnels d'une religion - catholique, protestante ou orthodoxe - en développant des croyances eschatologiques où des groupes guidés par la folie charismatique de nouveaux prophètes (gourous), coupés des réalités, se préparent à la fin de l'humanité.

Bien que les associations créées pour la préservation de la vie humaine demeurent dans l'ensemble pacifiques, limitées à des interventions dans le fonctionnement social des institutions, quelques dérives violentes se manifestent.

I.- Le fanatisme islamiste

Dans la Rome antique, les fanatiques ou inspirés étaient ceux, particulièrement les prêtres de Bellon et de Cybèle, qui se livraient à des manifestations de délires sacrés[232].

Les tentatives menées aux XIXe et XXe siècles pour adapter les religions ou les idéologies au monde moderne montrent ici leurs limites. Les fanatiques de cette fin de siècle remettent en question la modernité et ses acquis rationnels. Ils cherchent à donner un sens nouveau à leur vie en réintroduisant la religion dans la vie quotidienne et en soumettant le monde à la loi divine. C'est au nom de tels préceptes que surgissent des « bombes humaines » en plein cœur de Jérusalem, successeurs des Kamikazes japonais cinquante ans auparavant[233].

Détournement d'un avion français sur l'aéroport d'Alger, assassinat du candidat du parti national aux élections présidentielles au Sri Lanka, attaques de touristes britanniques en voyage à Louxor, destruction d'un avion au Panama, attaque contre la communauté juive à Buenos Aires, massacres en Algérie : ces évènements survenus au cours de l'année 1994 montrent que l'extrémisme musulman, encouragé il y a quelques années pour faire barrage à l'expansion gauchiste ou marxiste dans les pays du

---

[232] Définition du fanatisme extraite du *Dictionnaire Philosophique* de Voltaire : « Les lois et la religion ne suffisent pas contre la peste des âmes ; la religion loin d'être pour elles un élément salutaire, se tourne en poison dans les cerveaux infectés. (...) Ces gens-là sont persuadés que l'esprit saint qui les pénètre est au-dessus des lois, que leur enthousiasme est la seule loi qu'ils doivent entendre. (...) Que répondre à un homme qui vous dit qu'il aime mieux obéir à Dieu qu'aux hommes, et qui en conséquence est sûr de mériter le ciel en vous égorgeant ? ».

[233] La liaison entre le fanatisme et le terrorisme n'est pas récente puisque les pré-révolutionnaires russes comme les fascistes romains en 1930 suivaient cette tendance.

Sud, est devenu, pour les Occidentaux comme pour une grande partie des Etats du Sud, le « nouvel empire du mal ».

Les Etats du Sud touchés changent d'attitude : après avoir tenté d'incorporer la donnée islamiste au fonctionnement de la société, notamment en envisageant de s'engager dans une certaine réislamisation des mœurs pour désamorcer la contestation sociale, ils basculent dans la répression sécuritaire violente afin d'empêcher l'extension du mouvement à la masse des mécontents et des désespérés de la société.

On observe trois pôles sensibles : l'Algérie, avec la volonté d'islamiser l'Etat ; la question israélo-palestinienne où la religion épouse le combat de libération de la Palestine ; enfin, la disparition de l'immunité de grandes puissances, comme les Etats-Unis, touchées au cœur de leur territoire par la violence islamiste.

Un radicalisme diffus

La logique d'action du terrorisme devient difficilement perceptible. Les actes terroristes de la décennie 90 soulèvent nombre d'incertitudes quant à l'identité exacte des acteurs et aux causes directes de leur action. Toute la difficulté est alors de comprendre la menace, de percevoir ce qui motive les terroristes. A qui attribuer avec certitude les attentats journaliers qui secouent l'Algérie ? Quelles sont les motivations des luttes intestines au sein de la mouvance islamiste ? La campagne terroriste dont la France fait l'objet, par exportation de la crise algérienne, se place dans ce contexte d'imprévisibilité. Tenter de comprendre des personnes fonctionnant selon un autre mode de raisonnement devient le défi à relever.

L'attentat contre la base américaine de Dahran en Arabie saoudite, en 1996, révèle une menace difficile à délimiter, à comprendre, échappant aux logiques occidentales. Une explication est fournie : l'ensemble du territoire d'Arabie saoudite est terre d'islam et ne devrait par conséquent abriter que des mosquées comme symbole religieux. La présence d'Américains, de soldats juifs, qui dressent leurs lieux de culte dans cette aire géographique, est pour les islamistes inacceptable. L'attentat exprimerait le refus d'une présence étrangère. Mais d'autres explications sont possibles.

Le même scénario se reproduit à l'occasion des attentats aveugles et des massacres commis en Egypte contre des touristes occidentaux, par des mouvements islamistes aux revendications diffuses et aux noms hétéroclites, laissant dans l'expectative autorités locales et puissances étrangères. Qui commande ? Quelles motivations les mobilisent ? La lutte est-elle engagée contre le pouvoir égyptien ? Contre les intérêts occidentaux ? Contre les Américains ? Existe-t-il une expression unifiée de la mouvance islamiste en Egypte ? Quels liens entretiennent-ils avec les mouvements activistes du Maghreb et du Machrek ? Qui les finance? Quelles sont les perspectives ? Ces interrogations appellent à repenser la menace du Sud sous un jour renouvelé, détaché des difficultés de la décennie passée, dans un environnement géopolitique en mutation.

Les attentats simultanés de Nairobi et Dar es-Salaam, en août 1998, suscitent des interrogations similaires : pourquoi l'Afrique ? Quelle est cette organisation islamiste inconnue, l'***Armée islamique pour la libération des lieux saints***, revendiquant les attentats ? Quels sont le rôle, les ambitions et les moyens d'Oussama Ben Laden, désigné rapidement par les services américains comme le chef d'un puissant réseau terroriste dont l'infrastructure mettrait des camps d'entraînement à disposition de milliers d'activistes venus du monde entier ?

Les tentatives d'attentats décelées aux Etats-Unis à la veille des festivités marquant le passage à l'an 2000 puis à Sydney lors de la tenue des Jeux olympiques de l'été 2000 suscitent nombre d'interrogations sur la véritable origine des instigateurs. Ils sont certes animés par la défense de la cause islamiste, mais mêlent « Afghans », Algériens, voire Iraniens. Ont-ils des liens avec l'Iran, l'Algérie, l'Afghanistan, avec Oussama Ben laden ?

La prise d'otages occidentaux réalisée par le groupe Abu Sayyaf sur l'île de Jolo, durant quatre mois de l'année 2000, laisse perplexe quant à l'identité réelle des ravisseurs (acte criminel ou stratégie terroriste) et quant à l'identité des instigateurs. Comment interpréter la présence libyenne ? Le groupe serait-il dirigé de l'extérieur ? Doit-on percevoir, à nouveau, l'implication de Ben Laden ?

On assiste, à la fin du XXe siècle, à l'irruption, en de multiples points du globe, de mouvements islamistes radicaux revendiquant la violence aveugle au nom du jihad. En Asie du Sud-Est (Philippines, Malaisie[234], Cachemire, Sri Lanka, Pakistan, Afghanistan), en Asie centrale (Tchétchènie, Ouzbékistan, Russie), en Afrique, au Maghreb ou au Machrek, la virulence de soulèvements sporadiques s'exprime au gré d'attentats massacres.

Leur force est la formidable propagande que les instigateurs parviennent à développer au cœur des masses populaires jeunes, en faveur de la charia. Séduits par les réseaux sociaux, ces masses rejoignent les partis islamiques, avant de s'enrôler dans les groupes de combat. Ce sont des combattants fanatisés qui partent, puissamment armés, à l'assaut du pouvoir et de toute trace d'occidentalisation. Le financement d'une telle entreprise peut-il se contenter des ressources locales ? D'où proviennent les soutiens : Etats, mécènes, organisations terroristes puissantes ?

Le cas palestinien

Le terrorisme islamiste se manifeste en Israël et dans les territoires occupés. Mais dans cette zone prédomine une ligne de conduite claire qui est la lutte contre Israël. Là aussi les actes commis présentent un caractère incontrôlable et irrationnel, tels ces martyrs, portant une ceinture d'explosifs autour du corps, se jetant contre les autobus israéliens. En dépit du fort dispositif sécuritaire israélien, des actes fanatisés, dépourvus de logique structurée d'intervention, perturbent le pays par leur imprévisibilité[235].

---

[234] La violence islamiste manifestée en Malaisie, durant l'été 2000, émane d'une secte reconnue officiellement dans le pays, Al-Ma'unah. Présentée, depuis 1998, comme une société enseignant les arts martiaux et la pratique de la médecine islamique traditionnelle, elle nourrit une rébellion en faveur de la guerre sainte. Le 2 juillet 2000, en dérobant une centaine d'armes dans deux camps de l'armée et en s'emparant d'otages, la secte franchit le pas de la violence terroriste. Au nom de la sauvegarde des valeurs traditionnelles, ses membres ont pour ambition de déstabiliser l'Etat, sur le modèle des mouvements philippins.

[235] Quelques attentats commis en Israël par des groupes palestiniens depuis les accords d'Oslo :

- 6 avril 1994 : voiture piégée contre un autobus, 8 morts, 44 blessés.
- 13 avril 1994 : bombe dans un autobus, 5 morts, 30 blessés.
- 19 octobre 1994 : bombe dans un autobus, 23 morts.

Alors que le processus de paix israélo-arabe progresse, se dessine un mouvement islamiste d'opposition aux accords de Washington, aux accords d'Oslo, puis à ceux de Dayton et de Camp David, engagé dans un combat sacré pour la Palestine.

Le mouvement islamiste palestinien prend sa source chez les Frères musulmans égyptiens, présents dès 1928 en Palestine. Les deux organisations islamistes palestiniennes importantes actuellement, le ***Jihad islamique*** et le ***Hamas***, trouvent leur origine dans des lignes de fracture apparues, au cours des années 70, au sein du mouvement des Frères musulmans.

Le Jihad islamique, dans les années 70, et le mouvement Hamas fin 1987, se sont tous deux formés dans le fief intégriste musulman qu'est la bande de Gaza. Le territoire abritant, depuis 1967, colons israéliens et camps de réfugiés palestiniens constitue un terreau propice à l'émergence d'un mouvement de résistance déterminé. Vagues de violence palestinienne et israélienne alternent dans une zone où les colons israéliens traitent souvent les Palestiniens avec brutalité[236]. Le mouvement se présente, dès le début des années 80, comme un courant de réislamisation de la société palestinienne que ce soit dans la sphère privée ou les activités sociales : universités, lieux de travail, resocialisation à partir des mosquées, réforme morale de la société.

La priorité donnée à la réislamisation se double progressivement de la volonté de changer les choses par les armes. Jusqu'en 1986-1987, période où les islamistes augmentent la pression sur la société, l'appel au jihad armé reçoit un écho modéré : seules quelques opérations militaires sont conduites au nom de l'islam dans les territoires occupés contre des colons

---

- 22 janvier 1995 : deux kamikazes à un arrêt de bus, 21 morts, 65 blessés.
- 24 juillet 1995 : bombe dans un autobus, 6 morts.
- 25 février 1996 : attentat à Ashkelo et bombe à Jérusalem, 26 morts.
- 3 mars 1996 : bombe dans un autobus, 19 morts.
- 4 mars 1996 : bombe dans un centre commercial, 13 morts.
- 21 mars 1997 : attentat suicide à la terrasse d'un café, 3 morts, 46 blessés.
- 30 juillet 1997 : attentat dans un marché, 15 morts, 170 blessés.

[236] En 1992, le nombre de victimes palestiniennes s'élève à 158.

israéliens (opérations des 2 mai 1980 et 7 juillet 1983). Dans l'année précédant l'Intifada, les partisans du jihad regroupés sous l'appellation de Jihad islamique lancent une série d'opérations punitives. Ancrant leur présence dans le paysage israélo-palestinien, ils préparent le soulèvement des territoires de Cisjordanie et de Gaza en décembre 1987. Le passage à l'étape d'insurrection armée qu'est l'Intifada se manifeste en crescendo : cantonnée au début dans les territoires occupés à des jets de pierres de jeunes Palestiniens en rébellion, elle prend, dès 1990, la forme d'un conflit étendu à Israël, où des individus isolés puis des organisations plus structurées développent une violence meurtrière contre les Israéliens. Si, jusqu'en 1990, les groupes nationalistes comme El-Fatah sont largement majoritaires sur le terrain par rapport aux islamistes du Hamas, la guerre du Golfe, en radicalisant la scène politique palestinienne, contribue à l'essor des radicaux islamistes. Des commandos armés commettent des attentats en Israël, tandis que des individus isolés, notamment des femmes, sont envoyés au suicide en tant que bombes humaines.

Alors que le Hamas place sa priorité dans la lutte contre les Palestiniens laïques représentés par l'OLP, le Jihad de Palestine porte son offensive dans le combat contre l'ennemi israélien. Yasser Arafat tente de les rallier à sa cause[237].

Le ***Jihad Islamique***, plus qu'un groupe cohérent, représente une série de factions avec pour objectif commun la création d'un Etat islamique palestinien et la destruction d'Israël. Il s'oppose aux Etats-Unis comme aux gouvernements arabes modérés présentant une forme de sécularisation à l'occidentale. Des commandos du Jihad s'illustrent, dès 1986, par des attentats contre des soldats israéliens à Jérusalem (15 octobre 1986) ou contre des Israéliens dans les territoires occupés de Gaza. Le combat engagé contre «l'occupant » israélien le pousse à rechercher une alliance avec

---

[237] Mais en vain, même si l'on note à partir de 1990 un rapprochement entre le Hamas et le FPLP en raison de leur appel partagé à une escalade de la violence.
A côté des deux mouvements principaux cités, un troisième apparaît dans le mouvement activiste islamiste : le *Hezbollah* de Palestine créé en 1989. La similitude d'appellation avec les mouvements terroristes libanais marque bien la continuité d'un mouvement religieux radical florissant dans le monde musulman.

l'OLP et à créer une coordination dans l'espoir d'intensifier le soulèvement. Mais l'unité fait défaut au sein du mouvement islamiste.

Le déclenchement de l'Intifada donne naissance au mouvement ***Hamas***[238], qui à l'origine ne se pose pas en mouvement terroriste. Il représente la branche palestinienne des Frères musulmans et bénéficie au départ de la complaisance d'Israéliens ravis de voir l'OLP doublée sur le plan de l'islam. Ce n'est qu'au début des années 90, face à l'accélération du processus de paix dans lequel l'OLP s'est engagé, que le Hamas se radicalise et crée une branche militaire ayant recours au terrorisme pour établir un Etat islamique palestinien à la place d'Israël. Le Hamas ne se développe pas en tant que mouvement religieux nationaliste s'opposant à des organisations laïques, mais situe son action sur la scène politique : «affirmer l'alternative nationaliste » face à une OLP qui aurait trahi les intérêts du peuple palestinien.

Il en découle un type de terrorisme inédit, empruntant à la fois au politique et au religieux. Ce mouvement se coupe des logiques des mouvements islamistes traditionnels, égyptiens ou algériens, en lutte contre la « trahison » des valeurs de l'islam. Les islamistes du Hamas se posent dans la continuité du combat mené par les fedayins de l'OLP, en transposant dans une sphère religieuse et symbolique la bataille nationaliste : suite aux accords d'Oslo, les fedayin cèdent la place aux moudjahiddin dans la défense de l'identité nationale palestinienne. L'éclatement de la stratégie activiste à l'échelon idéologique se retrouve sur le terrain par un mélange de rationnel et d'irrationnel, faisant du terrorisme une menace diffuse quasi incontrôlable.

Le Hamas regroupe des éléments en provenance des mosquées et des institutions sociales, lieux où il peut trouver de l'argent et diffuser sa propagande. Il renferme aussi dans ses rangs des activistes utilisant la violence clandestine. En tant que représentation électorale, il dispose d'une base potentielle, même s'il ne peut se prévaloir d'un électorat stable.

---

[238] Hamas est l'acronyme de « Harakat La Moukawama La Islamya » (Mouvement de la Résistance Islamique).

Ainsi, le Hamas n'est pas seulement le paravent politique d'organisations militaires ou terroristes, mais également une nébuleuse d'associations, de sociétés d'entraide, d'écoles, de dispensaires, de cliniques, dont les activités s'étendent bien au-delà de la sphère politico-religieuse et fournissent, entre autre, une base de soutien et de propagande à des actions radicales. L'impressionnant réseau tissé par le Hamas au cœur de la société palestinienne fait de lui la seconde force politique de Palestine après l'OLP.

Outre l'engagement politique et social, l'activité militaire du Hamas est l'œuvre de la *brigade Azzedine al-Qassam*, forte d'une centaine d'hommes répartis en cellules totalement autonomes de cinq ou six combattants.

La formation de la plupart des activistes est assurée par des instructeurs iraniens, libanais ou soudanais, souvent vétérans des maquis afghans. D'autres ont acquis leur formation militaire au Sud Liban, où ils avaient été déportés par l'armée israélienne. Ses réseaux étendent leur influence jusque dans les communautés musulmanes implantées aux Etats-Unis, en Allemagne, en Grande-Bretagne et en France, où ils collectent les fonds indispensables à la poursuite du combat. Des soutiens proviennent également des pays du Golfe, de l'Arabie saoudite ou encore de l'Iran ou du Soudan. Dans ce pays, soupçonné d'être un des lieux de blanchiment d'argent des mouvements terroristes islamistes, les mouvements islamistes palestiniens, Hamas et Jihad, sont officiellement présents dans la capitale. L'appui s'étend aux services de renseignements syriens combattant Israël et les puissances occidentales soutenant le processus de paix.

Voilà un ensemble de mouvements terroristes éclatés en dizaines de groupes autonomes, bénéficiant d'une implantation sociale, d'un soutien étranger, portés à la lutte armée par une idéologie intégrant nationalisme politique et islam. Sur le terrain, cela se traduit depuis une décennie, par une stratégie de massacres en série ayant pour cibles « tout juif et tout colon juif »[239]. La violence prend fréquemment la forme d'attentats suicides aux

[239] Charte du Jihad prônée par le Hamas.

effets spectaculaires et au nombre élevé de victimes, destinés à ébranler non seulement le système local mais également à rebondir sur la scène internationale afin d'obstruer le processus de paix. Depuis la signature des accords de paix, ces actes fanatisés se multiplient en Israël.

Le Jihad islamique noue avec le terrorisme aveugle, dès février 1990, en s'attaquant à un bus, en Egypte, tuant 11 personnes dont 9 Israéliens, puis par des attentats contre les intérêts israéliens dans la bande de Gaza. Sa capacité à mener des opérations terroristes dans une optique transnationale transparaît dans la menace publique du leader du Jihad contre les intérêts américains.

Depuis les premières années de son passage à l'action armée, le Hamas a conduit diverses attaques contre des intérêts civils et militaires israéliens, des palestiniens soupçonnés de coopération avec Israël et des rivaux de El-Fatah. En 1992, le Hamas intensifie ses opérations anti-israéliennes, notamment contre des unités militaires. Ses méthodes d'actions sont diversifiées et empruntent à celles du conflit libanais : mines, mitraillages, voitures piégées. Mais la spécificité de ce mouvement est la technique des attentats suicides, dont le nombre s'élève en 1996 à plus d'une vingtaine : de jeunes Palestiniens, fanatisés par le Hamas, servent de kamikazes pour semer la mort dans des autobus de Jérusalem ou d'autres lieux publics (gare routière de Hadera, magasin de Tel-Aviv). Le double attentat suicide du Hamas sur le marché juif de Jérusalem, le 30 juillet 1997, qui fait 15 morts et 170 blessés, est qualifié par le mouvement de « réponse concrète aux pratiques sionistes contre notre peuple et notre nation » et d' « option réaliste et fructueuse dans la résistance à l'occupation »[240].

Ce type d'attentat a deux conséquences pour le mouvement, suivant que l'on se place du côté de sa popularité ou des effets recherchés. Les massacres desservent la cause de libération nationale et l'adhésion populaire attendue. L'erreur est reconnue par un des dirigeants du mouvement de la résistance islamique à Gaza, Ghasi Hamad, qui constate « l'effet négatif pour le

[240] Communiqué du mouvement Hamas reçu par l'AFP suite à l'attentat du 30 juillet 1997.

mouvement » de ces opérations militaires[241]. Alors que le Hamas avait acquis, pendant l'Intifada, une légitimité qui poussait le chef de l'OLP à construire un consensus inter-palestinien, le passage à la violence irrationnelle inverse la situation, faisant des factions islamistes des groupuscules à désarmer, autant pour l'OLP que pour les Israéliens.

La face positive de ces actions est pourtant d'entraver le processus de paix. Chaque vague d'attentats le déstabilise et freine sa progression. Les attentats du printemps 1996 contre des bus israéliens, provoquant la mort de 60 Israéliens, contrebalancent les victoires récentes (évacuation des grandes villes palestiniennes de la Cisjordanie par les Israéliens) ; ceux de l'été 1997 paralysent des négociations qui semblaient repartir. Israël prend alors des positions sévères en accusant les autorités palestiniennes de faiblesse dans leur lutte contre le terrorisme. Après le double attentat suicide perpétré par le Hamas le 30 juillet 1997, le gouvernement israélien bloque les négociations de paix et cesse les transferts à l'Autorité palestinienne des sommes qui lui sont dues. Le terrorisme démontre son pouvoir dans cette partie du monde. Son effet immédiat constitue un encouragement à sa continuité.

Si la stratégie violente des islamistes opposés au processus de paix s'est jusqu'à présent cantonnée à la sphère géographique concernée, les prises de position occidentales en faveur de la paix seraient-elles susceptibles de provoquer une vague de violence transnationale en direction de leurs intérêts, à titre d'intimidation ? L'hypothèse peut être envisagée, même si aucun signe en ce sens ne s'est manifesté. La progression du Jihad islamique dans une optique de transnationalité s'illustre par le renforcement de son implantation dans les camps palestiniens du Liban, notamment grâce à une alliance passée, au début de l'année 1995, avec le Hezbollah libanais et le Hamas[242].

---

[241] *Palestine Report,* Jérusalem, 25 octobre 1996.

[242] La liaison entre le Hamas et le Hezbollah apparaît clairement à l'occasion des bombardements menés, en avril 1996, par le Hezbollah sur le nord d'Israël.
Toutefois, cible des services israéliens comme de ceux de l'OLP, le Hamas connaît de vives scissions entre ultras et pragmatiques au sein de sa branche militaire. Des cellules agiraient en dehors de la direction politique et militaire

Une évolution favorable passerait par l'engagement des islamistes dans le processus électoral, ce que le Hamas, à travers sa branche politique, se proposait de faire. Mais, le barrage à une telle initiative demeure, en 2001 comme en 1997, « l'association à la gestion d'un processus dont ils nient la légitimité »[243].

L'échec du sommet de Camp David[244], en juillet 2000, conséquence du refus par les palestiniens du plan de partage de Jérusalem, provoque la radicalisation des deux parties. Face à la reprise de l'Intifada, non seulement dans les territoires occupés en Cisjordanie, à Gaza et à Jérusalem-Est mais aussi en Israël même, des groupes d'autodéfense juifs se créent, en représailles.

II.- Le risque sioniste

L'acte de terrorisme majeur de ces dernières années sur la scène mondiale est sans aucun doute l'assassinat du Premier ministre israélien, Itzhak Rabin, le 4 novembre 1995, par un terroriste juif intégriste, Yigal Amir, révélateur d'une fracture au sein de la société israélienne. Le danger émane d'une multiplication de groupes juifs violents prêts à tout pour saborder le processus de paix, à l'instar des groupes religieux palestiniens.

La pratique terroriste n'est pas étrangère au peuple juif. Jusqu'à la seconde guerre mondiale, le peuple juif combat la population arabe, instaurant pour assurer sa défense trois organisations qui approchent de façon diverse un objectif commun. Pour assurer l'autodéfense de la communauté sioniste est créée l'organisation paramilitaire du mouvement sioniste, la ***Haganah***, noyau des forces israéliennes. A celle-ci s'ajoute une organisation, armée secrète du mouvement « révisionniste », qui fait de la clandestinité et de la violence ses caractéristiques essentielles : ***l'Irgoun***. Instaurant une ligne dure d'opposition à la rébellion

---

intérieure du mouvement. La direction intérieure est divisée. La brigade Azzedine al-Qassam, qui dépend de la direction extérieure, se trouve au bord de l'éclatement.

243 Levitt Wendy Kristianasen, « Hamas au bord de l'explosion », *Manière de Voir*, le Monde Diplomatique, « Géopolitique du chaos », février 1997.

244 Quatre dossiers se trouvent au centre des négociations : la superficie du futur Etat palestinien, la questions de la sécurité, de Jérusalem et des réfugiés.

arabe, l'Irgoun, renforcé dans sa détermination autoritaire par les persécutions subies par le peuple juif en Europe, ainsi que par la limitation de l'entrée des juifs en Palestine décidée par la Grande-Bretagne en 1939, tente par la lutte terroriste de réveiller l'identité nationale au sein de la communauté juive.

A l'affrontement contre la communauté arabe, le mouvement sioniste ajoute la lutte pour l'indépendance dirigée contre les Britanniques et destinée à les porter hors de Palestine. L'action est dévolue au groupe ***Stern***[245]. En se détachant de l'Irgoun, ce groupe se lance, en 1945 à l'initiative de Ben Gourion, dans une campagne terroriste au nom de la société que construit la communauté juive de Palestine avant la création de l'Etat d'Israël (Yichouv). Sa violence n'a jamais été égalée par une autre organisation sioniste : massacre du village palestinien de Deir Yassin faisant 230 victimes ; meurtre du ministre d'Etat britannique au Moyen-Orient, Lord Mayne, le 6 novembre 1944, en représailles au naufrage, le 24 février 1942, d'un navire portant 800 réfugiés sionistes dont l'accostage avait été refusé ; meurtre de nombreux policiers britanniques ; bombe déposée à l'hôtel David de Jérusalem, siège du quartier général anglais, le 22 juillet 1946. Cette violence se conçoit comme le contre-choc des atrocités commises à la même époque contre la communauté juive.

Alors que, pendant le conflit mondial, la Haganah, attachée au respect des principes démocratiques, condamne les actes extrémistes de l'Irgoun et du Stern, l'opposition du gouvernement britannique à l'immigration juive en Palestine provoque un revirement manifeste. La Haganah, sans devenir un groupe terroriste, apporte un appui virulent aux deux organisations activistes, en s'engageant dans un processus de sabotage des possessions palestiniennes : réseaux ferrés, gares, entrepôts.

Dépassés par l'antagonisme arabes-juifs qu'ils ne parviennent plus à arbitrer, les Britanniques se trouvent incapables d'endiguer la déferlante terroriste. Aux attaques contre les installations et intérêts britanniques répondent fouilles, raids, arrestations des membres de l'Agence juive et restriction des libertés civiles. Le peu de coopération de la population juive avec

---

[245] Du nom de l'extrémiste Abraham Stern, ancien terroriste de l'Irgoun.

l'occupant ne facilite pas la tâche britannique. La force des groupes israéliens se trouve dans cet accord tacite avec le peuple juif dont ils défendent ardemment le droit à l'existence autonome.

La réapparition d'un terrorisme sioniste, au cours de ces dernières années, s'inscrit dans la poussée religieuse que connaissent la société et la vie politique israéliennes[246]. Si les plus hautes autorités religieuses du pays et la majorité des politiques condamnent le terrorisme juif, il n'en demeure pas moins que 23 députés à la Knesset, 4 ministres et les partis religieux[247] n'ont jamais pesé aussi lourd sur la vie politique du pays. Des postes clés comme l'Education, l'Intérieur, les Transports et les Affaires sociales leur reviennent.

La violence religieuse sioniste trouve de profondes racines dans la poussée du judaïsme en Israël, sous l'impulsion du mouvement politico-religieux, ***Goush Emounim*** (bloc des fidèles), apparu en réaction à la défaite de 1973. Parti en guerre contre la laïcisation de la société israélienne au profit d'une « rejudaisation » de l'Etat hébreu, le mouvement franchit, au début des années 80, le pas du terrorisme, comme substitut à l'Etat israélien, jugé trop faible face au problème palestinien. Assassinats d'étudiants islamistes, de fonctionnaires palestiniens, de jeunes colons palestiniens, projets de dynamitage de mosquées ou d'attentat suicide contre des bus palestiniens sont les manifestations activistes sionistes d'une tentative de développement du judaïsme par le haut. Dans les années 90, ces mêmes mouvements, qui ont grandi dans le sous-sol de la société israélienne, se manifestent au grand jour avec un potentiel florissant de développement puisé dans la réaction contre le processus de paix israélo-arabe.

L'attitude violente des religieux n'est pas uniquement dirigée contre les Palestiniens mais également contre le système de vie

---

[246] L'opposition entre juifs ultra-orthodoxes et juifs non pratiquants se révèle avec l'irruption sur la scène politique locale à partir de 1988 de partis religieux dépassant 15% des voix.

[247] Trois partis religieux : Mafdla, Juifs unis de la Torah, Shas. Cette répartition est celle présente avant l'élection de Ehud Barak, le 17 mai 1999.

occidental auquel les juifs israéliens ont ouvert leurs portes. La rencontre entre deux pensées, deux courants est propice à l'émergence d'une frange extrémiste intégriste. Aussi n'est-il pas étonnant que certains actes de violence visent les signes extérieurs de l'occidentalisation : kiosques à journaux, sex shop, incendies d'abribus, de synagogues, de magasins vendant des produits non casher. Bref, la fin de la décennie 80 voit l'éclosion d'un terrorisme alliant fanatisme religieux et fanatisme politique, exacerbé par des juifs contre d'autres juifs. Imposer à la société israélienne les normes en vigueur dans l'Antiquité, revenir aux textes sacrés et sauver la nation juive de la volonté liquidatrice des Arabes, telles sont les préoccupations majeures des intégristes sionistes.

On distingue deux types de fondamentalistes juifs en Israël. Les premiers, ultra-orthodoxes, prônent le respect d'un mode de vie similaire à celui du XVIIe siècle. Les seconds, nationalistes, apparus après la guerre de 1967, sont animés par le dessein de repeupler de juifs les terres palestiniennes. Pour eux, les Palestiniens ne sont que des étrangers occupant la terre promise par Dieu au peuple juif. Le courant se radicalise après la signature des accords d'Oslo. Des rabbins appellent à la condamnation à mort de tout juif qui remettrait des parcelles du territoire d'Israël à des étrangers. Un précepte qu'Yigal Amir a fait sien.

Le caractère déstabilisant du phénomène se trouve dans l'imprévisibilité et l'isolement des manifestations de force. Les groupes les plus violents sont au nombre de trois. Le ***Goush Emounim*** s'illustre au début des années 80 par des attentats anti-arabes. Le ***Kach,*** fondé en 1971, composé de groupuscules officiellement désignés comme terroristes, lutte pour l'expulsion des Palestiniens hors des territoires occupés. Il bénéficie d'une implantation relative avec la présence d'une branche militaire, d'une milice et de liens très étroits entretenus avec la communauté juive new-yorkaise. Enfin, ***Eyla***, dont Yigal Amir était proche. Pourtant un seul des trois terroristes passés à l'action, Barusch Goldstein, appartenait clairement à un mouvement, le Kach.

La convergence entre la foi et l'histoire en terre biblique a été jusqu'à présent le fait d'individus jeunes, détachés de toute emprise groupusculaire, agissant à l'image de kamikazes, pensant par leur geste défendre l'identité juive. Le danger réside dans la violence et l'importance des cibles choisies par ces nouveaux fanatiques. Il ne s'agit pas simplement de marquer une contestation matérielle mais bien de tuer, de faire changer les choses rapidement, bref, de mettre fin au péché. Le massacre aveugle de la mosquée d'Hébron le 25 février 1994, l'assassinat d'Itzhak Rabin le 4 novembre 1995 ou le mitraillage de Palestiniens sur le marché d'Hébron le 1er janvier 1997 sont le fait de jeunes Israéliens - 25 ans pour Yigal Amir, 18 ans pour Noam Friedman - qui ont en commun de s'être longuement penchés pendant leur jeunesse sur les écritures sacrées et d'éprouver le désir de tuer pour le salut d'Israël. Leurs actions font oeuvre de propagande, servant d'exemples à une jeunesse exaltée par le fanatisme sanglant : Yigal Amir idolâtrait Barusch Goldsteïn, responsable de la tuerie d'Hébron.

On assiste à une personnalisation de l'action terroriste inconnue jusqu'alors : c'est au nom de la vénération de l'auteur d'un crime messianique qu'un jeune décidera de passer à l'action ou que des dizaines d'intégristes fleuriront la tombe de celui qui devient pour eux un « martyr ». A tout moment, un exécutant du droit divin peut surgir, parmi ces hommes en colère, pour semer la terreur et la mort. En cela ce type de terrorisme est imprévisible, impalpable, incontrôlable ; fruit de l'impulsion psychologique d'individus insérés dans la société israélienne. La violence des intégristes israéliens et palestiniens dépasse le cadre de la guerre israélo-palestinienne menée par les moyens parallèles de l'action clandestine pour devenir la lutte d'Israéliens contre d'autres Israéliens, de Palestiniens contre d'autres Palestiniens.

Des dizaines de groupuscules opposés à l'autonomie palestinienne, composés d'un noyau de quelques dizaines de membres mais bénéficiant de l'appui de milliers de sympathisants répartis dans l'Etat hébreu, ont été révélés à la connaissance des services secrets israéliens. Si ces groupuscules ne se présentent pas d'emblée comme des organisations terroristes, le fanatisme des adeptes, l'accumulation par certains d'armes, d'explosifs, comme l'appui de soutiens étrangers laissent présager une menace terroriste sous-jacente. Se forment autant de micro-réseaux, de micro-communautés fanatisés par la défense d'Israël et l'observation de la « Halakha » (loi religieuse), dont un des membres, sur ordre du clan ou de sa propre initiative, peut à tout moment donner sa vie pour « assassiner la paix ».

A travers le rejet du processus de paix se profile celui du monde occidental et de ses valeurs. La violence israélienne pourrait-elle dépasser les seules frontières de l'Etat juif pour frapper les intérêts des Etats favorables au processus de paix ? La prise de position de la France et des Etats-Unis pour la Palestine fait de ceci une hypothèse à envisager. Tout redémarrage du processus de paix encourage les extrémistes juifs à faire capoter les choses. Si l'Union européenne s'engage dans ce processus et se heurte à Israël, certains chercheront peut-être des boucs émissaires qui pourraient être des représentants de l'Union européenne.

Au cours de l'automne 2000, la France connaît une exportation de la crise israélo-palestinienne sur son territoire : des bandes de musulmans se livrent à des agressions anti-juives dans la région parisienne. Certes, les intérêts français ne sont pas visés, mais le territoire national devient la cible d'un règlement de comptes entre communautés étrangères. Les méthodes utilisées n'entrent pas encore dans la catégorie des attentats terroristes, puisque les agressions successives, commises entre le 1er et le 15 octobre 2000, prennent la forme de tentatives d'incendies criminels[248], d'incendies criminels[249], de saccages et de

[248] 7 octobre : restaurant Cacher, Paris, 19e ; Ecole,Aubervilliers ;
8 octobre : synagogue, Clichy-sous-Bois ; synagogue, Creil ;
9 octobre : lieu de culte, Paris
11 octobre : centre communautaire, Colombes ;
12 octobre : habitations particulières, Orly ; synagogue, Garges-lès-Gonesse ; synagogue, Longumeau ;
13 octobre : synagogue, Chevilly-Larue ; synagogue, Bagnolet ; synagogue, Noisy-le-Sec ; synagogue Meaux ;
15 octobre : synagogue, Meudon.

[249] 3 octobre : synagogue, Villepinte
10 octobre : synagogue, Les Ulis ; synagogue, Trappes
13 octobre : synagogue, Paris, 19e ; synagogue, Bondy.

profanations[250], de jets de pierre, de coups et blessures[251]. On note une agression armée à la Grande synagogue dans le 9e arrondissement de Paris. Mais, la capacité organisationnelle des auteurs de ces attaques, leur provenance des quartiers difficiles, leur jeunesse, leur passé de délinquant, leur contact avec les prédicateurs intégristes appelant au combat antisioniste laissent craindre la fomentation d'un terreau terroriste, prêt à commettre des attentats antisémites si l'ordre en est donné. Et pourquoi pas contre l'Etat français, si celui-ci vient à prendre une position qui leur déplait dans le conflit israélo-palestinien.

La violence des « martyrs »

Le refus de la modernité s'exprime sous des formes et à des degrés divers, selon qu'il implique des islamistes au Caire ou à Téhéran, des rabbins à Jérusalem, des égorgeurs à Alger ou des conducteurs de camions suicides au Liban.

Ce type de comportement est d'autant plus dangereux qu'il s'affirme chez des personnes cultivées - diplômés, étudiants, scientifiques - souvent occidentalisées, qui s'inscrivent malgré tout dans une contestation des valeurs occidentales de liberté individuelle, des droits de l'homme, d'égalité des sexes. Elles en viennent à considérer le progrès comme une décadence, la raison comme un péché. Leur déception s'exprime face à des stéréotypes importés d'autres lieux, d'autres temps. Par le fusil et les bombes, la jeunesse exprime son désespoir et sa désillusion, dans un univers tiraillé entre tradition et modernité. L'intrusion trop rapide de celle-ci, dans un espace peu préparé, provoque un effet de boomerang.

---

[250] 7 octobre : synagogue, Bagnolet
10 octobre : synagogue, Les Ulis ; synagogue, Paris, 19e.

[251] 1er octobre : synagogue, Aubervilliers ; synagogue, Paris, 19e ;
4 et 5 octobre : Ecole, Paris, 19e ;
4 octobre : Ecole, Saint-Ouen ;
10 octobre : synagogue, Paris, 19e ; synagogue, Vincennes ;
11 octobre : université d'Assas ; Synagogue, Paris, 19e ; Quartier Saint-Paul, Paris, 4e ;
12 octobre : école, Savigny-sur-Orge ;
13 octobre : Boulevard Serrurier, Paris, 19e ; école, Paris, 19e ;
15 octobre : synagogue, Yvry-sur-Seine ; synagogue, Bagnolet ; lieu de culte, Villeneuve-la-Garenne ; Habitations particulières, Kremlin-Bicêtre.

Le fanatisme tel qu'il s'est développé à travers des opérations terroristes menées au nom d'un idéal politico-religieux, islamiste comme sioniste, prend la forme d'une violence de « martyrs ».

La révolution iranienne introduit dans un espace moderne une idée de sacrifice, dont la secte des Hachischins au XIIe siècle s'était fait le précurseur en poussant ses membres à se jeter poignard à la main au devant d'une mort certaine pour assassiner les ennemis désignés par leur maître[252]. Le fanatisme, par la crainte et la haine de l'autre qu'il véhicule, pousse à des actes de désespoir : les adolescents iraniens, volontaires ou influencés par la propagande, qui, en 1982, donnent leur vie dans la guerre contre l'Irak pour frayer un chemin aux chars iraniens, en sont la première expression. L'invasion du Liban par Israël, en 1982, est l'occasion pour les radicaux chiites iraniens formés dans la plaine de la Bekaa de transposer dans le domaine du terrorisme une pratique jusque-là cantonnée à un conflit armé. De jeunes chiites au volant de camions piégés se font sauter au Liban contre le commandement israélien de Tyr en 1982, puis contre le poste des soldats français du Drakkar et celui des marines américains, à Beyrouth en 1983. Le phénomène du martyr trouve son essence dans la conception chiite de la religion musulmane, la notion de « bassidji » s'applique aux groupes minoritaires d'adolescents révolutionnaires iraniens, issus des couches urbanisées défavorisées de la société. Mieux vaut rencontrer une mort « digne » offerte au sacrifice islamiste plutôt que de vivre une vie sans lendemain : telle est la philosophie dans laquelle le modèle bassidji puise son sens. Le phénomène du martyr devient un acte politique (départ des Occidentaux du Liban en 1984, sabotage du processus de paix en 1996).

L'évolution de la situation israélo-palestinienne en faveur du compromis de paix radicalise le mouvement Hamas qui, en appelant à une Palestine islamique du « fleuve à la mer », suscite la pratique de l'attaque suicide. On passe alors d'une rébellion de

[252] La différence avec les martyrs d'aujourd'hui est que ceux-ci tuent par désespoir alors que les premiers, sous l'emprise de drogues, le faisaient par quête du paradis. Le martyr ne se rattache pourtant au commandement d'aucune religion, le suicide n'étant prôné par aucune d'elle.

masse incarnée par l'Intifada à une action d'individus isolés, héros d'une cause qu'ils croient encore pouvoir défendre au prix de leur vie. Les attentats suicides deviennent l'arme de dernière heure de personnes n'ayant plus rien à perdre.

Au Sri Lanka, le LTTE a érigé, depuis quinze ans, l'attentat suicide en méthode offensive privilégiée. Une de ses unités est vouée à la fanatisation de bombes humaines.

La notion de « désespoir » est analysée par le sociologue Farhad Khosrokhavar à propos des martyrs de la guerre contre l'Irak[253]. L'abandon de leur vie devient pour ces jeunes hommes l'ultime moyen de redonner une dimension humaine et sacrificielle à un conflit dominé par des enjeux géopolitiques instrumentalisés par les grandes puissances occidentales. Farhad Khosrokhavar écrit : « La martyropathie devient l'expression ultime du "politique" et en même temps, le moyen légitime par lequel se constitue l'individu devant la mort ».

Une part de fanatisme s'exprime également dans les menaces proférées contre des médecins pratiquant l'avortement aux Etats-Unis, dans les assassinats commis par les adeptes du Temple solaire, dans la destruction d'un immeuble fédéral par une milice patriotique ou dans l'envoi de sarin dans le métro de Tokyo. Ce sont autant d'actes, mus par la recherche d'une pacification sociale, difficiles à appréhender, en raison de l'absence de projet rationnel.

[253] Khosrokhavar Farhad, *L'islamisme et la mort*, Paris, L'Harmattan, 1995, 215p.

III.- Le retour du terrorisme sectaire

Quel lien établir entre les concepts de « secte »[254] et de « terrorisme » ? Trois caractères de reconnaissance d'une entité sectaire présentent une similitude avec certaines composantes du phénomène terroriste. D'abord, sa composition : un clan de personnes. Ensuite, son fil conducteur : la défense d'une même idéologie, d'une même doctrine. Enfin, son isolement : un groupement clos sur lui-même, créé en opposition à des idées et pratiques dominantes. Autant d'éléments qui affichent *a priori* une compatibilité structurelle entre cette expression religieuse et celle de la violence terroriste, sans impliquer une liaison entre les deux, les sectes n'incluant pas à l'origine une dimension violente.

La religiosité se développe ici en dehors des grandes religions reconnues. Elle se traduit par le culte de puissances divines, passant par l'obéissance absolue à un « maître », incarnation sur terre de l'esprit divin. Une micro-société se façonne autour d'un chef charismatique.

Le phénomène sectaire est d'approche complexe puisque partie intégrante de la liberté de conscience et de culte en tant que manifestation religieuse, il devient répréhensible lorsqu'il revêt un caractère délictueux. La limite entre les deux est fragile.

La prolifération, aux Etats-Unis comme en Europe, depuis vingt ans, de ce type de communauté a donné récemment naissance à des groupes dotés de logiques non cartésiennes qui, dans un contexte de fin de siècle et de fin de millénaire, tentent de « purifier la planète » par des opérations terroristes soit à l'intérieur de leur propre groupe (massacre des davidiens à Waco en 1993, ou du Temple solaire en Suisse en 1994), soit à l'encontre de la société extérieure (attentat au sarin à Tokyo le 30 mars 1995). Ces

---

[254] La définition de la secte donnée par la commission d'enquête sur les sectes à l'Assemblée nationale en 1996 est la suivante : « Groupes visant par des manœuvres de déstabilisation psychologique à obtenir de leurs adeptes une allégeance inconditionnelle, une diminution de l'esprit critique, une rupture avec les références communément admises (éthiques, scientifiques, civiques, éducatives) et entraînant des dangers pour les libertés individuelles, la santé, l'éducation, les institutions démocratiques » (Gest Alain, *Les sectes en France*, Paris, Banon, 1996, 144p.).

opérations se caractérisent par un nombre de victimes supérieur à toute autre forme d'attaque terroriste : 12 morts et 5 500 blessés à Tokyo, 86 morts à Waco, 53 en Suisse et 900, en 1978, lors du suicide massacre collectif du Temple du peuple en Guyane.

Sectes et violence

Les sectes apparues sous l'Empire romain, à la suite de la persécution des premières communautés chrétiennes, refont surface au Moyen-Age. En témoignent les procès en sorcellerie dirigés contre des personnes réunies en petits comités pour vénérer une puissance autre que celle reconnue. Présentes dans la religion chrétienne et dans la religion musulmane, elles fleurissent au début du siècle dans les pays anglo-saxons et prennent leur expansion dès la fin des années 60 aux Etats-Unis et à travers l'Europe. Mouvements orientalistes et ésotériques, mouvements issus du tronc judéo-chrétien touchent un public toujours plus large de toutes origines sociales. L'enrôlement dans une secte s'assimile à un refuge, une réponse aux phénomènes perturbateurs du monde moderne que sont la crise économique et l'éclatement des structures familiales. Une nouvelle vision du monde est proposée : la secte japonaise Aum offrait à ses membres une vie ayant un sens destinée à combler un vide spirituel.

L'emploi du terrorisme par une secte se pose aujourd'hui comme une menace encore floue, imprécise, difficilement quantifiable et prévisible. Il ne s'agit en réalité que d'une redécouverte[255]. Le terrorisme revient à ses origines, ce qui rend préoccupants les discours de certaines sectes, susceptibles de basculer un jour ou l'autre dans des pulsions suicidaires ou meurtrières : détruire le monde pour le sauver.

---

[255] La violence terroriste est apparue, pour la première fois, sous la forme sectaire. Entre 66 et 73 après JC, la société secrète des Sicaires s'affirme en réaction à l'annexion administrative de la province de Judée par Rome. Puis d'autres sectes, en d'autres lieux, à d'autres époques, usent de la tactique terroriste : les Kharidjites (658 ap.JC), les 'Ayyarun (Xe siècle), les Assassins (XI-XIIIe siècle), les Thugs (XIVe siècle).

La violence générée par une petite organisation d'hérétiques à l'encontre du reste de la société fonde les sources d'une terreur au service des faibles.

Le terrorisme sectaire présente aujourd'hui une double nature : il se manifeste à l'extérieur et à l'intérieur d'une communauté. Les cas les plus fréquents sont ceux de morts collectives au sein d'un groupe. Si des meurtres déguisés en suicide peuvent être qualifiés de terrorisme, c'est qu'ils ressortissent de manœuvres organisées par un gourou. Les morts de membres de la secte du Temple solaire au Canada, en Suisse et en France, entre 1994 et 1997, s'inscrivent dans ce type de violence.

Les pulsions millénaristes ayant abouti à la menée ou à la tentative d'actes terroristes contre la population ont eu lieu jusqu'à présent au Japon et aux Etats-Unis. Il est à craindre que ce phénomène apparu dans ces pays mettent dix ans pour arriver en Europe. La France a commencé à être touchée par ce type de suicide meurtre déguisé au sein de la communauté du Temple solaire. Même si cette violence est restée jusqu'à présent au sein de la secte, on ne peut exclure qu'un jour celle-ci ne s'extériorise par le fait de quelques individus illuminés se trouvant suffisamment déconnectés de la réalité pour commettre un acte abominable à l'extérieur.

Le rapport parlementaire sur les sectes, établi en 1996 à partir d'une enquête des renseignements généraux, identifie certaines sectes dont le caractère apocalyptique laisse craindre un basculement dans l'action violente contre la société. Présentant, selon ce rapport, des « dangers indéniables pour l'individu comme pour la société »[256], le phénomène sectaire nécessite une prévention à tous les niveaux. Une coopération internationale s'impose, si l'on prend pour exemple la transnationalité du Temple solaire dont les ramifications s'étendent au Canada, en Suisse et en France. L'internationalisation se retrouve dans la secte japonaise ***Aum***, auteur de l'attentat au sarin dans le métro de Tokyo le 30 mars 1995, qui revendique une présence de 10 000 fidèles au Japon,

---

[256] Gest Alain, *Les sectes en France*, Commission d'enquête sur les sectes, Assemblée nationale, Paris, Banon, 1996, 144p.

30000 en Russie et d'autres à New York, à Bonn, au Sri Lanka. Quand on sait l'attrait que la secte Aum a pour les matières dangereuses, dont elle possède certaines sortes réparties dans vingt-cinq monastères du pays, on comprend l'acuité du phénomène et le risque qu'il représente pour la sécurité mondiale.

Cette secte d'obédience néo-bouddhisme créée à la fin des années 80 est une caricature de scénario catastrophe. Commandée par un gourou, Shoko Ashara, aux allures rocambolesques, que ses fidèles suivent sur le plan spirituel et vestimentaire, la secte dispose de 150 tonnes de produits chimiques permettant la fabrication de gaz mortels comme le sarin, le tabun, le gaz moutarde, mais aussi de drogues et d'explosifs. A cela s'ajoutent des laboratoires où sont fabriquées des armes bactériologiques d'une puissance inégalée[257]. Le 30 mars 1995, la secte n'en n'est pas à sa première expérience, puisque, depuis 1993, elle tente de concevoir des nuages toxiques dont l'un d'eux, émis à Mortsuenoto, s'est révélé mortel pour sept personnes.

Le mouvement dispose d'un potentiel terrifiant : capacité de fabrication d'armes de destruction massive ; acquisition d'armes et de techniques sophistiquées, notamment via la Russie ; pénétration de secteurs industriels clés ; connaissances techniques ; soutien financier notable. La secte Aum est la première organisation de ce type à réaliser un attentat chimique par usage d'un gaz de combat, cinq cents fois plus puissant que le cyanure et dont les dégâts ont été limités : aveuglements, brûlures, vertiges, évanouissements, une dizaine de morts contre des milliers initialement souhaités par les auteurs si le dispositif de pulvérisation du gaz avait fonctionné. Ce premier essai s'est tout de même trouvé concluant. Ce que certains experts à travers le monde avaient théorisé trouve là une réalisation concrète.

L'acquisition d'un tel matériel laisse supposer que des organisations sectaires à vocation violente ont intérêt à entretenir des liens avec d'autres organisations se livrant à des activités parallèles et illégales. La forte implantation de la mafia au Japon fait présager de l'existence de passerelles entre ces deux types

---

[257] Un gramme de bactérie botulique suffit pour tuer 17 millions de personnes.

d'activités criminelles. La porte est ouverte à tous les financements occultes : narcotrafic, blanchiment, extorsion.

Ces organisations ne recourent pas aux méthodes habituelles des islamistes, nationalistes ou gauchistes : les explosifs et les mitraillettes. Loin de l'arme blanche de leurs ancêtres, les Assassins, les terroristes sectaires utilisent des méthodes extrêmes : tuer le maximum de personnes grâce à l'emploi de techniques puissantes de destruction par inhalation ou absorption. On conçoit combien la possession de matières nucléaires par ces organisations pourrait se montrer dangereuse. Le caractère onéreux de leur acquisition fait aujourd'hui obstacle à une telle probabilité, cantonnant ces individus au stade, déjà élevé, de la fabrication artisanale d'armes chimiques ou bactériologiques[258].

La menace terroriste en direction de l'extérieur, qui s'est réalisée, en 1995 au Japon, est déjà présente de façon latente aux Etats-Unis depuis deux décennies. L'***Ordre du soleil levant*** dispose, en 1972, de dizaines de kilo de virus (bacilles de la typhoïde) qu'il envisage de déverser dans les réservoirs d'eau des grandes villes du Midwest. Une ambition similaire se retrouve, en 1985, à New York et Washington où des néonazis ont l'intention de verser du cyanure dans les citernes de ces villes. Si de tels cauchemars apocalyptiques ne représentent que des exceptions rarissimes, ces pratiques ne sont pas, paradoxalement, parmi les plus complexes à réaliser : il est plus aisé de déverser du poison dans les canalisations d'une capitale que de détenir en otage dans une ambassade des dizaines de personnes pendant plusieurs semaines. La différence réside dans l'objectif poursuivi. Les matières de destruction massive ne peuvent être utilisées que dans la perspective de décimer une population[259].

---

[258] La combinaison des produits chimiques possédés par la secte Aum aurait potentiellement pu causer la mort de 4,2 millions de personnes.

[259] Cette pratique a été employée sous la forme d'un terrorisme étatique par l'armée irakienne, avec l'envoi de gaz chimiques sur les populations kurdes.

Terrorisme millénariste et apocalyptique

Les sectes aptes à se transformer en organisation criminelle sont celles ayant des conceptions millénaristes ou apocalyptiques. Alors que les millénaristes croient à une catastrophe planétaire, conséquence du désespoir actuel, d'où renaîtra un monde nouveau purifié, les doctrines apocalyptiques prêchent la venue d'un événement eschatologique imminent, destructeur de toute existence.

Le faible intérêt que portent les sectes apocalyptiques à la vie humaine rend leurs actions plus dangereuses.

Les mouvements millénaristes prennent forme chez les personnes ou groupes anticipant la mort imminente de leur monde particulier. Ceux qui optent pour la violence cherchent à précipiter le cours de l'histoire au lieu d'attendre l'avènement d'un monde meilleur. A l'origine concept chrétien trouvé dans les textes bibliques, il devient d'application plus large et se développe chez les fondamentalistes protestants aux Etats-Unis dans la décennie 60 pour dominer dans les années 70 avec l'ouverture en direction d'un public grandissant de cette « contre-culture » religieuse. La perspective apocalyptique a été analysée par des chercheurs comme Francis Fukuyama ou Robert Heilbrona qui décrivent la « fin de l'histoire » en termes de souffrance et de violence : guerre nucléaire pour les uns, famine généralisée ou catastrophe économique pour les autres. L'ordre actuel est pensé comme fragile et problématique.

Le millénarisme est éclectique : il repose sur un système de croyances contenant simultanément des éléments du christianisme, du régime orthodoxe et des concepts radicaux[260]. Les groupes s'y rattachant n'épousent pas la même vision de la fin des temps[261].

Le courant millénariste, actif aux Etats-Unis, est en plein essor. Les manifestations violentes de certaines sectes s'inscrivent,

---

[260] La secte du Temple solaire entre dans cette catégorie.

[261] Si nombre de mouvements qui paraissent hors des catégories religieuses traditionnelles, qualifiés de culte, développent des thèses millénaristes, on ne peut généraliser et voir dans chaque nouveau mouvement religieux un mouvement millénariste.

aujourd'hui, dans une optique de destruction intra-communautaire limitée aux membres de la secte.

Mais encore faut-il disposer des moyens appropriés à la « purification de la planète ». La secte Aum a montré qu'elle les possédait, même si ses actions sont demeurées artisanales. On peut craindre qu'ailleurs d'autres sectes, animées de pulsions millénaristes passent à de tels actes.

Si la croyance en une fin du monde imminente est aussi vieille que l'humanité, il n'en demeure pas moins qu'aujourd'hui les sectes et mouvements prêchant la fin des temps gagnent en influence. Les appels à la violence se justifient par l'annonce de la naissance d'une nouvelle sorte d'hommes et de femmes pour certains, par la destruction imminente du monde et le règne de l'Antéchrist pour d'autres. Le leader de la secte Aum croyait à l'apocalypse, tandis que David Koresh appelait à l'arrivée du dernier jour dans le ranch de Waco en 1993[262].

IV.- L'écoterrorisme

L'écologisme, en tant que courant de pensée dénonçant le déséquilibre croissant entre l'homme et son environnement naturel, souligne l'urgence d'une nouvelle orientation de la croissance économique et énergétique. Issu de mouvements des années 60 en faveur de la protection de la nature et de l'environnement, l'écologisme prône la recherche de formes de développement qui ne seraient pas productives de pollution et assureraient la satisfaction des besoins fondamentaux de l'homme. Ceci appelle une mobilisation de chaque individu, pleinement responsable de son avenir.

Un courant radical, certes minoritaire et longtemps sous-estimé, voire ignoré, émerge et prospère sur la base d'une frustration apportée par le progrès dans les pays industrialisés

[262] Le massacre de la secte Waco, au Texas, en février 1993, s'est suivi de l'intervention des autorités fédérales. Une confrontation entre les millénaristes et l'Etat avait déjà eu lieu par le passé, dans des proportions moindres, liée à la possession illégale d'armes à feu. Elle est appelée à se reproduire dans l'avenir.

occidentaux. Se profile la notion « d'écoterrorisme », entendue comme l'usage de la violence par un groupe environnementaliste, pour défendre la biodiversité, sur la base de thèses politico-environnementalistes : lutter contre l'énergie nucléaire, les constructions de routes, la pêche au filet. La défense de ces causes ponctuelles devient pour certains une priorité qu'ils entendent mettre en oeuvre au besoin par l'action directe, plus propice selon eux à la réalisation de leurs buts que ne peut l'être la constitution d'un lobby à opposer au gouvernement ou à l'industrie.

Le mouvement environnementaliste se scinde alors en deux branches. L'une est articulée autour d'actions légales, non violentes et démocratiques dans une optique d'éducation du public à la protection de l'environnement. L'autre est antidémocratique, fermée sur elle-même dans un rejet des non-violents et inscrite dans le courant de la « Deep Ecology »[263] développée par le philosophe norvégien, Arne Naess. A travers un retour en arrière, il appelle à une prise de conscience des sociétés industrialisées.

La genèse de l'écoterrorisme est longue, à tel point que l'on peut penser ne pas être aujourd'hui encore sorti de cette phase. Au début des années 70, le mouvement ***Greenpeace*** innove avec l'idée de « l'action directe » pour défendre la cause écologiste, mais celui-ci, comme la plupart de ses successeurs, se cantonne à la désobéissance civile.

Une première évolution est marquée par une scission au sein de Greenpeace, dont se détache un groupe avide de mesures plus extrêmes, pour former le ***Sea Sheperd Conservation Society***, doté d'une branche activiste, ***Orcaforce***. Elle se charge clandestinement du recueil d'informations et de la menée d'opérations destinées à remédier aux dégâts écologiques causés par les activités océaniques. Leurs plus grandes opérations se limitent à l'attaque de bateaux de pêche.

Le mouvement environnementaliste radical regroupe diverses organisations dont la plus célèbre et la plus active est incontestablement ***Earth First !***, apparue en 1980. Prédisant une imminente catastrophe biologique censée causer la destruction de

---

[263] Restauration écologique.

la moitié de la terre et des espaces d'habitation, elle s'engage dans un militantisme exacerbé de défense de l'environnement, glissant de la désobéissance civile aux actions terroristes.

L'idée d'un « changement radical » émerge en son sein. Et dès 1984, il inaugure une pratique terroriste qui lui est propre, le « tree spiking »[264], dans le but de persuader « l'US Forest Service » d'interdire les actions d'industriels contre le domaine public et de contraindre le Congrès à se prononcer sur la non-exploitation des terres publiques. L'écoterrorisme donne naissance à une variété de tactiques violentes qui se limitent au sabotage de la propriété publique ou privée, sans s'en prendre directement à la vie. L'action est proportionnelle aux buts visés : sensibiliser l'opinion publique à la menace que les sociétés modernes font peser sur l'environnement et tenter de dissuader l'industrie d'y porter atteinte. A Santa Cruz, en 1990, le groupe ***Earth Night Action Group*** détruit une tour de transmission d'électricité, plongeant 12 000 personnes dans l'obscurité.

La reconnaissance par les médias devient essentielle : cette violence s'inscrit uniquement dans la recherche d'un procédé susceptible de mettre sur le devant de la scène une idéologie cantonnée à l'arrière-plan.

L'esprit écologique très fort, présent en Allemagne, a poussé les écologistes de ce pays à la pratique de sabotages, à la limite d'opérations terroristes, en protestation contre le transport des déchets nucléaires.

La Grande-Bretagne abrite, depuis ces dernières années, un certain nombre de groupes écologistes prônant le passage au terrorisme pour combattre des programmes d'aménagement estimés contraire à la protection de la nature. L'***Environnemental Liberation Front***, les ***Green anarchists*** et le ***Freedom Network*** attirent l'attention de Scotland Yard et de son service antiterroriste, le Special Branch, en procédant à des actes de sabotage, à l'usage d'explosifs, au blocage de chantiers.

---

[264] Procédé consistant à introduire une pointe de métal à l'intérieur d'un arbre, blessant ceux qui voudrait l'arracher.

La tendance écologique développée dans les pays anglo-saxons prend également la forme d'une dénonciation radicale des sévices envers les animaux. En Grande-Bretagne fleurissent des mouvements extrémistes de protection des animaux comme le ***Front de libération des animaux*** (FLA) ou la ***Milice des droits des animaux***, auteurs d'attaques criminelles - bombes, incendies, lettres et colis piégés - contre les institutions ou personnes qui, de par leur activité, vont à l'encontre du « droit à la vie de l'espèce animale ». Le mouvement, apparu au début des années 80, est allé croissant au cours de la décennie, étendant son champ d'intervention à l'industrie de la viande, au commerce de la farine. Il bénéficie, à partir de 1989, du matériel explosif de l'IRA, ce qui lui permet d'accroître la virulence de ses opérations en passant des petites bombes artisanales à l'emploi de semtex : voitures piégées, explosions devant des devantures de magasins.

La France ne suit pas le mouvement malgré une tentative d'implantation du FLA. L'écologisme pacifique est préféré.

La notion « d'écoterrorisme » correspond à une sacralisation de la nature et de la planète qui érige l'activisme militant au rang de défense d'une idéologie comme il en reste peu dans le monde développé après la chute des grandes idéologies révolutionnaires de gauche. La défense de l'écologie s'est ponctuellement illustrée dans le combat d'organisations terroristes comme l'ETA, Prima Linea ou encore Action directe. Ce désir de protection de la nature, dans un élan irrationnel, pousse des groupes extrémistes à sacrifier l'être humain au profit de l'espèce animale[265].

Quel avenir a ce terrorisme ? Va-t-il décliner et ne correspondre qu'à une prise de position passagère, marque des années 80, étant donné la sensibilisation développée par l'administration Clinton à l'égard des questions d'environnement (propositions de lois déposées par le Congrès comme le « Clean Air Act » ou « Clean Water Act ») ? Ou, au contraire, ce

[265] Le groupe américain Gaïa, composé de savants et de techniciens, rechercherait un produit biologique capable de détruire l'homme sans affecter les espèces animales.

mouvement est-il appelé à se propager en Europe et à diriger ses attaques vers des cibles humaines ? Plusieurs tendances vont en ce sens. L'incorporation par certains mouvements environnementalistes de thèmes millénaristes ou apocalyptiques fait craindre une persistance - même minime - d'une liaison entre cette idéologie et la violence. Earth First ! bascule, pour une fraction du mouvement, vers des systèmes de croyances millénaristes et apocalyptiques, voyant dans la crise de l'environnement la fin proche de l'humanité. L'irrationalité, dont elle devient porteuse, la rend imperméable aux mesures gouvernementales en faveur de l'environnement.

V.- La violence anti-abortive

L'Amérique connaît le développement, à la fin des années 80, d'un mouvement pour la vie. Une protestation non violente contre l'avortement s'inscrit dans la liberté d'expression de chacun et le libre arbitre de toute femme enceinte. Elle ne présente en soi aucun caractère illégal

La cassure intervient, en mars 1993, lorsque Michael Griffin donne la mort au docteur David Gunn, en dehors du centre médical des femmes à Pensacola en Floride, au seul motif qu'il pratique l'avortement. Des groupes violents, animés par une interprétation fondamentaliste du christianisme, prônent le respect de la parole divine, «Tu ne tueras point» et condamnent ce qu'ils estiment être la décadence des valeurs de la société contemporaine. De nombreux «croisés anti-IVG» n'hésitent plus à tuer au nom du droit à la vie. Plusieurs meurtres de médecins marquent l'année 1994 : en juillet, le docteur John Prittan à Pensacola ; en décembre, un mitraillage dans une clinique du Massachusetts fait deux morts et blesse cinq personnes. Les groupes violents anti-avortement, dont le plus virulent ***Defensive Action***, prônent la « théologie de l'homicide justifiable » qui légitime le meurtre pour « empêcher les avorteurs et leurs complices de tuer des êtres vivants innocents »[266]. On se trouve en présence d'un terrorisme ciblé, utilisé comme un moyen de stimulation, pour sensibiliser à une cause regardée jusque-là comme secondaire.

---

[266] Prêtre Torsch David, « Théologie ».

La référence à une religion comme justificatif de l'action a permis à certains de voir dans le phénomène anti-IVG une secte violente de culture millénariste[267]. Toutefois, la référence catholique des acteurs ne s'intègre pas dans la vision d'une fin du monde imminente. Davantage qu'un millénarisme, on observe dans ce courant l'expression d'un intégrisme catholique qui confine au fanatisme : mitrailler les personnes dont les activités sont jugées contraires à la loi religieuse.

VI.- Les milices patriotiques

Le début de la décennie 90 connaît une poussée de la droite ultra-conservatrice aux Etats-Unis. Certains Américains sont mécontents de la politique menée par les autorités fédérales, notamment dans la remise en cause du second amendement de la constitution : le droit de posséder des armes. Une opposition réactionnaire, de forme originale, apparaît sous la forme de milices paramilitaires réparties dans quarante Etats, regroupées au sein du ***Patriot Movement***[268]. Elles ne sont pas sans rappeler les milices de citoyens formées à l'occasion de la guerre d'indépendance. Leurs membres, des citoyens blancs américains en rébellion contre le gouvernement, choisissent, pour se faire entendre, de recourir à des pratiques et à des comportements en marge de la légalité. De l'incitation à la désobéissance civile par le non-paiement des impôts[269], de la possession d'armes illégales en violation de la loi Braddy de novembre 1993, ils se mettent à rassembler des matériaux et produits utilisables dans une entreprise terroriste. Puis, ils passent à l'action lors l'attentat d'Oklahoma City, le 19 avril 1995, premier acte terroriste commis par des Américains sur le sol américain dont le degré de destruction égale celui des professionnels proche et moyen-orientaux.

---

[267] Barkun Michael, *Millenarian and Violence*, Londres, Cass, 1996, 177p.

[268] Du Montana au Texas, de la Californie à la Floride.

[269] Une organisation de protestation contre les impôts, développée en Californie, enseigne aux citoyens comment traiter ceux-ci illégalement.

Idéologie

Pour comprendre l'apparition soudaine d'un terrorisme plongeant l'Amérique dans une remise en cause de son évolution sociétale, on dispose de l'ouvrage, *The Turner Diaries*, écrit il y a dix ans par le leader de ***National Alliance***, William Pierces. L'auteur se livre à l'apologie de la suprématie blanche dans le pays du melting-pot. Il narre le déclenchement d'une guerre dont les prémices prennent la forme d'actes de terrorisme contre des bâtiments officiels. La fiction devient le modèle des groupuscules d'extrême droite durant les décennies 80 et 90.

L'extrémisme antigouvernemental américain débute avec la défense de la race blanche américaine par le Ku Klux Klan, passant par la création d'un « all-white homeland ». Puis, émergent des organisations violentes d'extrême droite opposées au fédéralisme, prônant l'usage des armes pour la défense de leurs idées. Au cours des années 60, des groupes comme ***Ichn Birch Society***, ***Posse Comitatus*** ou ***Arian Nation*** se rebellent épisodiquement contre la politique conduite par le gouvernement fédéral : contestation de l'interventionnisme jugé trop fort (Ichn Birch Society), de la politique monétaire, de l'impôt (Posse Comitatus[270]), de l'armement et de la présence américaine à l'ONU. Ils sont relayés, au début des années 80, par les activistes de ***Posse Comitatus*** ou d'***Orders***.

Les mouvements patriotiques, en effervescence aux Etats-Unis depuis le début des années 90, reformulent ces convictions en y ajoutant l'expression d'une aspiration virulente à la destruction du gouvernement fédéral, convaincus que le peuple américain est systématiquement opprimé par un gouvernement illégal et totalitaire qui agit avec l'intention de désarmer tous les citoyens et de créer un gouvernement mondial[271].

La radicalisation d'une tendance, présente minoritairement dans la société américaine depuis plusieurs décennies, se révèle être le contre-coup de la mondialisation engagée avec les Etats-

---

[270] Ce mouvement d'agriculteurs hostiles à l'impôt voit dans la fiscalité une arme au service des « banques sionistes internationales ».

[271] La première apparition de milices patriotiques ayant une idéologie violente date de 1986 en Arizona.

Unis pour tête de file et de l'émergence, après l'éclatement du bloc de l'Est, d'un nouvel ordre mondial dans lequel les Nations unies occupent une position croissante. Autant de signes d'une attaque définitive contre l'identité et le nationalisme américain. Tout ce qui peut être qualifié par les adjectifs « global », « international » ou « multiculturel » présente une menace. En 1991, le président Bush fournit involontairement aux patriotes une bonne raison de s'imposer en appelant à une coalition internationale pendant la guerre du Golfe. Ajoutons à cela le GATT, l'Accord de libre-échange nord-américain, la loi Braddy sur le contrôle des armes et l'on trouve le moteur d'action des milices américaines[272].

La loi Braddy sur les armes, votée fin 1993, provoque une recrudescence des contestations et légitime le passage à l'action violente, ou au moins à un état d'esprit l'envisageant comme une éventualité. Persuadés de la domination prochaine du monde par des entités comme l'ONU ou le sionisme, les extrémistes les plus fanatiques appellent à la prise d'armes pour se défendre d'un avenir jugé apocalyptique. Là réside le danger : les actes de désespoir présentent toujours une part d'irrationalité.

Les mouvements patriotiques et les milices défendent deux objectifs : la supériorité de la race blanche et le rejet du gouvernement fédéral. D'où un alliage entre une revendication identitaire à connotation raciste et une revendication politique dirigée contre les structures gouvernementales[273].

Désireux de court-circuiter le processus démocratique, ils dirigent leurs attaques contre les représentants des instances fédérales, les juifs, les personnes favorables à l'avortement, les écologistes, les conservateurs, les défenseurs des homosexuels et des lesbiennes, les immigrés, les Noirs et les indigents. Retour au passé, rejet de la mondialisation induite par le nouvel ordre

[272] Un élément très important est l'idée d'être un homme libre : dans le Montana, des groupes armés se révoltent non seulement contre les lois mais également en faveur du droit inné à naître libre en tant que citoyen blanc et contre l'illégitimité du 14e amendement qui étend la citoyenneté aux esclaves.

[273] Les ennemis des patriotes sont le président Clinton, l'Attorney General, le Bureau des alcools, tabacs et armes à feu, le FBI, les Nations unies, la Banque de réserve fédérale, le Conseil de relations étrangères.

mondial, primauté de la race blanche, liberté d'assurer sa propre défense, tels sont les dogmes que défendent les milices patriotiques, dogmes qui, poussés à l'extrême, conduisent au basculement dans le terrorisme. Les milices fleurissent dans une trentaine d'Etats (Montana, Idaho, Texas, Michigan, Indiana, Floride) recrutant pour la « rébellion armée » des milliers de sympathisants et d'activistes prêts à accumuler un armement considérable en perspective d'une guerre contre les Etats-Unis. Plusieurs actions terroristes menées ces dernières années sur le sol américain font prendre conscience aux autorités de la détermination et de la dangerosité de groupuscules paramilitaires en pleine expansion, évoluant librement au cœur des Etats-Unis, prêts à tuer aveuglement leurs propres concitoyens au nom d'un idéal patriotique auquel se mêle parfois une religiosité sectaire (Oklahoma City, Waco, Freemen du Montana).

Depuis la fin des années 80, une interférence se dessine entre mouvements millénaristes et patriotiques, les premiers rejoignant les seconds pour se préparer à la bataille finale entre le bien et le mal. Le mouvement ***Christian Identity***, souscrivant aux théories de la fin des temps, se développe à la périphérie du fondamentalisme américain et de l'extrême droite. Prenant appui sur la Bible, il fait de la race blanche les descendants d'Adam et attribue aux juifs une création séparée, les considérant comme radicalement et idéologiquement inférieurs, tout comme les Noirs, communistes, homosexuels et libéraux de toute sorte.

Le drame de Waco, en 1993, se situe dans cette logique par jonction de fanatisme politique et religieux. Les groupuscules les plus marqués à l'extrême droite, comme Orders ou Arian Nation, intègrent souvent une composante millénariste. Une centaine de milliers de miliciens et près d'un million de sympathisants désignent le gouvernement fédéral et son bras armé, le FBI, comme l'incarnation du mal.

Apocalypse, parole biblique, négationnisme justifient la guerre déclarée au prix de la mort de leurs concitoyens. Elle s'accroît à partir de 1992, pour atteindre son paroxysme en 1995.

Organisation

Le mouvement se manifeste de manières très diverses. On distingue les patriotes qui se limitent à la propagande de théories politiques par les voies modernes de la communication (Armchair Patriots) ; ceux qui adoptent un style de vie particulier comme l'éducation scolaire personnelle de leurs enfants, la pratique de méthodes de survie, le suivi de doctrines rigides (Lifestyle Patriots) ; ceux qui font de leur patriotisme une profession (Professional Patriots) ; ceux qui adoptent une attitude extralégale en refusant de payer leurs impôts, de comparaître en justice, de se rendre aux forces de l'ordre, qui collectionnent des armes illégales et rejoignent des armées privées ou des milices (Outlaw Patriots) ; enfin, les plus dangereux, ceux, qui forment des cellules secrètes de deux à dix personnes et planifient des actes de sabotage et de terrorisme contre les offices et les institutions publics (Underground Patriots).

Ils créent la force d'insurrection la plus importante de l'histoire récente destinée à intervenir à l'intérieur du pays avec une large variété de groupes antigouvernementaux dont les styles d'organisation peuvent fortement différer.

Le mouvement patriotique se compose de groupes et d'individus isolés en lutte pour une cause commune. Les patriotes américains sont d'origines les plus diverses mais toujours issus de la classe moyenne blanche : électriciens, officiers militaires à la retraite, millénaristes, populistes, anti-impôt, skinhead, sécessionnistes, anti-avortement. Essentiellement de sexe masculin, ils ont en commun leur chrétienté, leur déception et leur révolte face à une société américaine qui s'est trouvée incapable de leur apporter ce qu'ils souhaitaient. Le mouvement patriotique donne un sens à la vie de personnes isolées, il aide ceux qui ont été victimes d'une injustice sociale, enfin, il permet aux amoureux des armes d'exprimer leur passion. Ces mobiles sont assez proches de ceux qui suscitent la réislamisation des sociétés du Sud et des jeunes immigrés des pays occidentaux.

Au-delà du terrorisme proprement dit, l'action des milices s'inscrit dans une optique de guérilla urbaine, destinée à déstabiliser le gouvernement, dans laquelle la pratique terroriste ne constituera plus qu'un élément d'intervention parmi d'autres. Ils voient dans le déclenchement d'une guerre civile sanglante, la méthode propice pour lutter contre la « dictature gouvernementale ». Conformément au livre de référence *The U.S. Militia man's Handbook*, les milices se préparent à une confrontation avec le gouvernement. Dans ce cadre, le déclenchement d'attaques terroristes au mépris de la vie de citoyens américains constitue un avertissement. Une logique de guerre subversive prend place.

Pulsions sadiques et attrait de la violence

Certains mouvements patriotiques souterrains animés par des ambitions terroristes se sont procuré une variété d'armes illégales offrant une opportunité sans précédent de destructions massives. La découverte d'un réseau de fourniture d'armes, à travers les Etats-Unis et en provenance de l'étranger, a révélé un arsenal de pistolets automatiques et semi-automatiques, d'explosifs puissants, de grenades, d'armes militaires, de missiles, de lances roquettes, de lunettes de vision de nuit et d'agents biologiques[274]. Les camps d'entraînement les plus perfectionnés disposent de champs de démolition pour tester les bombes, de manufactures d'explosifs : ce sont autant de moyens que nombre de vétérans du Viêt-nam ou de la guerre du Golfe pourront mettre au service d'attaques terroristes. Au total, de la dynamite, des explosifs, du nitrate d'ammoniaque, des détonateurs sont quelque part aux mains de groupes extrémistes.

Une place prépondérante est accordée à l'usage de sites Internet, sur lesquels les membres des milices communiquent, diffusent des messages initiatiques comme des instructions détaillées sur la fabrication et l'usage d'armes et d'explosifs[275].

---

[274] Certaines armes proviennent de vols opérés sur des bases militaires et plusieurs tonnes d'explosifs ont été dérobées à l'occasion de raids organisés contre des sites commerciaux en Californie, Géorgie, Indiana, Idaho et Oklahoma.

[275] Tout individu peut consulter sur Internet les formules de fabrication de bombes artisanales. On peut se procurer un manuel terroriste - pour la somme modique de 12 dollars - publié par le magazine *Soldiers of Fortune*, diffusé à 40 000 exemplaires, comprenant entre autre « l'application des méthodes de la Contra du Nicaragua à la prochaine guerre civile américaine ».

Outils de propagande à large diffusion, ces sites offrent à la structure terroriste une ouverture vers l'extérieur : relier à travers les Etats-Unis un nombre illimité de citoyens.

Le mouvement patriote américain affectionne la diffusion de manuels d'instruction de la méthode terroriste. Louis Beaum, en 1992, dans sa lettre *Le « séditioniste »* est le premier à promouvoir la stratégie de guérilla appelée « leaderless resistance », en direction des défenseurs de la suprématie blanche et des patriotes antigouvernementaux. Depuis, plusieurs manuels de milices présentent en détail la stratégie des cellules secrètes. Dans les archives des Patriotes, il est aisé de se procurer une copie du *Terrorist's Handbook* (manuel terroriste), complété par des illustrations de bombes et autres procédés mortels, ou des lectures comme *Inabomber's Manifesto* ou le *Leaderless Resistance* de Louis Beaum. Le terrorisme n'apparaît plus comme une technique réservée à la clandestinité d'un petit cercle d'initiés coupés de la société. Il se démocratise. A présent, tout individu peut recevoir chez lui les instructions nécessaires à la fabrication d'engins terroristes. C'est là s'éloigner des formes classiques de cette violence qui nécessitaient soit une organisation structurée clandestine où le rôle de chacun était minutieusement attribué dans une équipe de type RAF, soit un entraînement poussé dans des camps d'où revenaient des professionnels dans le maniement des explosifs.

Bien que les milices privées paramilitaires soient illégales dans 24 Etats, elles demeurent les plus populaires des groupes patriotiques. L'entraînement actif reste secret. Il est impossible de connaître exactement leur nombre, mais il est certain qu'il est en augmentation constante. La faction la plus dangereuse du mouvement, les *Patriots Underground*, est composée de petites unités dont l'identité des membres est tenue secrète. Elle espère, par une série de catastrophes (retranchements des ranchs de Waco, de Randy Weaver en Idaho[276] ; déraillement d'un train Amtrak le 9

[276] Le F.B.I. lance, en 1992, un raid de 300 agents contre un disciple de l'Aryan Nation vivant armé et retranché dans sa ferme. Ses agents tuent par erreur sa

octobre 1995 en Arizona où une personne trouve la mort et 83 sont blessées ; vol d'une grande quantité d'explosifs en Californie et en Géorgie ; explosion d'Oklahoma City en novembre 1995 et quelques autres tentatives) provoquer une réaction du gouvernement, créer une forte frustration publique et conduire les citoyens américains ordinaires à rallier le rang des patriotes. Les membres les plus actifs du mouvement antigouvernemental sont ceux de la ***milice du Montana***, à laquelle on attribue l'explosion du building fédéral. Ce sont ceux aussi de la ***Tri-State Milicia*** regroupant des miliciens de trente Etats dont les cibles théoriques sont les offices de la ligue anti-diffamation, les immeubles fédéraux, les cliniques d'avortement et les sites de la communauté homosexuelle.

Menaces, bombes et assauts sont dirigés contre les fonctionnaires de l'Etat avec une préférence pour ceux ayant une mission législative. L'incitation à la violence va jusqu'à prendre la forme de campagnes d'affichages portant la photo des fonctionnaires recherchés par les milices. Le *Handbook Militia* recommande une « action vigilante » par des destructions de biens matériels, des enlèvements ou meurtres d'agents gouvernementaux qui agissent dans le but de contrôler ou d'éliminer les milices américaines. Les menaces de mort reçues par un juge municipal d'Hamilton dans le Montana ou la poursuite de « troopers » de l'Etat ayant participé à l'arrestation de patriotes sont quelques illustrations des menaces dirigées contre juges, procureurs, policiers et employés des agences fédérales. On signale la création d'une cour de justice propre au mouvement patriotique devant laquelle devraient être conduites les personnes arrêtées par les unités d'Oklahoma, du Kansas, de l'Ohio, de Floride, de l'Indiana ; une persécution assimilable à une pratique terroriste[277].

---

femme et son fils de 14 ans. A ces morts s'ajoutent ceux du ranch Waco un an plus tard, qui seront vengées par l'explosion du building fédéral d'Oklahoma City.

[277] Voir annexe 9, *Les milices américaines : principaux sites d'entraînement, principales milices, manuels de guérilla.*

L'attentat d'Oklahoma City, qui a causé la mort de 169 personnes dont 19 enfants d'une crèche abritée au premier étage de l'immeuble fédéral, est l'acte le plus dévastateur jamais réalisé sur le sol américain, à tel point que les enquêteurs se sont d'abord tournés vers une hypothèse islamiste. Les arrestations de Timothy Mc Veigh et Terry Nichols mettent en évidence l'existence souterraine, dans la société américaine, d'une sub-culture née, dans les années 60, d'une conspiration radicale de droite qui, pour la première fois, explose au grand jour. Les sièges de Waco et de Randy Weaver ou encore des Freemen retranchés dans une ferme du Montana, « Justus Township » (la « Ville du Juste ») au printemps 1996[278], illustrent cette propension à braver les autorités étatiques. Ils révèlent les connexions entre les manifestations contestataires violentes apparues aux Etats-Unis. Le choix du 19 avril pour l'attaque par la milice du Montana de l'immeuble fédéral n'est pas sans relation avec celle de l'assaut de la branche davidienne de Waco. Les noms de « Waco » comme de « Rube Ridge » évoquent pour les patriotes le caractère extrême de la forme que peut prendre la « tyrannie fédérale ».

Par la bombe d'Oklahoma, le déraillement du train Amtrak, la suspicion portant sur l'attentat dans le parc du Centenaire à l'occasion des Jeux olympiques d'Atlanta en juillet 1996 et les diverses bombes et complots de 1995, les résistants inaugurent le terrorisme patriotique. Il est à craindre que si ces mouvements persistent dans leur esprit de rébellion sans réussir à déclencher une guérilla généralisée à l'ensemble du pays, ils ne se rabattent de manière croissante sur l'action terroriste afin de déstabiliser « l'ennemi fédéral ».

[278] Le siège du ranch des Freemen s'est traduit par 80 jours de face-à-face avec les agents du FBI. Stigmatisant le « mouvement international sioniste », ces miliciens entassaient armes à feu et explosifs et se livraient à des fraudes fiscales et bancaires.

En Allemagne, à l'aube des années 80, une violence d'extrême droite porte en elle les stigmates de la déviance terroriste. Les néonazis allemands, comme les patriotes américains, se présentent comme des mouvances éclatées, agissant au coup par coup, sans stratégie d'attaque, ni chef coordinateur.

Dirigée essentiellement contre les travailleurs étrangers et contre quelques organismes d'Etat, la violence, dans la lignée de l'idéologie du IIIe Reich, franchit le seuil du terrorisme en septembre 1980. Le groupe Wehrsportgruppen, structuré et entraîné à l'action violente place une bombe au festival de la bière à Munich, causant la mort de treize personnes et en blessant 219 autres.

Trois organisations se développent. Le ***Deutsche Aktionsgruppen***, bâti sur le modèle de la RAF, se trouve à l'origine d'explosions diverses. Le ***Volkssozialistische Bewegung Deutschlands - Partei Arbeit*** (VSBD/PAD) est déclaré illégal en 1981 après que sa responsabilité dans des actes terroristes ait été reconnue. Le ***Nazionalistische Front*** (NF), mouvement des plus radicaux, est également déclaré illégal à la fin de l'année 1992 à la suite de la découverte d'armes et d'explosifs voués à la préparation d'actions terroristes.

La réunification de l'Allemagne ne met pas fin à la haine raciale. De nombreuses jeunes organisations d'extrême droite se développent, au début des années 90, dans les nouveaux Länder, comme le ***Wiking Jugend*** (WJ) ou encore le ***Bund Deutscher Mödell*** (BDM). Organisés sur une base paramilitaire (port d'insignes, d'uniformes, actions menées de nuit), ces mouvements demeurent paradoxalement prudents dans la réalisation d'actions terroristes, même si la possession d'armes et d'explosifs témoigne de la détention d'un support logistique adéquat à leur exécution.

Les actes néonazis sont commis par des bandes de jeunes ne disposant pas d'une organisation structurelle définie. La violence prend la forme de bagarres, de destructions réalisées avec des moyens rudimentaires (couteaux, chaînes, battes de base-ball). On assiste à la multiplication et à la médiatisation des actes commis par des extrémistes de droite, essentiellement des skinhead[279],

---

[279] Il y aurait entre 7000 et 8000 skinhead en Allemagne.

contre des étrangers résidant en Allemagne : incendies de foyers d'immigrés turcs et africains, mais aussi meurtres. En 1991, plusieurs skinhead jettent une personne originaire du Mozambique d'un train en marche à Dresden.

Le risque est davantage celui du passage au terrorisme de personnes habitées par des convictions extrémistes, proches des thèmes nazis, que celui d'un terrorisme structuré. La violence perpétrée se situe à l'interface de celle utilisée par les groupes urbains et de celle de terroristes.

Une violence individuelle d'extrême droite se manifeste également en Grande-Bretagne, en avril 1999, sous la forme de trois attentats à la bombe perpétrés à Londres, respectivement dans un quartier afro-antillais, un marché d'immigrés bengalis et un club homosexuel de Soho[280]. L'auteur de ces attentats racistes n'aurait pas agi pour le compte d'une organisation, mais pour exprimer une pulsion individuelle. Son matériel artisanal (clous et boulons) n'en était pas moins destiné à tuer aveuglément.

Aujourd'hui, le désespoir, le sentiment de rejet peuvent pousser un jeune sioniste, un palestinien, un islamiste, un citoyen américain, allemand ou britannique à s'improviser terroriste, indépendamment de toute appartenance à une organisation structurée, n'importe où, n'importe quand. Là réside un élément déstabilisateur pour les services de sécurité.

---

[280] Les 17, 24 et 30 avril 1999.

Chapitre 6 - Le mélange des genres

La libre circulation des personnes, des marchandises et des capitaux, fruit de la construction européenne et de la chute du rideau de fer, contribue à l'apparition d'une « criminalité transfrontière »[281] où terrorisme, trafic de drogue, mafia, blanchiment de capitaux, fraude informatique se mélangent dans des sphères d'intervention, auparavant unitaires.

Une organisation terroriste qui se veut efficace doit disposer d'un potentiel d'intervention capable de susciter la terreur au moyen d'un dispositif logistique de qualité : armes, munitions, engins sophistiqués, véhicules, planques, capacité de survie en clandestinité. Surgit la question centrale des moyens financiers. Certes, les Etats sponsors y subviennent. Cependant le poids de la dépendance vis-à-vis des bailleurs de fond incite certaines organisations à chercher des moyens autonomes de financement. En outre, depuis la fin de la guerre froide, les sources du financement étatique du terrorisme se sont raréfiées.

Les groupes gauchistes européens se financent par la pratique d'infractions de droit commun, comme le vol de banques ou l'attaque à main armée, dont AD s'est fait une spécialité. Une autre technique est celle de l'enlèvement contre rançon, pratiquée à faible degré par des groupes comme la RAF, les BR et d'usage courant dans les pays latino-américains.

A certains Etats commanditaires se substitue un mode de financement criminel classique, proche de celui de la mafia : pour celle-ci on parle d'extorsion de fonds, pour le PKK ou l'ETA on parle d'impôt révolutionnaire, mais la technique demeure la même. Les groupuscules subversifs clandestins se financent par des trafics variés, au nombre desquels la drogue s'avère être des plus payants. Un rapport établi par le bureau de contrôle du trafic international

---

[281] Leclerc Marcel, *La criminalité organisée*, Paris, IHESI, La Documentation Française, 1996, 279p.

de drogue basé à Vienne, met en évidence, en janvier 1997, la corrélation en matière de terrorisme entre le trafic de drogue et le trafic d'armes, le premier servant à financer le second. Les plaques tournantes de ce trafic se situent en Asie du Sud-Est, dans le triangle d'or, chez les Moudjahiddin afghans, chez les groupes palestiniens et kurdes, enfin en Amérique latine. En découle un nouveau type de réseau alliant terroristes et trafiquants internationaux de produits et de matériaux illégaux.

Nouveaux réseaux, nouvelles interconnexions fournissent support et soutien à des groupuscules, dont certains s'inscrivent dans les « hybrides politico-criminels » ou « guérillas dégénérées »[282], mélange de comportements illégaux : terrorisme, drogue, crime organisé, techniques mafieuses, trafic financier, trafics en tous genres de matières mercantiles (êtres humains, animaux).

I.- Narco-terrorisme

Le financement des opérations terroristes par le trafic de drogue ne concerne qu'un faible nombre de militants, les organisations criminelles de type classique continuant à dominer le marché international des narcotiques.

Cependant, l'essor, depuis une décennie, des liaisons entre ces deux pôles témoigne de l'ouverture de nouvelles opportunités dans un monde où la consommation de stupéfiants est en expansion. Cette relation s'opère selon deux modes : d'un côté, le commerce de la drogue pratiqué par des organisations à vocation terroriste dont certains militants se spécialisent pour leur compte dans cet exercice ; d'un autre côté, le recours à la violence terroriste par des organisations de narcotrafiquants instituées en cartels qui usent de la violence clandestine pour assurer leur protection et leur hégémonie sur une région, jusqu'à créer de véritables zones de non-droit placées sous leur contrôle.

---

[282] Cette thèse soutenue par Xavier Raufer peut être illustrée par des cas concrets même si ceux-ci demeurent isolés. Il ne s'agit nullement de généraliser ce phénomène en incluant automatiquement toute manifestation terroriste dans une spirale criminelle multidimensionnelle.

Le narco-terrorisme présente un caractère régional : les organisations bénéficiant de ce type de financement évoluent dans des zones de production d'opium, de coca, d'héroïne. Toutefois, le financement en Europe de certaines organisations terroristes, notamment nationalistes, par le produit de la vente de stupéfiants, témoigne d'une internationalisation du phénomène liée à l'accroissement de la clientèle européenne.

La violence, protection des trafiquants

L'Amérique latine est la première région à connaître la manifestation de ce double phénomène en raison de la jonction sur un même territoire d'organisations révolutionnaires prônant la guérilla urbaine et rurale et de dispositifs sophistiqués de production de narcotiques aux mains d'organisations paramilitaires exploitant leur production dans des camps retranchés, institués, au cours de la décennie 80, en cartels mafieux.

Apparus dans les années 70, les réseaux relationnels se mettent en place principalement dans la décennie suivante. Ils sont fondés sur l'intérêt de chacun des participants. Si la drogue assure un financement appréciable aux organisations terroristes, leur permettant de s'approvisionner en armes, les trafiquants y voient une possibilité d'étendre leurs activités et d'introduire plus facilement leurs produits sur le marché. Ici perspectives commerciales et idéologiques se rejoignent.

La Colombie et le Pérou, connus pour leurs organisations marxistes-léninistes terroristes comme pour leurs cartels de narcotiques, sont devenus le centre de ce phénomène. La drogue produite dans cette partie du monde acheminée vers les Etats-Unis, via la filière cubaine, serait un moyen de déstabiliser la puissance occidentale et impérialiste, ennemie des révolutionnaires pro-communistes[283]. La drogue s'érigerait en méthode terroriste de destruction d'une société. Mais derrière cette théorie, reparaît le spectre de l'internationale terroriste sournoise.

---

[283] Ehnerfeld Rachel, *Narco-Terrorism*, New York, Basic Books, 1990, 225p.

Aussi cette conception est-elle à nuancer, si l'on considère que les narcotrafiquants sont à l'origine animés par des enjeux essentiellement mercantiles et que le recours au terrorisme est avant tout tactique et stratégique, à l'image de l'emploi fait par les organisations terroristes du trafic de stupéfiant.

En **Colombie**, l'interconnexion est la plus vive. Les Forces armées révolutionnaires colombiennes (FARC), actives dans l'industrie des narcotiques, bras armé du Parti Communiste colombien, se répartissent en une vingtaine de fronts de guérilla, la moitié opérant dans des zones de culture de coca et de marijuana.

Les taxes récoltées sur l'industrie de la drogue s'élèvent à 10% du profit global, soit plusieurs milliers de dollars par mois. Un marché lucratif et moins risqué que le vol à main armée ou l'enlèvement. Les FARC ne sont pas le seul mouvement colombien en étroite relation avec les barrons de la drogue ; le M19, l'ELN et l'ELP perçoivent également des taxes sur la coca et la marijuana produites sur leur aire de contrôle.

Le narco-terrorisme colombien se manifeste, durant la décennie 80, par le processus inversé du « Cartel de Medellin » qui, pour protéger le monopole de son narco-trafic de la répression étatique, recourt à une campagne de terreur d'une ampleur comparable à celle d'organisations terroristes professionnelles. Visant au départ les personnalités du milieu judiciaire, policier, journalistique, le terrorisme se déplace vers des hauts responsables dont trois candidats à l'élection présidentielle, puis prend la forme d'attentats aveugles dirigés contre la population civile, causant des centaines de victimes. La violence, essentiellement urbaine, est mise en oeuvre par des groupes paramilitaires dans une stratégie de guérilla[284].

L'économie illégale produite par le marché de la drogue devient la cause principale de la violence. Le schéma s'inverse : le terrorisme n'intervient plus au service d'une idéologie mais pour la défense d'une valeur mercantile. Dégénère un phénomène par essence politique. L'évolution vers la « guerre sale » se fait

---

[284] Assassinats de 40 journalistes, de 1300 policiers et centaines d'attentats à l'explosif.

progressivement du groupe d'autodéfense de propriétaires locaux en groupe paramilitaire financé par les narcotrafiquants. Les propriétaires des meilleures terres du pays se protègent non seulement contre les forces de répression gouvernementales mais également contre les exactions des guérilleros avec lesquels ils interfèrent pour le contrôle d'un territoire. Cet engrenage terroriste s'aligne sur le modèle libanais : recours à la prise d'otages à répétition, attentats à la voiture piégée et attentat aérien avec la destruction, en novembre 1989, d'un Boeing d'Avianca Bogota-Cali. Ces méthodes exigent un fort professionnalisme qui trouve sa source dans le gigantisme de ces organisations de guérilleros, véritables Etats dans l'Etat au cœur d'une zone qu'ils ont concouru à rendre incontrôlable. En Colombie, les cartels de la drogue se révèlent plus dangereux pour les gouvernements et pour les civils que les organisations terroristes habituelles.

Le **Pérou** a également su allier la puissance du groupe terroriste du Sentier lumineux à la richesse de l'industrie de la coca aux mains de puissants cartels. L'intrusion du Sentier lumineux dans le trafic de stupéfiants s'établit de façon progressive, au cours des années 80, comme conséquence de l'occupation d'un même territoire. Sa stratégie consiste à se poser en médiateur entre les narcotrafiquants et les paysans cultivateurs de substances illégales. Le Sentier lumineux marque de son poids l'organisation du trafic, il ne se contente pas du rôle subordonné de ses homologues colombiens. L'organisation perçoit une taxe sur les exportations de drogue et place ses propres hommes chez les trafiquants. Le narco-terrorisme, fruit d'une domination affirmée du terrorisme sur le trafic de la drogue, permet au Sentier lumineux de financer ses activités dans le pays en taxant les trafiquants.

Enfin, incontournable est le rôle d'intermédiaire joué par Cuba dans l'appui conféré aux terroristes tentant de renverser des gouvernements sud-américains. On trouve là un mélange de narcotiques, de trafic d'armes et de financement occulte. Le régime castriste, au début des années 80, aide une base de trafic de drogue de Miami fournissant armes et argent au M19 colombien, lequel, en échange, assure la protection des cargos de drogue traversant la

Colombie à destination des ports cubains. Ce marché d'intérêts permet à Castro de contrôler l'évolution de la violence régionale.

Les narcotiques, ressource de la violence

La zone grise d'***Asie du Sud***, avec les pôles principaux que sont l'Afghanistan, le Pakistan et le Sri Lanka, offre un terrain favorable[285] à l'émergence d'une alliance entre trafic de drogue et terrorisme.

Le Pakistan, qualifié de « Colombie orientale »[286] et l'Afghanistan qui assure la majeure partie de la production du pavot, sont mis à profit par les combattants afghans pour financer leur résistance à l'invasion soviétique. Les liens très forts tissés entre les moudjahiddin et les trafiquants d'héroïne durant les années 80 laissent à penser que la reconversion de ceux-ci vers d'autres causes terroristes s'accompagnera d'un financement par le trafic de stupéfiants et nouera avec une nouvelle forme de narco-terrorisme à caractère international. L'internationalisation est déjà présente chez les nationalistes sri lankais et tamouls qui approvisionnent l'Occident en héroïne provenant d'Asie du Sud-Est. Les fonds récupérés par le trafic de drogue international permettent d'alimenter leur combat. Interpol souligne, en août 1993, l'approvisionnement illicite en capitaux des terroristes sri lankais grâce au trafic de stupéfiants et à la contrebande d'or.

Au ***Moyen-Orient***, le Liban, premier sanctuaire du narco-terrorisme moderne, domine la production mondiale de haschich et dispose de la seule aire géographique entièrement dévolue à la formation des terroristes dans la plaine de la Bekaa. Le pays sert également de relais dans le passage de la drogue depuis les zones de productions mondiales situées en Asie comme en Amérique latine. Le produit y est retraité dans des laboratoires clandestins avant d'être écoulé vers l'Occident. Ce rôle de transit dans le trafic

---

[285] Le « croissant d'or » est considéré comme le plus actif et le plus important producteur de substances illégales et d'héroïne au monde.

[286] Le Pakistan, second exportateur mondial d'héroïne après la Birmanie, a fait de la drogue un des rouages occultes majeurs de son économie, le plaçant à côté de la Colombie dans la liste des « narco-Etats ».

procure à ses instigateurs des ressources colossales réinjectées dans la lutte armée.

Les groupes terroristes présents dans cette région, Palestiniens, milices druzes, chiites et phalangistes, tirent leurs revenus de l'industrie de la drogue. Le trafic du monde arabe en direction de l'Europe permet à l'OLP de trouver les fonds nécessaires à l'acquisition d'armes dans son combat contre Israël. Même après son départ du Liban, l'OLP continue à promouvoir le narco-terrorisme, via les Palestiniens présents dans le monde, particulièrement aux Etats-Unis, point nodal du trafic. Les activités criminelles bénéficient du patronage d'Etats comme Cuba, le Nicaragua ou l'Union soviétique. Si la plaine de la Bekaa constitue le point névralgique du trafic de haschich avec deux tiers de la production mondiale, la Syrie dirige le commerce en arrière-plan ; elle y voit une manière supplémentaire de se rattacher le Liban. Les filières d'acheminement de la drogue vers l'Occident sont organisées par les dirigeants syriens sur un mode d'organisation écran, via les valises diplomatiques, qui n'est pas sans rappeler les tactiques d'exportation du terrorisme en tant que politique étrangère occulte du pays.

Certes, l'idée d'un réseau de narcotiques mis au service du terrorisme doit être relativisée compte tenu des enjeux financiers sous-jacents au narco-trafic. Des rivalités d'intérêts omniprésentes font obstacle à tout échange harmonieux au sein d'un réseau, alliant de surcroît deux types d'organisations illégales, guidées à la base par des intérêts multiples et divergents.

Cependant, le caractère international du narco-terrorisme n'est pas à éluder pour des organisations transnationales se livrant à des activités terroristes dans un grand nombre de pays ou au moins utilisant les facilités offertes par certains : les principales en la matière sont le ***PKK*** et l'*ASALA*.

Les terroristes arméniens s'installent, dès le début des années 70, à Beyrouth où des membres de la communauté arménienne deviennent des figures dominantes du trafic de drogue local. Leur départ du Liban, en 1975-1976, conduit l'organisation à s'installer à Chypre, en Grèce, en Syrie, ainsi qu'à travers l'Europe dans des lieux, où vit une communauté arménienne. Elle fleurit dans des villes où coexistent les trafic d'armes et de stupéfiants : Paris, Marseille, Genève, les capitales nordiques, des villes d'Italie du Nord. On retrouve aussi l'ASALA à Los Angeles.

La relation entre les deux sphères est affirmée, en 1984, à Ankara, lors d'un colloque sur le terrorisme international et le trafic de stupéfiants. Il met à plusieurs reprises en lumière la liaison entre la mafia arménienne et les organisations terroristes, au premier rang desquelles l'ASALA, dans la gestion du trafic de stupéfiants du Moyen-Orient vers l'Europe, en passant par Chypre dont on souligne le rôle de plaque tournante du terrorisme et du crime organisé (trafic de drogue, d'armes, d'argent sale, de terroristes).

Le mélange des genres correspond au caractère hétéroclite de l'organisation qui n'a jamais cherché à fonctionner de façon autarcique, mais en mêlant son combat à celui d'autres mouvements. Sa conception multiforme de l'action terroriste, liée à une perspective de déstabilisation du monde occidental, lui donne un aspect hybride tenant à la fois de l'organisation terroriste et de l'organisation criminelle. Le démantèlement, en 1972, à Marseille, d'une filière de trafic international de stupéfiants, appelée « French Connexion », met à jour l'implication majoritaire de la communauté arménienne dans ce marché.

Un phénomène analogue se produit avec l'OLP ou le PKK qui, en internationalisant leur action, se situent dans un espace stratégique plus large qu'une organisation nationale et, en cela, sont à même de se lier avec des franges éparses de la criminalité organisée, ne serait-ce que pour satisfaire leurs besoins logistiques et financiers.

Au tournant des années 80, la Turquie devient la scène d'une recrudescence de l'industrie de l'héroïne, par le biais des activistes Kurdes. Si des organisations criminelles dominent le marché, des rapports officiels turcs mettent en valeur les liens forts entre les trafiquants et les séparatistes kurdes, actifs dans le domaine du terrorisme et auxquels un tel trafic fournit les fonds nécessaires à l'acquisition d'armes[287]. Comme pour l'ASALA, la dispersion des membres du PKK en Occident donne à ce trafic une ampleur internationale, permettant à l'organisation kurde de tirer les avantages d'un tel commerce mené à l'échelle des pays industrialisés. La liaison entre le PKK et le trafic de drogue n'est pas seulement occasionnelle mais ressort d'une stratégie bien structurée et reconnue. Le ministère de la Justice comme le Département d'Etat américains se prononcent en 1995-1996 en ce sens : le PKK en tant qu'organisation terroriste « produit et trafique de l'héroïne pour financer l'insurrection qu'elle mène contre le gouvernement turc »[288].

On se trouve ici en présence d'un narco-terrorisme dans lequel l'organisation achemine une substance illicite entre le lieu de production qui est extérieur (essentiellement le « triangle d'or ») et les lieux de consommation des grands pôles occidentaux[289]. L'année 1996 marque un tournant important dans l'implication du PKK : la relation entre le trafic de drogue et les militants de l'organisation est établie officiellement. Antérieurement des infractions dérivées, comme le racket et la possession d'armes à feu, avaient été sanctionnées en Grande-Bretagne, mais n'étaient pas établies en France, en dépit de fortes présomptions. Dorénavant, des ramifications sont observées à l'échelon financier : le PKK manipule de gros comptes en banque. Ses réseaux de trafic de drogue s'activent à travers l'Europe : Espagne, Italie, Yougoslavie, Suisse. Au cours de ces dernières années, les arrestations de dealers militants se multiplient. C'est en Allemagne, compte tenu de la forte présence kurde, que ce narco-trafic se développe le plus. Le PKK se livre à un usage mercantile des enfants : utilisation de mineurs (11-13 ans) pour assurer le commerce de stupéfiants dans la rue ; enlèvement d'enfants en

[287] Des organisations à tendance marxiste comme Dev Sol se sont engagées dans la vente d'héroïne en contrepartie de l'achat d'armes.

[288] Département d'Etat américain, *International narcotics control strategy report*, février 1996.

[289] En 1995, 1235 trafiquants ont été arrêtés et plusieurs tonnes d'héroïne ont été saisies.
Le trafic d'héroïne du PKK se réalise par des contacts noués avec des tribus du Caucase et du Moyen-Orient. Les éléments établis en Iran jouent un rôle central.

Allemagne pour leur faire subir, en Belgique notamment, un endoctrinement terroriste, enfants utilisés par la suite comme instrument de propagande de l'organisation.

Le caractère transnational de ce trafic se trouve en étroite corrélation avec la transnationalité des opérations terroristes du PKK qui utilise les réseaux répartis en Europe pour l'écoulement des stupéfiants[290] comme pour le soutien apporté aux terroristes ou encore pour le financement par des trafics divers de la lutte nationaliste kurde[291].

Toutefois, la Turquie connaît un narco-terrorisme hétéroclite. A côté de l'organisation nationaliste transnationale, des organisations terroristes marxistes-léninistes, limitées au territoire turc, font usage du trafic de stupéfiants, parmi d'autres, pour financer leurs activités. On retrouve un procédé analogue à ceux présidant au fonctionnement des guérillas révolutionnaires latino-américaines, usant de ressources présentes localement. Des clans criminels du sud-est de l'Anatolie fonctionnent selon un système comparable à celui des mafias italiennes, avec pour activité principale le raffinage de l'héroïne.

La fulgurance avec laquelle le trafic de narcotiques produit des moyens financiers de grande ampleur explique la tentation de certaines organisations terroristes de bénéficier accessoirement de ses services. L'ETA use à une époque de fonds en provenance du narco-trafic, alors que le mouvement n'est pas présent dans une zone de production et n'assure aucun trafic de drogue à destination de pays consommateurs. Il s'agit pour l'organisation basque de bénéficier d'un réseau complexe alliant fonds récoltés par le trafic de stupéfiants, blanchiment d'argent et financement de

---

[290] Entre 1991 et 1996, le nombre de cas de narco-terrorisme relevé par pays, en faveur du PKK, est de 9 en Allemagne, 3 en France, 1 aux Pays-Bas, 1 en Italie, 2 en Belgique, 2 au Danemark, 1 au Canada, 1 en Suède, 1 en Grande-Bretagne, 1 au Venezuela, 30 en Turquie, 1 en Iran, 1 en méditerranée.

[291] En septembre 1996, trois militants de l'organisation du PKK sont condamnés pour trafic d'héroïne à de longues peines de prison s'élevant à 30 ans incompressibles par des juges britanniques, habituellement peu sévères.

l'organisation[292]. Ainsi, un petit bureau de change du pays Basque français, affilié à un bureau de change parisien et à une société financière de Genève, voyait transiter des fonds en provenance de trafiquants de drogue iraniens ou colombiens, fonds dont l'ETA bénéficiait pour une part[293]. Il s'agissait pour le mouvement de tirer parti d'un réseau de blanchiment d'argent à grande échelle. Le groupe terroriste a toujours réfuté officiellement ces accusations. Pourtant la relation perdure puisque le renforcement de la lutte contre le terrorisme décidée par le gouvernement espagnol durant l'été 1997 comprend une tentative de démantèlement des réseaux d'approvisionnement financier de l'ETA qui conduit la police à enquêter sur les liens éventuels entre certains membres du mouvement et le trafic international de la drogue.

Enfin, la participation des BR italiennes à un réseau de vente d'héroïne et d'échange de drogue contre des armes est évoquée[294]. L'organisation terroriste aurait été en relation avec les tenants du crime organisé des pays producteurs de telles substances. De même, les BR entretiendraient des liens avec l'organisation mafieuse de la Camorra[295].

La dérive criminelle d'une organisation terroriste pose la question de ses limites. La prise de pas du criminel sur le politique ne risque-t-il pas de desservir la cause plus qu'il ne la défend ? Les activités criminelles auxquelles se livre le PKK en Europe et la virulence des opérations terroristes en Turquie progressent au détriment du peuple kurde. De telles pratiques liguent la communauté internationale contre la cause défendue plus qu'elles ne légitiment l'action d'un peuple en quête d'identité territoriale. Il

---

[292]La présence de narcotiques dans l'organisation séparatiste basque espagnole est soulignée par Walter Laqueur dans son ouvrage *The Terrorism Reader terrorism reader : a historical anthology* (New York, Meridian Book, 1987, 256p.). Il fait état du rôle important joué par l'ETA sur la scène du trafic de drogue au Pays-Basque.

[293] Réseau mis à jour lors de l'opération Bégonia.

[294] Walter Laqueur, *The Terrorism Reader terrorism reader : a historical anthology*, op.cit.

[295] Les autres organisations nationalistes ou révolutionnaires européennes ne semblent pas avoir eu recours à ce type de financement.

est à craindre que, pour une organisation nationaliste, le glissement dans une entreprise criminelle ne la coupe de ses ambitions initiales.

Les relations entretenues entre les trafiquants de drogue et les terroristes sont le fait de quelques rares organisations. Mais ces contacts sont appelés à se développer, conséquence de l'accroissement du marché des narcotiques à travers le monde et du caractère déstructuré des organisations terroristes montantes qui, pour se financer, ne pourront plus recourir à des Etats sponsors, comme dans la décennie précédente. On peut alors penser que les besoins en financement pousseront ces mouvements, soit éclatés (type GIA), soit isolés (sectes, milices) à user de moyens à leur portée et d'application aisée.

II.- Crime organisé et violence politique

Le crime organisé, défini comme une volonté délibérée de commettre des actes criminels, dans une optique définie par des acteurs organisés et qui assure à ses auteurs des bénéfices appréciables leur permettant de vivre de cette activité, se trouve en pleine expansion. Sa caractéristique essentielle tient à la panoplie de moyens violents employés et aux liaisons qui les animent. Si bien que la notion de criminalité organisée renvoie directement à celle de réseaux de violence, qu'elle soit physique (racket, terrorisme) ou stratégique (corruption, fraude, chantage), donc à des activités illégales menées à grande échelle et ne trouvant leur véritable raison d'être et dimension que dans le caractère transnational des réseaux parallèles mis en place, grâce à l'évolution des communications et des moyens technologiques. Les organisations criminelles savent tirer parti des défaillances étatiques et des solidarités au sein des diasporas : l'ouverture vers l'extérieur permet aux groupes de diversifier leurs activités et d'accroître leur potentiel.

Il en a été ainsi de groupuscules terroristes qui ont, à partir de 1990, perçu l'intérêt de se rapprocher des organisations criminelles. Ce courant se manifeste de l'ex-URSS aux Etats-Unis, en passant par l'Europe centrale et méridionale, l'Asie et l'Amérique latine. Les organisations terroristes recherchent l'appui financier des détenteurs de capitaux que sont les tenants du crime organisé et les mafias. La séparation antérieure entre deux sphères, qui ne fonctionnaient pas selon les mêmes objectifs, est en train de voler en éclat. L'intérêt à travailler en commun dépasse les différends idéologiques. Les réunions internationales consacrées depuis quelques années aux liens entre crime organisé et terrorisme témoignent de cette évolution.

La complexité des trafics financiers et la diversité des organisations qui en tirent profit rendent délicat la mise en place d'un dispositif répressif efficace. L'exemple des Tigres tamouls est significatif de cet imbroglio entre trafic financier, drogue et mouvement nationaliste. Un réseau de fourmis assurait la collecte de l'argent du trafic de stupéfiants à Paris et le transférait par petits dépôts financiers en Russie. L'objectif était de permettre aux Tamouls de se financer à partir de l'argent de la drogue ainsi récupéré.

Plaque tournante des trafics favorables à la criminalité organisée, la filière balkanique et plus particulièrement la république de Macédoine, à l'image de Chypre, assure le transit dans le trafic de drogue et d'armes. Un réseau dont pourraient bénéficier certaines organisations terroristes, déjà en liaison avec la zone balkanique pour la formation d'activistes.

A priori tout lieu de conflit transformé en zone de non-droit est susceptible de servir d'appui aux organisations criminelles (Liban, Afghanistan, Balkans, Caucase). Les zones où des mafias sont présentes (Russie, Italie, Japon, Albanie) sont favorables au passage des réseaux de la criminalité.

Les mêmes types de financement se retrouvent dans diverses organisations comme l'ETA, les FARC, l'ELN, le PKK, le LTTE : trafic de drogue, extorsion, hold-up, kidnapping, contrefaçon, fausse monnaie, faux documents, taxe révolutionnaire, contributions, publications, organisations paravents, Internet. L'argent ainsi collecté est utilisé de la sorte : assurer une structure professionnelle ; rémunérer les cadres de l'organisation ; financer un logement ; assurer une propagande psychologique par Internet ou par des publications légales et illégales ; approvisionnement logistique en armes ; don d'argent aux familles des prisonniers.

Le PKK parvient à financer une chaîne de télévision, Med TV, dont le coût s'élève à 3,2 millions de dollars. Au narco-trafic, moyen phare de financement, s'ajoutent l'immigration clandestine, consistant à faire transiter des personnes de Turquie, d'Irak ou de Syrie, à destination d'Allemagne ou de France pour 40 000 ou 60 000 Deutschemark, et encore le trafic d'armes.

Les besoins de financement grandissants conduisent le PKK à mettre en exergue le coté criminel sur le paravent politique. Le PKK devient l'illustration type de ces « hybrides politico-criminels », appartenant à la fois aux mouvements terroristes des plus violents et alimentés par des sources criminelles : narco-trafic en Europe, extorsion de fonds, immigration clandestine de main d'œuvre, trafic d'enfants, escroquerie aux prestations sociales, racket des commerces kurdes et turcs, blanchiment d'argent. Bref, cette organisation criminelle sophistiquée fonctionne à coup de pression exercée sur la diaspora. Si cette tendance a longtemps été réfutée par le PKK lui-même dont les dirigeants ont nié tout lien avec le narco-trafic, cette liaison est aujourd'hui évidente en Allemagne, en Belgique, au Luxembourg, en France. Les opérations menées à l'automne 1996 en Grande-Bretagne, en Allemagne et, particulièrement, en France mettent à jour des réseaux multiformes de financement. Le 29 octobre 1996, l'interpellation de Kurdes en France a mis fin à un système qui alliait escroqueries aux assurances, trafics d'armes et de stupéfiants. Le crime est érigé en système d'exploitation méthodique de l'Europe pour ébranler la Turquie. Si au départ ces opérations sont conduites dans une perspective politique de libération nationale, elles se transforment rapidement en une exploitation des pays cibles, à tel point que le but politique se perd dans les méandres de l'argent sale. Il est vrai que les membres du PKK sont présents dans une grande partie du monde occidental, du Kazakhstan à Lisbonne, de manière hybride.

Le LTTE puise des fonds dans les marchés financiers et dans la fraude téléphonique. Autant de moyens qui lui permettent de posséder ses propres bateaux pour assurer le transport d'armes.

Les FARC possèdent un budget annuel équivalent à celui de certains Etats : en 1997, il s'élevait à 515 millions de dollars.

Ces chiffres et ces méthodes rendent compte, à eux seuls, de la bataille du pot de terre contre le pot de fer que livrent les services de police et les magistrats, au-delà du carcan terroriste et de la nécessité grandissante de penser la riposte dans un cadre international.

On retrouve une collusion entre extorsions de fonds, rackets, prises d'otages, piraterie maritime, massacres collectifs, dans le mouvement philippin Abu Sayyaf. Entité criminelle, se réclamant de l'islam au nom d'une ferveur nationaliste, le mouvement oscille entre action politique et système de banditisme organisé, prenant appui sur une corruption généralisée. Les sommes brassées attirent, dans une zone de pauvreté, des chômeurs à la recherche d'argent facile, indépendamment de toute motivation idéologique. L'archipel se transforme en zone de non-droit, sur laquelle le gouvernement philippin a perdu tout contrôle, comparable à celle de Colombie, du Pérou ou encore du Liban.

Ce mélange des genres n'est pas sans poser le problème de la détermination de la nature terroriste d'une action. Lorsqu'un Russe est assassiné à Moscou, on se demande si les indépendantistes tchétchènes usent d'actes terroristes pour impressionner le gouvernement ou s'il s'agit d'un règlement de compte entre mafieux. Cet acte doit-il être traité comme un acte de terrorisme ?

Une autre ambivalence existe sur le point de savoir a quel moment le terrorisme cède la place à la guerre civile. Le dépôt d'une bombe par le mouvement indépendantiste tamoul dans un cinéma de Colombo relève du terrorisme ; par contre, lorsque la même organisation provoque dans sa rébellion 600 à 700 morts par mois, cela est-il encore du terrorisme ? Peut-on dire qu'une organisation soit terroriste à certains moments et plus à d'autres ? Cette question se pose à propos des conflits nationalistes comme ceux survenus en Yougoslavie, au Rwanda ou en Tchétchènie, où se juxtaposent et se confondent actes terroristes, terrorisme d'Etat, guerre civile et guerre interethnique dans un chassé-croisé difficile à délimiter.

III.- Mafia et terrorisme

La mafia n'est autre qu'une manifestation sophistiquée de la criminalité organisée, tout en s'en différenciant par certains caractères, essentiellement l'emprise souterraine développée au sein de la société.

Au milieu du XXe siècle, la mafia fait régner sa loi par la terreur en Sicile et en Calabre. Si, par la suite la pratique du terrorisme est attribuée à des groupes révolutionnaires oeuvrant en fonction d'un idéal politique, la mafia, en arrière-plan, continue à imposer sa présence, recourant, si nécessaire, à l'action terroriste.

La méthode privilégiée est celle de l'enlèvement de personnes, des notables siciliens dans un premier temps. L'organisation s'implante dès 1974 dans le Nord de l'Italie où les richesses locales lui permettent d'opérer de façon plus rentable. La tactique joue sur l'angoisse des familles : détenir longtemps le kidnappé afin d'augmenter le montant de la rançon demandée. L'évolution de la mafia vers la pratique terroriste s'inscrit dans une stratégie réfléchie. La Cosa Nostra fait abattre des personnalités comme le président démocrate-chrétien de la Sicile, Piersanti Mittarella, le secrétaire provincial de la démocratie chrétienne ou encore des représentants de la justice, dont le juge Falcone en 1982.

Outre les attentats ciblés, l'Italie est touchée par des « stragi » ou « attentats-carnages » dirigés, en mai 1993, à Rome contre le quartier Parioli, à Florence près de la galerie des offices et en juillet de la même année des attentats à la voiture piégée touchent Milan et Rome. Ces actions, destinées à assurer une stratégie de la tension, ne sont pas des manifestations récentes puisque les premières apparaissent à Rome en 1969. Un mystère a toujours flotté autour de ces « stragi », leur attribution n'ayant jamais été clairement établie : sont-ils le fait de la mafia, des BR, des services parallèles de l'Etat ou d'une coalition ?

Ce qui est certain, c'est que la mafia entend faire respecter l'impunité du territoire placé sous son contrôle en n'hésitant pas, dans une « stratégie à la colombienne »[296], à recourir à la terreur aveugle. Il s'agit ici d'un terrorisme d'avertissement, défensif, dirigé contre les organes de l'Etat : la justice, la police et l'armée. L'objectif limité se cantonne à une conception intra-étatique de l'action violente : s'élever contre toute tentative interne de répression à l'encontre de la mafia. A cela s'ajoute un emploi clanique du terrorisme à l'occasion de règlements de comptes.

Le phénomène mafieux connaît une phase d'évolution, de réorganisation et de dispersion avec, à côté de l'habituelle mafia italienne, l'essor des mafias russes, japonaises, albanaises dont l'emprise va croissant et dont les connexions se ramifient. Ces organisations progressent dans la menée d'opérations criminelles au niveau de la rue, dans les actions de corruption et dans la pénétration des diverses franges de la société. L'internationalisation des mafias porte sur des intérêts économiques énormes. Cette recrudescence laisse la porte ouverte à toute évolution combinée, ainsi qu'au développement d'une forme de terrorisme transnational liée à la protection d'intérêts mafieux.

Auparavant, deux scènes différentes prévalaient, deux sortes de criminels se profilaient : ceux qui recherchent l'argent facile et ceux qui commettent des actes pour des raisons idéologiques avec une justification morale ou politique. Depuis 1989, toutes les organisations se placent sur une seule et même scène : la confusion prend progressivement le pas sur le cloisonnement des activités criminelles. Des personnes dans une logique idéologique se livrent à des actes de banditisme comme le trafic de drogue ou d'organes, répandu en Amérique latine et, à l'inverse, des groupes purement criminels comme les mafias siciliennes recourent à des actes de terrorisme, comme l'attestent l'attentat à la bombe contre le musée

---

296 Raufer Xavier, *Les superpuissances du crime : enquête sur le narco-terrorisme*, Paris, Plon, 1993, 303p.

des offices de Milan[297] ou les règlements de compte intercommunautaires.

Par conséquent, les trafics en tout genre, inscrits dans une criminalité ordinaire, risquent d'être mis à profit par de telles entités. C'est dans un univers mouvant en interconnexions constantes, fait de dépendances multiples et occasionnelles, que les phénomènes criminels devront être pensés. La notion « d'hybride politico-criminel », développée par Xavier Raufer, a le mérite de faire état d'une réalité nouvelle, multiforme qui, à différentes échelles, mêle des activités antérieurement séparées. Ce chassé-croisé se présente comme le nouvel enjeu sécuritaire du siècle prochain.

L'évolution trouve ses marques dans la fin de la guerre froide et la dégénérescence de certains groupes du tiers-monde qui remplacent leur allégeance à l'un des deux blocs par le trafic de biens interdits, pour financer leur lutte de libération. En Afrique, des organisations criminelles à multiples facettes se livrent à des trafics de défenses d'éléphants, de cornes de rhinocéros, à la contrebande de stupéfiants, le tout lié à une immigration clandestine massive utilisant des faux papiers vers l'Occident, où ces personnes survivent grâce au trafic de drogue.

Le terrorisme n'échappe pas à cette évolution dont on aperçoit aujourd'hui les prémices. Le concept de terrorisme comme il est perçu depuis la Révolution française s'en trouve modifié. D'activité violente guidée par la défense d'une idéologie, le terrorisme tend à se banaliser en tant qu'action criminelle parmi d'autres, composante d'un phénomène en pleine expansion : le crime organisé, réponse du monde parallèle de la criminalité à la mondialisation des sociétés.

Le terrorisme ne serait plus seulement une expression politique, il deviendrait un moyen d'intimidation, bref, d'imposition d'un pouvoir par une criminalité plus large.

---

[297] Il s'agit en l'occurrence pour la mafia italienne d'envoyer un message à l'Etat, lui demandant de ne pas inquiéter leur organisation en Sicile, faute de quoi elle recourrait à des actes terroristes contre les lieux touristiques italiens.

Dorénavant, la guerre criminelle présente un visage nouveau et multiforme où guérillas, milices, mouvements de libération nationale, groupes terroristes, criminalité organisée, mafias, cartels, groupes sectaires cohabitent, se rencontrent, s'entrechoquent, au gré des besoins, des intérêts de chacun, dans des espaces divers : zones de non-droit ou cœur des sociétés démocratiques[298].

Les activités criminelles forment une pelote où il est difficile de distinguer ce qui se rattache à un fil plus qu'à un autre. Trois points se dessinent. Des groupes violents diffus et éclatés se réorganisent sans cesse. Des organisations illégales se mélangent à la société. Enfin, les connexions entre les divers types de crimes conduisent à l'apparition de nébuleuses criminelles, rendant complexe l'adoption d'un dispositif répressif et/ou préventif approprié.

---

[298] L'emploi de pratiques issues de la criminalité ou de la délinquance de droit commun par les terroristes, comme le racket effectué en Corse, au pays Basque, en Algérie, a pu faire parler d'un « gangsterrorisme » par analogie avec le « narco-terrorisme ».

Chapitre 7 - Des stratégies en devenir

Le terrorisme ne saurait se limiter à une manifestation crapuleuse. Il se caractérise aussi par une méthode d'intervention spécifique et par une structuration propre qui évoluent au cours du temps. Une correspondance s'établit entre l'idéologie défendue (marxiste, nationaliste, religieuse, idéaliste) ; la structuration des intervenants (organisation hiérarchisée, éclatée, cloisonnée, ouverte) ; les méthodes tactiques employées (explosion, meurtre, enlèvement, détournement) ; la finalité de la terreur (apeurer, détruire, tuer).

Le terrorisme se transforme en même temps que la société, les mentalités, la géopolitique et les techniques. Phénomène vivant, il s'adapte facilement, ce qui fait de lui une des armes de prédilection du nouveau siècle, au service d'individus qui chercheront à manifester leur existence en défendant les valeurs traditionnelles auxquelles ils sont attachés : identité nationale, religion, environnement. Le problème prédominant posé par ce type de conflit est la dichotomie entre la gravité croissante des actes et les difficultés qui se posent aux responsables politiques pour les prévenir et les réprimer. Les événements ont montré que les organisations terroristes étaient vivantes, actives et armées de matériels toujours plus destructeurs.

Aussi trois tendances de cette stratégie évolutive sont à souligner : le passage du professionnalisme à l'amateurisme ; l'alternance entre banalisation et sophistication des méthodes ; l'affirmation d'un terrorisme aveugle au détriment d'une violence matérielle et ciblée.

I.- Du professionnalisme à l'amateurisme

Sur trois décennies, la structuration des organisations terroristes évolue d'un continuum allant de petits groupuscules extrêmement cloisonnés et hiérarchisés à l'action d'individus isolés.

Pendant longtemps, le terrorisme se pose en stratégie conçue par un noyau d'individus dont l'existence est consacrée à la lutte armée. Dans les années 70, le terrorisme émane de groupes structurés militairement, du type RAF, AD, BR.

Aujourd'hui, s'y substitue un terrorisme banalisé, fait d'individus qui tentent de défendre une idéologie souvent irrationnelle, au moyen de méthodes soit artisanales (armes blanches, bombes amateurs), soit sporadiques (enlèvements), soit non conventionnelles (chimique, biologique) tirant profit de la technologie moderne[299].

L'évolution entre ces deux extrémités s'est opérée au début des années 80. L'apparition d'un terrorisme proche et moyen-oriental, issu d'une culture du Sud, génère une onde de choc qui éclate les structures habituelles. Elargissant la notion de groupe terroriste, il favorise les relations et échanges en réseau.

Certes, il existe toujours une direction organisée, qui met en oeuvre une stratégie déterminée à moyen terme, composée d'un état-major, d'un détachement politique, ainsi que d'une organisation militaire. Mais l'amateurisme fait son entrée dans le mouvement terroriste au niveau du réseau. Celui-ci utilise des individus ne possédant pas un ancrage idéologique comparable aux membres des organisations nationalistes ou révolutionnaires, mais qui, pour venir en aide à un cousin, un oncle, un ami de la famille, un camarade, quelqu'un qui lui a autrefois rendu service, entrent dans le réseau[300]. Des organisations comme le groupe Habache, ou le Jihad islamique, utilisent des personnes extérieures au noyau proprement dit de l'organisation, recrutées au fil des besoins dans les différents pays traversés, pour apporter un soutien occasionnel, un appui ponctuel à une action terroriste. Dans un même esprit, le PKK et l'ASALA endoctrinent des individus les plus exaltés de leurs communautés respectives, puisant dans la jeunesse et chez les femmes les éléments aptes à commettre des opérations dures.

Depuis la fin de la guerre froide et l'éclatement du bloc communiste, il semble que l'on soit entré dans une troisième

---

[299] L'acte isolé a des précédents : les bombes lancées par des anarchistes comme Vaillant ou Ravachol ne s'inscrivaient pas dans la stratégie d'une organisation clandestine.

[300] Dès les attentats menés en France, en 1986, on observe, au sein des filières terroristes, la présence d'exécutants maghrébins vivant en France et téléguidés par Téhéran.

phase : le terrorisme n'est plus stato-centré, dans le sens où la poursuite par certains Etats de leurs relations diplomatiques par le terrorisme, comme le recours à des groupes de mercenaires sont en retrait. Cela au profit d'une menace éclatée provenant de petites cellules, de petits groupuscules, qui commettent des attentats sans répondre à une organisation strictement élaborée. Le terrorisme du futur sera « individuel »[301] : la menace devient plus dangereuse car mise en oeuvre par une multitude de personnes prosélytes et/ou idéalistes.

Une violence vers le bas

Le risque islamiste persiste mais sous un nouvel angle, plus inquiétant, plus difficile à cerner. L'autonomisation de groupuscules intégristes, composés de personnes prosélytes mues par l'idée de jihad dans une approche non cartésienne, place les démocraties occidentales dans une logique d'imprévisibilité.

Aujourd'hui le groupe terroriste islamiste, justement parce qu'il émane de la base et fonctionne selon une conception large du réseau, se veut ouvert, tourné vers l'extérieur, s'aidant de tout élément, au cas par cas sans liaison établie.

L'islamisme algérien en est le type : multiplication des factions armées autonomes et rivales, absence de direction clairement établie et reconnue, recrutement de jeunes marginaux désillusionnés par la société algérienne et prêts à donner leur vie au nom d'une idéologie qu'ils viennent pour la plupart de découvrir, utilisation à l'étranger des communautés immigrées.

Ce type d'éclatement en groupes cloisonnés maintenus en contact par un fil directeur se retrouve chez les membres du Hamas, les activistes des Ga'amat égyptiennes, les rebelles philippins. L'origine de ces mouvements se situe dans la branche sunnite de la religion musulmane, pour laquelle le pouvoir émane de la base. Une telle approche fait obstacle à l'existence d'organisations stricto-sensu, mais privilégie les noyaux diffus complexes à appréhender. D'où l'irruption de mouvements hétéroclites composés de petites formations.

---

301 Laqueur Walter, « Post-Modern Terrorism », *Foreign Affairs*, n°5, 1996, p.24-36.

Autre nouveauté apportée par le terrorisme islamiste : l'irrationalité. Dans l'action violente de la RAF ou de l'IRA étaient présents un but idéologique et politique, une volonté d'influencer les pouvoirs publics, de marquer un choix de société par transmission de l'image d'un homme et d'une société jugée idéale. A l'inverse, le terrorisme fanatisé est axé sur un extrémisme se réclamant des textes sacrés. L'unique ligne politique clairement définie consiste à remplacer l'Etat existant par un Etat islamique. En cela il est éclaté et non cartésien. Les jeunes trabendistes des faubourgs d'Alger agissent comme ils vivent, sans but, sans perspective, sans raisonnement. Peut-être constituent-ils la nouvelle « chair à canon » des conflits de faible intensité.

Sur le terrain, des individus isolés entrent en action, au nom du jihad, diffusant une menace difficilement maîtrisable. Lorsqu'un imam au cours d'un prêche appelle à la guerre sainte, tout musulman peut vouloir lui répondre. Et de petits groupes de deux ou trois personnes fabriqueront une bombe, apportant leur contribution à un mouvement plus large. La ferveur islamique peut susciter partout dans le monde l'action violente d'un sympathisant à la cause, un musulman ordinaire, de façon sporadique, instantanée. Le conflit bosniaque révèle ce phénomène : des musulmans combattent dans les rangs bosniaques non pas au nom d'un mouvement de libération nationale mais de la religion musulmane.

Ce changement de comportement complique la tâche des services de sécurité qui devront apprendre à raisonner dans un mode totalement différent de celui développé à l'encontre des groupes internes structurés : ouverture, internationalisation et éclatement du dispositif mis en place seront les nouveaux modèles à adopter.

En découle l'extrême difficulté devant laquelle se sont trouvées les forces de sécurité après les attentats commis en France en 1995 : il fallait repenser tout un système de fonctionnement dont la connaissance avait été difficilement acquise depuis 1986[302].

---

[302] L'utilisation dans les actions terroristes d'individus, qui ne sont pas gagnés à la cause, a conduit en France à une interférence entre militants islamistes et

Une violence individuelle et réactionnaire

Dorénavant, comme le montrent les attentats d'Oklahoma City et contre le métro de Tokyo, des individus, produits de sociétés occidentales développées, se transforment en criminels animés d'une pulsion meurtrière contre leurs propres concitoyens. Ces amateurs constituent le modèle type des terroristes réunis en groupes « freelance » passant à la violence au cas par cas, en petits groupuscules « primaires et paranoïaques » composés pour l'essentiel de marginaux et de jeunes.

Contrairement au terroriste classique, le nouveau terroriste peut être une personne ayant habituellement un comportement normal, un « monsieur tout le monde », qui dans son domaine privé se coupe du monde extérieur pour créer sa propre idéologie qu'il tente d'imposer au reste de la société. L'évolution des technologies, des logistiques, l'usage détourné de produits banalisés rendent ce danger incontrôlable parce qu'imprévisible. Un individu vivant dans une zone isolée aura, grâce à l'informatique, connaissance des propagandes, des techniques logistiques et pourra de lui-même décider de passer à l'action à l'instant et à l'endroit qu'il aura choisi.

Le cas Unabomber aux Etats-Unis est l'exemple même de ce nouveau type de terroriste qui, depuis ses montagnes du Montana[303], terrorise, entre 1978 et 1985, par colis piégés dirigeants de compagnies aériennes, universitaires et chercheurs dans tous les Etats-Unis. Un décalage se profile entre le caractère isolé et momentané de l'action et l'objectif ambitieux affiché : la destruction du système industriel mondial.

Actuellement, c'est grâce à des données acquises dans la société civile, que des individus s'érigent terroristes. La tentative d'attentat chimique dans le métro de New York déjouée grâce à l'intervention préventive du FBI, en février 1998, provenait de

---

délinquants, les seconds mettant leur activité marginale (hold-up, trafics divers) au service des premiers.

[303] Ce terroriste était peut être plus proche de la clinique psychiatrique que de la prison, en dépit de ses facultés intellectuelles reconnues.

diplômés des universités américaines mettant leurs compétences scientifiques au service d'un fanatisme destructeur[304].

Des individus ordinaires peuvent un jour basculer dans l'attaque terroriste, en amateur certes, mais avec des résultats spectaculaires. C'est le cas de ce jeune Américain moyen, Timothy Mc Veigh, désespéré, présenté comme « le garçon d'à côté » par la presse américaine, auteur de l'acte terroriste le plus destructeur jamais commis sur le sol américain, tuant 168 personnes à Oklahoma City[305]. Exprimant son amertume face « au grave déclin de l'Amérique »[306], ce fils d'un honnête ouvrier catholique américain a réalisé ce qu'aucune organisation terroriste professionnelle proche ou moyen-orientale n'était parvenue à faire[307].

L'impulsion, l'abandon de soi et le fanatisme offrent un mélange propice à l'essor de la terreur. L'amateur utilise le terrorisme comme un moyen de revendication, d'expression d'un mécontentement et non comme substitut à la guerre classique. En cela sa pratique risque de se répandre au sein d'une communauté *a priori* non violente mais dont une frange peut passer par des pulsions extrémistes et extérioriser une idéologie fanatisée : les

---

304 Dans la même logique, le recours à des techniciens diplômés devient une pratique répandue chez les fondamentalistes du FIS, qui recrutent dans les écoles d'ingénieurs.

305 Jugé par une juridiction fédérale de Denver en juin 1998, Timothy McVeigh est condamné à la peine de mort.

306 Lettre publiée par l'auteur de l'attentat, le 1er février 1992, dans le *Lockport Union Sun Journal.*

307 A plusieurs reprises, la vigilance a permis aux services de sécurité de neutraliser des individus en possession de substances dangereuses destinées à être employées dans une attaque terroriste. En avril 1995, une action est déjouée dans l'Etat de Washington, lorsque les enquêteurs découvrent qu'un individu, Darwin Michael Gray, possède un explosif de même nature que celui employé à Oklahoma City.

religieux, les écologistes, les militants anti-avortement, les opposants à l'Etat. Alors le terrorisme se banalise pour devenir une technique criminelle parmi d'autres, non plus réservée à une caste réduite de professionnels chevronnés et avertis mais laissée à la portée de tout individu, en groupe ou isolé, désirant exprimer avec fracas sa colère, son idéologie ou sa folie, au mépris de la vie humaine.

II.- Sophistication et banalisation des méthodes

Varié quant à ses objectifs, ses partisans, ses structures, le terrorisme l'est également par la forme que prend ses manifestations. Celles-ci ont évolué au cours du temps en fonction des techniques disponibles : fusils, explosifs, semtex, chimie, nucléaire. Mais les moyens d'intervention dépendent pour une grande part de la nature de l'organisation qui les met en oeuvre et des buts poursuivis : la destruction d'un bien, le chantage ou le meurtre ne requièrent pas les mêmes dispositifs. Tandis que les pratiques terroristes classiques (explosifs, armes automatiques, grenades) ont été conservées par les groupes traditionnels, les nouveaux activistes seront tentés de recourir aux armes non conventionnelles mises à leur disposition par les techniques nouvelles ou, le cas échéant, à utiliser des moyens différents de ceux de leurs prédécesseurs : abandon des détournements d'avion, préférence donnée à l'explosif (apparition de bombes humaines).

La méthode, corollaire de l'idéologie

Durant les trente dernières années, les organisations violentes urbaines comme rurales, des plus structurées aux moins organisées, utilisent une large palette de tactiques incluant bombes, enlèvements, détournements de transports en commun, atteintes aux biens, assassinats dirigés contre des personnes déterminées ou indéterminées[308].

On note un crescendo dans la violence de ces organisations qui ne passent à la liquidation physique que dans un dernier stade après avoir fait la preuve de leur aptitude à conduire des actions

[308] Voir annexe 10, *Les formes du terrorisme*.

clandestines au cœur d'une société démocratique et après avoir constaté ne pas disposer d'assez d'éléments pour aboutir au résultat souhaité.

La technique logistique la plus couramment employée demeure celle utilisée par Ravachol contre l'Assemblée nationale en 1893, l'explosif, avec la sophistication technologique appropriée, tant en puissance qu'en facilité de manipulation. Les progrès permettent d'en faire usage avec plus d'aisance et rendent difficile l'identification de leur provenance. Alors qu'antérieurement, le type d'explosif employé permettait une identification du groupe, chaque mouvement utilisant habituellement les mêmes références, l'apparition d'un terrorisme organisé par des Etats conduit à la diversification des fournisseurs, brouillant les signatures. L'explosif employé, en 1988, contre l'avion de la Pan Am au-dessus de Lockerbie, provenait de Tchécoslovaquie et faisait partie des explosifs vendus pendant la guerre froide à des Etats comme la Libye, l'Iran, l'Irak, la Syrie ou la Corée du Nord.

Ensuite, vient l'assassinat de personnes déterminées, méthode utilisée encore aujourd'hui par des groupuscules gauchistes et nationalistes. Depuis les années 90, l'ETA s'illustre par le meurtre d'hommes politiques, de magistrats, d'universitaires (attaques contre des membres du Parti populaire : en janvier 1995, assassinat du président du PP, député pour la province basque de Guipuzcoa, Gregorio Ordonnez ; en avril 1995, attentat manqué à la voiture piégée contre le président du PP et chef du gouvernement, José Maria Aznar ; assassinats de conseillers municipaux depuis 1997). Durant les décennies 70-80, l'ETA, les BR, la RAF, AD, l'IRA s'illustrent par l'assassinat de forces de l'ordre, de militaires, d'industriels, d'hommes d'affaires, d'hommes politiques ou encore par leur enlèvement. Le plus célèbre est l'enlèvement suivi du meurtre du leader de la Démocratie chrétienne italienne, Aldo Moro, en 1978. L'assassinat est une arme de prédilection du terrorisme d'organisation secrète exercé par un Etat contre ses opposants réfugiés à l'étranger. Le mitraillage à l'arme automatique d'individus présents dans un lieu donné s'emploie à plusieurs reprises : attentat de la rue des Rosiers à Paris en 1982, tuerie du marché d'Hébron dans les territoires occupés, attaque à Istanbul. Mis en oeuvre essentiellement par des religieux fanatisés, ce procédé se manifeste davantage dans les pays du Sud.

Alors que, jusqu'ici, le terrorisme demeure cantonné soit à des biens, soit à des personnes exposées par leur profession, il menace soudainement tout individu, en raison de sa race, sa religion ou de sa présence inopinée dans un endroit donné à un moment donné.

Le terrorisme devient une arme médiatique : c'est l'époque de l'attaque des athlètes israéliens à Munich, de la tentative de El-Fatah contre un avion d'El Al à Rome, de la destruction d'avions civils en vols, de la prise d'otages à bord d'aéronefs et de l'élimination de passagers en fonction de leur nationalité.

Les pratiques violentes contre l'aviation civile sont délicates à mettre en oeuvre et dangereuses pour les acteurs en raison de la préparation requise, du risque encouru et des difficultés de mener à son terme l'opération selon les objectifs fixés. Elles seront abandonnées progressivement au cours des années 80 au profit d'attaques indéterminées dirigées contre des cibles choisies en fonction de leur nationalité. Les groupes palestiniens comme les mouvements terroristes du Machrek financés par des Etats s'en font les spécialistes avec des bombes dirigées contre les forces armées au Liban, des voitures piégées explosant au Moyen-Orient, des attaques aveugles en Occident.

Ces actions sont, par la suite, adoptées par des groupuscules internes, comme l'IRA, l'ETA ou la RAF, emportant un nombre élevé de victimes : explosion de voitures piégées à Madrid, bombe de la RAF dans une gare de Hanovre ou bombes de l'IRA au cœur de Londres.

L'adoption de mesures antiterroristes oblige les groupes à déplacer le choix des cibles en direction d'intérêts moins protégés et donc plus vulnérables, qui se trouvent être fréquemment des individus ou bâtiments anonymes. Les terroristes ajustent leurs plans d'attaque au bénéfice d'un terrorisme indéterminé, aveugle, plus aisé à mettre en oeuvre et aux résultats spectaculaires.

L'arsenal terroriste se compose pour l'essentiel de mitraillettes et de fusils d'assaut. La sophistication des tactiques est proportionnelle aux moyens financiers possédés par les organisations et à l'environnement dans lequel elles évoluent.

La logistique perfectionnée est utilisée, en premier lieu, par des organisations disposant de ressources importantes en raison du soutien fourni par un Etat[309], de dons d'armes assurés par l'ancien bloc de l'Est ou de l'acquisition d'argent illicite à l'instar des mouvements de guérilla latino-américains. Par exemple, nombre de terroristes ont adopté le Semtex dès qu'ils ont pu l'obtenir d'Etats commanditaires. Les engins explosifs en provenance du Machrek se sont révélés d'une capacité meurtrière supérieure à celle des bombes déposées par des mouvements d'une plus faible envergure, comme les nationalistes corses ou les groupuscules gauchistes des années 70.

Le lien entre technologie, action socio-politique et violence matérielle est plus étroit qu'il y paraît. Les terroristes, désirant influer sur les gouvernements, prennent conscience de l'intérêt de se doter de moyens permettant un retentissement important. Le déploiement de mesures de protection aux alentours des cibles potentielles (bâtiments administratifs, moyens de transport, lieux publics) contraignent les activistes à s'adapter. Ils privilégient des méthodes sophistiquées basées sur des technologies nouvelles permettant une action plus précise et meurtrière (emploi de dispositifs retardant l'explosion, de signaux radioélectriques permettant un téléguidage à distance d'engins explosifs). Ils développent également une connaissance plus approfondie des systèmes de protection, afin de les contourner. L'attentat contre les marines américaines perpétré à Beyrouth, en 1983, réussit grâce à un explosif dont la puissance équivalait à 18 tonnes de TNT, ce qui en fait un des plus dévastateurs connus à ce jour.

La spécialisation des terroristes et leur capacité à fabriquer et à manier des engins perfectionnés favorise la sophistication des

[309] Les gouvernements disposent de ressources financières conséquentes, d'un accès facilité aux laboratoires scientifiques, à la production et à l'emploi de spécialistes.

techniques employées. Les terroristes moyen et proche-orientaux bénéficient d'une formation exemplaire.

Face à l'armée britannique envoyée en Ulster, l'IRA s'est dotée, depuis une décennie, d'un équipement perfectionné similaire à celui des troupes armées (lunettes à infrarouge, détecteurs, émetteurs radio). Les mouvements palestiniens, mais aussi latino-américains, évoluant sur un terrain ennemi dépourvu à leur égard du respect des procédés démocratiques, ont acquis un matériel lourd de guerre (missiles, lance-roquettes) qui assure la protection de leurs forces et permet à distance d'atteindre des cibles en territoire adverse (munitions portables utilisables contre des tanks et avions, systèmes de guidage radio, lasers). Le Hezbollah libanais dispose d'un potentiel militaire de haut niveau qui lui permet, tant bien que mal, de résister aux attaques militaires israéliennes.

La décennie 90 met en évidence l'existence d'une violence pluriforme, corollaire de la diversité des organisations : meurtres de personnalités, attentats à l'explosif, mitraillages, enlèvements, prises d'otages, détournements d'avion, déraillements de train, mais aussi attaques chimiques, attentats suicides. Ces manifestations mettent en concurrence deux types de menace : l'une liée à l'émergence d'un terrorisme de haute technologie et l'autre fruit d'un terrorisme de faible technologie, aux conséquences non moins dramatiques.

Le terrorisme de faible technologie

L'activité et la violence croissantes des organisations terroristes depuis deux décennies n'induisent paradoxalement pas des innovations marquantes dans la forme des opérations. La grande majorité des groupuscules demeure conservatrice tant dans la nature de ses cibles que dans celle des armes et tactiques employées. Durant la décennie 80, les attaques par bombes représentent 50% des actions commises[310] en raison de leur facilité d'emploi (peu de risque pour les exécutants grâce aux systèmes à retardement) et de l'effet dramatique produit. Ce type d'attaque

---

[310] Wilkinson Paul, *Technology and Terrorism,* Londres, Cass, 1993, 153p.

permet un usage répété, comme l'atteste le système irlandais de la double bombe.

Si la tendance se développe à l'intérieur d'organisations professionnelles structurées, elle se retrouve *a fortiori* dans les mouvements déstructurés que sont les groupuscules islamiques en éveil à travers le monde et dans les groupes amateurs guidés par une idéologie idéaliste, dépourvus de formation. Alors qu'on connaissait la sophistication croissante des engins explosifs constitués à partir de matériaux illicites importés clandestinement de zones troublées du globe, on assiste récemment à des explosions d'engins artisanaux confectionnés par des individus sans expérience à partir de matériaux de base anodins.

Les attentats islamistes menés contre la France, en 1995, sont le résultat d'engins d'une technologie, sans commune mesure avec les dispositifs explosifs utilisés contre la capitale dix ans plus tôt par les chiites. Leur fabrication nécessite uniquement l'assemblage de produits dont l'acquisition peut se faire en toute légalité dans les commerces français : engrais et fertilisants mélangés fréquemment avec du sucre glace et du carburant diesel. La fabrication revient à de jeunes amateurs qui n'ont souvent pour seule formation que les « conseils d'utilisation » délivrés sur des cassettes vidéo diffusées clandestinement dans les quartiers sensibles des banlieues. Un tour de chimie aléatoire comme en témoigne le caractère approximatif des résultats obtenus : un grand nombre d'engins n'ont pas explosé ou avec une puissance beaucoup plus faible que celle qu'ils auraient été en mesure d'avoir s'ils avaient été conçus par des professionnels. Incapables de conduire des opérations soignées et ciblées, ces exécutants recherchent uniquement le bruit de l'explosion, l'exploit.

Une logique similaire se profile aux Etats-Unis où des citoyens « patriotes » se transforment en artificiers et en poseurs de bombes indépendamment de toute formation, autre que des entraînements au tir dans les grands espaces américains et le suivi d'instructions diffusées par Internet ou par des manuels clandestins. Mais là, certains actes procurent des résultats d'une grande ampleur.

Tant que le procédé terroriste était limité à un groupe réduit d'individus entraînés consacrant leur vie à la lutte armée, recourant à un matériel illégal, d'acquisition difficile et coûteuse, les risques d'attaque terroriste et leur fréquence demeuraient réduits. Le nombre d'organisations était restreint et repérable par les services de sécurité. L'apparition d'une « arme terroriste » de fabrication et de maniement aisé à portée de n'importe quel individu bouleverse la conception classique. Un attentat peut être commis avec des modes opératoires et des engins simples[311], mais être doté de répercussions terribles. On est loin des mercenaires du type Carlos ou Abou Nidal ou encore des professionnels d'Action directe, des Brigades internationales ou de la bande à Baader.

Le passage de la figure du terroriste « high-tech » à celle du terroriste commun « low-tech » pose problème aux pouvoirs publics : alors que le professionnel peut être suivi, l'amateur est difficile à connaître et à poursuivre. Par ailleurs, dans la société occidentale, il est impossible de retirer des produits bivalents de la vente ou de contingenter les ventes d'engrais, de gaz, de sucre.

Le terrorisme de haute technologie

La possession d'armes non conventionnelles comme les armes chimiques et biologiques, les armes nucléaires ou l'arme informatique risque de séduire des individus et organisations divers. Cela constitue une option viable à moyen terme : Etats cherchant à préserver leur souveraineté ou acquérir une indépendance et usant de ces techniques à titre de dissuasion, d'intimidation ; fanatiques ethniques ou religieux désirant dépasser les barrières psychologiques du meurtre de masse dans une optique de purification.

Aujourd'hui, à l'échelle de l'analyse tant scientifique que stratégique, on minimise le risque encouru par l'usage de telles armes. Peu de terroristes sont capables de posséder les connaissances techniques appropriées. S'y ajoutent des freins budgétaires, politiques et moraux.

---

[311] L'engin qui provoque l'explosion meurtrière du World Trade Center a un coût de fabrication inférieur à 1000 dollars.

Si ces considérations sont fondées, en ce qui concerne l'arme nucléaire, l'attentat de la secte Aum à Tokyo, ainsi que les tentatives de contaminations bactériologiques opérées aux Etats-Unis, ont montré la capacité à faire usage de produits chimiques : des tentatives qui bien qu'encore balbutiantes pourraient s'affirmer[312].

- *L'arme nucléaire*

L'emploi de l'arme nucléaire ou simplement de quelques particules nucléaires demeure actuellement une hypothèse d'école, conséquence de la difficulté pour une organisation terroriste à acquérir de telles substances. L'éventualité a pourtant été prise au sérieux au cours de la dernière décennie par la puissance américaine, si l'on en croit les observations faites par les responsables de la Défense[313] comme l'abondante littérature parue[314]. La création, en 1985, d'une Task-Force internationale pour la prévention du terrorisme nucléaire témoigne de l'acuité du phénomène. L'inquiétude naît de la désintégration de l'Union Soviétique qui éveille la vision d'une contrebande nucléaire, mettant à disposition des terroristes intéressés un matériel

---

312 Les cas de terrorisme de haute technologie examinés ici rentrent dans l'incrimination créée par le législateur français dans la loi du 22 juillet 1996 à travers la notion de « terrorisme écologique », tel que défini dans l'article 421-2 du Nouveau code pénal : « le fait d'introduire dans l'atmosphère, sur le sol, dans le sous-sol ou dans les eaux, y compris celles de la mer territoriale, une substance de nature à mettre en péril la santé de l'homme ou des animaux ou du milieu naturel ».

313 Kamp K.H. : « Le terrorisme nucléaire tombe dans une catégorie à haut risque de faible probabilité ».

314 - Doeson Christopher, *The terrorists, their weapons, trades, and tactics*, N.Y , ed. Fact and File, 1982, 125p.

- Jenkins Briand Michael, *The likehood of nuclear terrorism*, The Rand Corporation, juillet 1985

- Deteon Peter, *The threat of nuclear terrorism : a reexamination*, The Rand Corparation, janvier 1988.

- Builder Carl, *The future of nuclear Deterrence*, Santa Monica, C.A., The Rand Corporation, 1990.

- Rapport de l'Université de Pringston, *Center for energy and environmental studies,* cité in *The Wall Street Journal*, 8 mai 1994.

d'acquisition aisée pour peu qu'ils disposent des moyens et des compétences techniques nécessaires.

Alors que certains Etats en quête d'indépendance peuvent posséder une telle matière, la probabilité pour un groupe terroriste individuel d'en acquérir paraît très aléatoire. Le rapport du ministère de la Défense américain d'avril 1996 note que « la plupart des groupes terroristes ne possèdent ni les ressources financières ni techniques pour acquérir des armes nucléaires »[315]. Mais il porte l'accent sur la menace actuelle que constituent les agents chimiques et biologiques. Le risque nucléaire est potentiel, la menace chimique est présente.

En Europe, le terrorisme nucléaire demeure dans les esprit au rang de mythe. Le risque nucléaire est souligné par certains, il est minimisé par d'autres. Il dépend de la capacité des groupes terroristes à posséder ce moyen et de la finalité poursuivie.

Le passage à l'acte n'est pas aisé pour plusieurs raisons. D'abord, les acheteurs de ces matériaux sont rares, si bien que les trafiquants ne bénéficient pas d'un vrai marché, comme il peut en être des stupéfiants. Par contre, l'escroquerie aux matières nucléaires représente 90% du marché. Ensuite, la situation d'une organisation terroriste qui serait intéressée par l'achat et l'utilisation de matériels nucléaires ou radioactifs est ambivalente : une organisation a besoin d'un support de sympathisants, or ceux-ci ne sont pas prêts à accepter les conséquences d'un attentat nucléaire. Enfin, la production de l'arme nucléaire suppose un matériel et des matières premières que seules les Nations unies et les Etats légalement et officiellement habilités à user de cette matière à des fins énergétiques peuvent légitimement se procurer. Une telle acquisition par des groupes terroristes supposerait des opérations entièrement clandestines, plusieurs milliers de dollars et une grande connaissance de l'usage de ces produits. L'unique possibilité que cette menace se concrétise réside dans l'armement d'une organisation terroriste par un Etat commanditaire doté de la matière concernée. Ceci soulève le problème de son acquisition à travers le trafic illicite de matières nucléaires par des Etats qui se

[315] Laqueur Walter, « Postmodern Terrorism », *Foreign Affairs*, op. cit.

doteraient clandestinement des capacités nucléaires et seraient alors à même d'acquérir les renseignements suffisants sur cette technologie pour en développer un maniement opérationnel. La quête par un nombre croissant de pays du Sud d'armes nucléaires augmente le risque de voir tomber ces substances dans les mains d'irresponsables[316].

L'utilisation de substances radioactives est plus probable : les introduire dans une bombe ordinaire ne demande pas de préparation spécifique. Le problème demeure celui du contrôle de l'action et de ses effets.

L'emploi de l'arme nucléaire dépend de l'intérêt à moyen terme que les détenteurs trouvent à l'employer. Certains groupes nationaux (IRA ou ETA), qui opèrent pour instaurer un régime différent, n'auraient aucun intérêt à employer une arme qui ne servirait pas leur cause. Les mouvements irrationnels, par contre, peuvent être attirés par ce type de pratique[317]. Quant à une entité nationale, elle parviendrait, grâce à ce procédé, à se débarrasser d'une population ennemie. L'exemple des matières chimiques employées par Saddam Hussein contre la population kurde s'insère dans cette logique. Et tout laisse à penser que la possession d'armes nucléaires dans de pareilles circonstances pourrait encourager un emploi similaire.

L'acquisition par l'Iran d'une autonomie de fabrication d'armement nucléaire présenterait un risque important de mise en oeuvre d'un terrorisme nucléaire par des groupuscules commandités par un Etat. En possession d'une telle arme, un Etat islamique exercerait une pression terroriste : la menace de

---

[316] La prolifération de normes venant réglementer l'emploi et la circulation des matières nucléaires, comme le traité de non-prolifération de 1968 ou la convention sur la protection matérielle des matières fissibles de 1980, suscitent en contrepartie l'apparition d'un trafic illicite en faveur d'Etats voulant atteindre le niveau technologique acquis par d'autres. L'éclatement de l'empire soviétique provoque le départ de quantité de matières nucléaires à destination des pays candidats à la bombe au Moyen et Proche-Orient et en Asie.

[317] Cette hypothèse, prise au sérieux par le ministre de la Défense américaine, Aspin, au début des années 90 et relayée par nombre de chercheurs, semble depuis avoir été laissée de côté par l'administration américaine (Commission des services armés du Sénat, 1997).

l'utilisation de matières radioactives contre une cible donnée contraindrait les pays ennemis à adopter des positions favorables à l'expansion islamique.

On recense deux types d'emploi du nucléaire à des fins terroristes : l'attaque ou la prise de contrôle d'une centrale ou d'installations nucléaires ; la dispersion de matières radioactives par la contamination d'objectifs vitaux : eau courante, rivières, lieux très fréquentés (transports, magasins, salles de spectacles). La première hypothèse aurait été projetée, par un commando islamiste, contre un réacteur nucléaire de recherche de Lucas Heignts, près de Sydney, à l'occasion des Jeux Olympiques de l'été 2000 (projet déjoué par la police). Les scénarios les plus inattendus peuvent se réaliser : réduire une bombe nucléaire à taille humaine et l'introduire dans un pays occidental, moyen de pression permanent d'un Etat sur un autre.

Aucune action de terrorisme nucléaire n'a jusqu'à aujourd'hui connu un véritable début d'exécution[318], en raison des difficultés d'approvisionnement et du faible degré d'innovation des terroristes qui évoluent plus facilement dans le choix des cibles que dans celui des moyens employés. Le siècle prochain, à travers la conjonction d'un perfectionnement des technologies de pointe, d'un accroissement des matières nucléaires en circulation, de l'essor des mouvements irrationnels semble plus que jamais propice à l'usage d'une telle arme de chantage.

- Les armes chimiques et biologiques

Ces armes présentent une menace actuelle, déjà réalisée et appelée à s'intensifier. Leur utilisation peut être le fait de tout groupuscule terroriste, même de petite taille, guidé par une pulsion meurtrière et destructrice à grande échelle, indépendamment de son rattachement à un quelconque Etat.

L'attentat au gaz sarin commis à Tokyo par la secte Aum révèle brutalement au monde industrialisé le péril que la

---

[318] L'unique cas d'usage du nucléaire contre une population était le lancement de la bombe atomique sur Hiroshima et Nagasaki dans le cadre d'un conflit armé traditionnel.

fabrication d'armes chimiques ou bactériologiques fait courir à la population civile.

Leur production s'opère dans des conditions discrètes au moyen de quelques connaissances chimiques de base et parfois avec des produits d'usage courant. La culture de bactéries ou de micro-organismes toxiques peut se réaliser dans un simple appartement. On peut concevoir à partir de n'importe quel pesticide un gaz neurotoxique ou un agent chimique. Les conséquences de leur utilisation en milieu vivant se révèlent dramatiques : une poignée de bactéries versée dans un réservoir d'eau produit des dizaines de milliers de doses mortelles[319]. Libérées dans l'organisme, les bactéries se multiplient et provoquent des hémorragies internes irréversibles, conduisant à une mort certaine. La secte Aum est parvenue dans des laboratoires clandestins à amasser, au fil du temps, un matériel adéquat à la préparation de gaz toxiques. Aussi n'importe quel groupe, porteur d'une parcelle d'irrationalité peut recourir à des armes non conventionnelles de ce type, dans l'optique de créer une catastrophe sans précédent.

La menace commence à être prise au sérieux puisqu'un rapport du printemps 1995, émanant de l'Union européenne, classe le phénomène au « premier rang d'une nouvelle génération de menace dans le domaine de la sécurité ». Cette mise en garde est réitérée avec force par le docteur David A. Henderson, spécialiste de la John Hopkins University School of Public Health à Baltimore, à l'occasion d'une conférence internationale sur les maladies émergentes tenue à Atlanta, le 10 mars 1998. Faisant l'inventaire des éventuelles actions terroristes pouvant utiliser des agents biologiques, ce scientifique met l'accent sur leur caractère hautement dangereux (bacille du charbon, et surtout virus de la variole), sur la possibilité d'en constituer des stocks cachés et enfin

[319] Les principaux gaz neurotoxiques sont le sarin, le samon, le gaz moutarde. Les bactéries mortelles provoquent l'anthrax pulmonaire et des fièvres hémorragiques comme ebola, lassa, Marburg, pour ne citer qu'elles.

sur le devoir impératif des autorités à prendre des mesures préventives appropriées[320].

Se joignent ici les deux types d'innovations apparues dans le domaine du terrorisme : des terroristes amateurs, guidés par des motivations eschatologiques ou simplement religieuses ; la possibilité d'attaquer de manière aveugle, avec des armes de fabrication artisanale et de très forte puissance, un nombre croissant d'êtres humains ou d'espèces vivantes. Cette violence devient terrifiante par son imprévisibilité et par la difficulté des services de sécurité à en gérer les risques

En outre, les armes contenant des agents chimiques ou des toxines pourraient être utilisées par des organisations terroristes opérant au service d'Etats commanditaires, qui n'ayant pas la capacité d'acquérir l'arme nucléaire, recourraient aux armes de destruction chimiques. De telles armes ont, dans le passé, été utilisées au cours de nombreux conflits armés : déjà pendant la guerre de 14-18, puis pendant la guerre du Viêt-nam et, pendant les années 80, dans le conflit opposant l'Iran à l'Irak ou encore au Laos et au Cambodge.

Plus aisés à produire, les composants chimiques ont des conséquences plus aléatoires et moins destructrices que les agents biologiques. Dépendant de conditions extérieures, notamment climatiques, la propagation de substances chimiques dans l'atmosphère présente un coefficient de mortalité moins élevé que celui provoqué par la contamination d'organismes vivants par des germes bactériologiques[321].

Difficiles à stocker comme à répandre, l'emploi des particules bactériologiques par une entreprise terroriste n'a jamais été démontré jusqu'à présent, malgré les tentatives ou les intentions

---

[320] L'emploi de telles substances pose la question du risque encouru par les terroristes qui, à moins d'être dûment équipés ou médicalement protégés, ne peuvent échapper, à l'instar du kamikaze, au sort réservé aux cibles directes. Dans l'hypothèse où ces pratiques seraient employées par des activistes au nom d'une religion les appelant à la mort, le sacrifice de la vie terrestre serait offert à l'action.

[321] La différence se chiffre en milliers de victimes pour l'un et en dizaines de milliers pour l'autre. Dans les deux cas, les conséquences sont évidemment dramatiques.

de certains groupuscules comme la secte Aum ou les Patriotes aux Etats-Unis. En mai 1995, un membre des Nations aryennes de l'Ohio est arrêté pour avoir acheté trois plaques de bactéries vivantes par correspondance en se faisant passer pour membre d'un laboratoire agroalimentaire. On retrouve également en sa possession des grenades, des explosifs, des manuels et des détonateurs : un complet arsenal terroriste détenu par un seul individu ! En mars 1995, quatre membres du Conseil patriote du Minnesota sont accusés de conspiration pour produire et posséder un toxique mortel dans le but de tuer des officiers de l'IRS et des agences de renseignements. Ces quatre individus avaient fabriqué assez de ricin pour tuer 1400 personnes. Même scénario, en 1998, lorsque sont arrêtés deux individus en passe de répandre des substances chimiques dans le métro new-yorkais. Chaque fois un schéma identique se reproduit : quelques hommes appartenant à une milice, la détention de produits illégaux et la recherche d'un impact colossal par le nombre de victimes touchées.

On peut s'étonner qu'aucun terroriste n'ait jusqu'ici été assez ingénieux et hardi pour provoquer une telle catastrophe. Une des raisons se trouve dans la nature des objectifs poursuivis : changer la société ou acquérir l'indépendance nationale ne peut se faire en détruisant une partie de la planète. Dans les milieux islamistes, il s'agit davantage de frapper l'Occident, de provoquer un retentissement par les fracas d'un explosif ordinaire que d'innover.

L'attaque biologique, ainsi que l'attaque nucléaire, constituent des modalités extrêmes de la pratique terroriste, dont les difficultés actuelles de réalisation pourront un jour prochain être dépassées. Une dimension nouvelle du terrorisme se profile. De menace internationale, par circulation des activistes, il évolue vers une menace internationale par étendue touchée : un nuage radioactif, une contamination alimentaire affecteraient l'espèce humaine sans souci des frontières[322].

[322] Voir annexe 11, *Les aires géographiques du terrorisme.*

- L'impact des technologies de communication

Les technologie de l'information, détournées dans une perspective criminelle, s'emploient d'abord dans les « campagnes de route », à savoir la diffusion de la propagande et de l'idéologie ; ensuite, en qualité d'appui logistique de manière à rendre plus aisée et moins dangereuse pour les terroristes la menée d'actions violentes.

Auparavant, les terroristes ne disposaient d'aucune possibilité efficace de diffuser leur propagande à grande échelle. Aujourd'hui, les techniques informatiques, notamment Internet, leur offrent cette opportunité. Un réseau mondialisé permet de s'adresser à qui que ce soit, où que ce soit, grâce à un maillage électronique impensable il y a encore quelques années. L'espace virtuel sert de socle à une propagande qui s'en trouve facilitée quant à sa mise en oeuvre, élargie quant à sa diffusion et accentuée quant à son impact. On trouve sur Internet des communications du GIA, permettant aux propagandistes d'informer rapidement leurs sympathisants des actions commises par les activistes, mais aussi des évolutions du mouvement, de ses objectifs politiques et matériels, de ses besoins. Cette technique atteint instantanément des milliers de personnes ; elle permet d'obtenir une réponse immédiate, d'ouvrir un dialogue, de diffuser des techniques d'action.

Le réseau de liaison international fournit aux islamistes un moyen de circulation de données entre capitales européennes, comme Paris, Londres, Bruxelles et leurs pays d'origine[323]. Des listes de diffusion électronique sont gérées, depuis les Etats-Unis, par des sympathisants islamistes, souvent présents dans les milieux universitaires, comme le *MSA News*, conduit par l'association des étudiants islamistes de l'Ohio State University, dans l'optique d'informer leurs abonnés sur l'islam et le monde musulman. Bénéficiant d'une importante diffusion à travers les continents, *l'American Islam Group* (AIG) assure sous le couvert de la liberté d'expression un canal de diffusion aux activités et groupes

[323] Les listes de distribution sur l'Algérie fournissent des outils de propagande et transmettent une idéologie, facilitant les actes terroristes ou abondant en leur sens.

terroristes. Les exemples sont légions. Le *Monde du Renseignement* rapporte le 27 avril 1995 qu'un militant islamiste, Riffah Jayyousi, basé à San Diego, en Californie, relaie depuis des mois sur Internet, au nom de l'AIG, des communiqués de militants du GIA algérien, à travers le bulletin électronique *Islam Report*.

Une organisation comme le Hezbollah diffuse des informations opérationnelles : déclenchement d'actions terroristes ; récapitulatif des actions menées ; combattants abattus. Le Hamas et le Hezbollah sont spécialisés dans ce type de propagande. Le LTTE, au Sri Lanka, bien que présent sur une petite zone géographique, a donné une dimension internationale à son organisation. A l'intérieur de la plate-forme électronique existe une solidarité entre organisations, au-delà de toute référence idéologique[324].

Ces procédés sont utilisés à petite échelle par les nationalistes basques pour diffuser leur propagande et sont repris largement aux Etats-Unis par les milices extrémistes. Celles-ci proposent par Internet des professions de foi à tous les Américains reliés au réseau et au-delà au monde entier.

Utilisant un système crypté standard, les extrémistes patriotes échangent en toute liberté stratégies et renseignements. Avec un petit investissement, les militants et cellules souterraines opèrent avec une rapidité et une sécurité équivalentes à celles des agences fédérales. En janvier 1996, il existait au moins 50 groupes Internet et plus de 70 mots clés d'accès. Le nombre de visiteurs sur les sites est très élevé et les échanges intenses. Sur un site dénommé « le pays du tireur » (Sniper Country), le lecteur trouve des détails sur les tireurs d'élite, les patrouilles clandestines, la balistique, les techniques de survie. Bref, ce sont autant de conseils propices au déclenchement d'une action terroriste contre un objectif déterminé.

Un tel mécanisme informatique est propice à l'éclosion de réseaux entre milices de territoires différents. Il accroît le poids sociétal de mouvements à l'origine limités. Le passage à l'acte ne

---

[324] Nombre d'organisations utilisent Internet comme outil professionnel ; parmi celles-ci, on trouve : ETA, ELN, PKK, IRA, MRAT, FARC, Hamas, Hezbollah, LTTE.

se limite plus aux membres de l'organisation, comme on le concevait classiquement, mais peut se manifester chez n'importe quel individu séduit par telle ou telle doctrine.

On conçoit l'obstacle difficilement surmontable qu'un tel mécanisme représente pour les services de sécurité : quelle adaptation engager pour disposer de moyens tactiques permettant d'assurer une prévention délicate, confrontée à des individus éparpillés, difficilement localisables ? Cela doit-il se faire en limitant la liberté de communication ? Sous quel angle ? Il semble difficilement tolérable de laisser évoluer dans un espace de libre communication des individus idéologiquement dangereux se livrant à un prosélytisme informatisé. Cette pratique inquiète le FBI américain. Un projet de loi « Omnibus counterterrorism act », déposé en février 1995, tente de le contrecarrer en recourant à la notion de « culpabilité par action » qui permettrait de faire tomber sous le coup de la loi les émetteurs de propagande activiste.

L'Europe se sensibilise à ce danger. La France réfléchit à l'opportunité de réglementer juridiquement l'utilisation d'Internet[325]. Doit-on considérer Internet comme un outil élargissant la liberté du citoyen et le laisser évoluer sans barrières ou l'insérer dans un cadre légal approprié ? Comment légiférer dans ce domaine de manière efficace ? Les initiatives butent rapidement sur des écueils : il est possible de définir des incriminations, mais le risque est de les voir rapidement dépassées. Un souci d'adaptation constant empêche une réelle anticipation. Comment réprimer ? Comment protéger ? Cela suppose la mise en place d'une coopération internationale puissante. Or, en l'absence d'espace pénal européen, est-ce viable ? En l'état actuel des choses, se profile une double ambition sécuritaire : juridique, à travers l'encadrement des communications modernes et opérationnelle, par une mise à niveau technologique des services de sécurité en termes d'acquisition de matériel comme de formation des personnels.

---

325 A noter l'existence d'un système interne de contrôle d'Internet, avec la possibilité de saboter à distance certains programmes.

Un autre axe d'utilisation par les terroristes de la haute technologie de communication est l'appui logistique offert par des instruments comme les boîtes vocales (tatoo), les téléphones mobiles, les messageries et autres moyens de communication à distance dont la banalisation rend le détournement d'utilisation anodin et aisé. Certaines arrestations dans les milieux intégristes français, après la campagne terroriste de 1995, mettent en exergue une organisation matérielle performante, facilitant les liaisons entre activistes et échappant aux interceptions classiques des services de sécurité. La généralisation du téléphone cellulaire permet aux terroristes de communiquer avec des risques moindres pendant une période. Les services de police se heurtent, dans les premiers temps, à l'impossibilité d'écouter les conversations émises par téléphones mobiles comme à la difficulté de localiser les individus qui les utilisent[326]. Depuis, des progrès ont rapidement été accomplis : possibilité de localiser et d'identifier les communications grâce aux relevés d'appels fournis par France Télécom, puis de les écouter. Mais le développement des systèmes de radio communication par satellite permettra à tout individu et notamment aux organisations criminelles d'utiliser des réseaux virtuels de communication à travers le globe. Les services de sécurité devront demeurer à la hauteur.

L'activiste devient un homme ordinaire, se déplaçant, communiquant, comme tout un chacun, à visage découvert, troquant les techniques de la clandestinité contre le masque de la civilité. La clandestinité se transforme, elle se camoufle derrière la liberté de communication orale offerte par l'essor technologique. La voie s'ouvre à une génération de terroristes chez lesquels le fonctionnement en réseau obtient sa consécration. L'enquête sur les attentats de 1995 permet de mettre à jour des équipements sophistiqués (ordinateurs, scanners numériques, photocopieurs couleurs) destinés à reproduire faux papiers d'identité, documents officiels ou encore diplômes universitaires. Un matériel perfectionné, d'utilisation simple, d'acquisition aisée pour un coût financier abordable, permet aux terroristes de bénéficier d'une

---

[326] L'usage des messageries par système de codage permet aux terroristes d'échanger sans que les services ne puissent connaître leur correspondant.

autonomie d'actions leur évitant le recours à des intermédiaires extérieurs pour réaliser tout un appui logistique.

Une compétition technologique s'engage alors entre terroristes et services de sécurité, avec une avance des uns sur les autres, qui se joue au rythme de l'alternance. Lorsque les services de sécurité adoptent un procédé nouveau, permettant, par exemple, l'écoute des communications émises, celui-ci ne vaut que tant que les terroristes ignorent son existence (une courte période de un ou deux ans). Après ils s'adaptent à leur tour pour échapper au piège. Et le défi technologique redémarre. Ce procédé a joué pour les premières écoutes téléphoniques sur portable.

Le concept de clandestinité est à repenser. Les méthodes sont à adapter. De nouveaux paramètres doivent être dégagés. De nouvelles techniques sont à appréhender. Bref, la riposte doit être organisée, accentuant les difficultés auxquelles les services se trouvent confrontés.

III.- L'attrait de l' « information terrorism »

Les secteurs clés de la vie économique, politique, sociale, ainsi que la sécurité peuvent être frappés par un acte terroriste (sabotage) commis contre le système électronique. Aujourd'hui, on peut paralyser la vie d'un pays plus aisément qu'en recourant au déclenchement d'une révolution ancestrale. Des fanatiques pourront être tentés de porter atteinte à des éléments vulnérables de la chaîne de l'énergie (électricité, pétrole), à des réseaux vitaux (communication, transports) ou à des ordinateurs puissants. On entre ici dans les discours produits sur l'infoterrorisme et le monde cybernétique. Connu sous le terme anglo-saxon « d'information terrorism », ce type d'atteinte à la sécurité des sociétés développées postindustrielles place au premier plan la technologie en tant que cible et/ou moyen d'un procédé nouveau aux répercussions menaçantes pour la sécurité des Etats, en raison de l'action à grande échelle qui peut être le sien et de l'anonymat derrière lequel les terroristes se protègent. Agir contre un réseau informatique fait encourir moins de risques que de déposer un engin explosif à proximité d'une cible déterminée.

Sous le terme de « Information terrorist attack », les Anglo-Saxons font référence à deux techniques. D'abord, au support et à l'avantage que les moyens technologiques, notamment l'informatique et ses puissants réseaux, confèrent à une activité terroriste de type classique. Ensuite, à la nouvelle forme de guerre touchant les points les plus vulnérables d'une société, à savoir ses systèmes électroniques et informatiques. Tout circuit usant de la technologie à des fins sociétales, dont la dénaturation crée des troubles graves à l'échelle d'une ville ou d'un Etat, devient une cible potentielle.

Le premier type « d'information terrorism » se manifeste par l'exploitation des technologies accumulées au sein de la société dans un objectif de collecte de renseignement, de vol ou d'altération de données ; comme moyens de communication ou de propagande ; ou pour utiliser le système dans une finalité autre que celle à laquelle il est destiné. D'une mise en oeuvre facilitée, il procure des résultats supérieurs[327].

Ce type de terrorisme consiste à s'introduire dans les réseaux de télécommunication, les systèmes de contrôle, tout système électronique de fonctionnement. Les structures en réseaux permettent la réalisation de dommages en chaîne considérables et l'obtention d'informations clés : pénétrer un réseau sur un point confère un accès à l'ensemble du système. Les utilisations en sont multiples : interception de secrets politiques, économiques ou militaires ; connaissance des données possédées par certaines agences de sécurité ; étude de points nodaux susceptibles de devenir des cibles potentielles d'attaques. Tels ces partisans du Sinn Fein qui se sont livrés à une étude poussée des installations de renseignement de l'armée britannique et des postes de police en Irlande du Nord. La stratégie est renforcée et facilitée par l'usage d'Internet et les détournements qui peuvent en découler. Les terroristes acquièrent une capacité globale de contrôle des communications, en termes d'acquisition de données, comme d'émission de propagande. L'intrusion dans les systèmes

---

[327] A titre d'exemple l'effet de l'attaque de l'IRA contre le Japan Mile Financial District de Londres a été supérieur aux seuls dommages matériels causés contre le centre financier.

informatiques provient non seulement de terroristes animés d'une volonté déstabilisatrice, mais également, et surtout, d'un nouveau type d'espions industriels, pirates informatiques ou « hackers » de l'espace économique.

L'autre expression de « l'information terrorism », plus limitée dans la réalisation, consiste à prendre pour cible directe d'une attaque terroriste un système de communication, afin de le saboter, alors même que toute une structure informatique repose sur son existence. Ce cyber-terrorisme se manifeste, au-delà de la simple intrusion dans un système informatique, par des destructions physiques, des opérations psychologiques, des guerres électroniques. A partir de l'instant où un individu peut pénétrer dans une enceinte informatique appartenant à un secteur stratégique de l'Etat, celui-ci dans son entier devient vulnérable. L'essor de ces capacités fait craindre des attaques dirigées contre les systèmes radios ou les satellites de communication. Si certaines actions exigent des connaissances technologiques et scientifiques avancées (par exemple la capacité d'atteindre un avion en vol en déréglant le système de contrôle), un certain nombre d'organisations classiques, à l'époque où elles étaient bien implantées, ont été tentées par ce type de procédé. Des groupes japonais ont attaqué un système de contrôle informatique de téléguidage des trains, bloquant des villes centrales pendant des heures. Les Brigades rouges envisageaient la destruction des systèmes et des installations informatiques comme un objectif de la lutte au cœur de l'Etat.

Ce terrorisme est prêt à endommager ou à détruire des systèmes informatiques, électroniques ou numériques, alimentant les services de police, les pompiers, les hôpitaux et tous les postes d'urgence. Il s'agit d'un terrorisme d'une toute autre dimension : non plus limité à une enceinte donnée (rue, transport, magasins), mais déployé à taille régionale, étatique ou transétatique. Sa puissance bloquerait une société, par l'isolement des individus, la rupture du lien collectif et une terreur généralisée peu égalée.

La vulnérabilité des sociétés modernes est d'autant plus grande que la faiblesse des systèmes de protection est notoire, que l'usage qui en est fait touche des points vitaux de la nation et que la liberté de communication rend complexe l'établissement d'un système de contrôle performant. Ce terrorisme, camouflé derrière l'anonymat d'une machine, semble encore moins contrôlable.

Cette technique ouvrirait la voie à une quatrième génération de terrorisme, bouleversée dans ses formes comme dans ses expressions. Mais si la piraterie informatique constitue un problème véritable, est-ce réellement du terrorisme ? La réponse dépend de l'objectif avec lequel cette piraterie s'exerce : s'il s'agit de détruire un avion, on se trouve bien confronté à une nouvelle expression terroriste.

Doit-on envisager ces attaques comme se substituant progressivement dans l'avenir aux méthodes terroristes habituelles? Certes, leur nombre demeure aujourd'hui restreint, mais il est fort probable, que face à la protection accrue de sites, au renforcement des dispositifs sécuritaires, les partisans des actions terroristes cherchent à agir plus discrètement, avec moins de risques et en bénéficiant d'un impact d'autant plus élevé qu'ils n'auront pas l'occasion de répéter fréquemment ce type d'actions. Le danger réside dans l'apparition d'actions terroristes moins fréquentes, mais couvrant une superficie d'attaque plus vaste et présentant une capacité de détection plus faible. Ce type de procédé doit être considéré avec la plus grande prudence : il ne s'agit pas de présenter la prochaine décennie comme celle où règnera le terrorisme technologique, dans l'esprit d'une « guerre des étoiles » où l'ordinateur remplacerait l'explosif, mais seulement de l'envisager en termes d'évolution et d'opérer une différenciation au sein de cette violence entre les individus qui en sont à l'origine.

L'emploi d'une technologie sophistiquée est le fait potentiel de groupuscules composés de peu de membres, issus des sociétés occidentales et agissant contre un Etat occidental. Ces individus seront tentés d'utiliser des moyens d'accès facile, pour peu qu'ils possèdent quelques connaissances en la matière, ce qui devient courant avec la vulgarisation technologique et informatique. A l'inverse, le terrorisme exporté par des mouvements minoritaires dans leur Etat d'origine, situés dans le Sud, marqués par une culture religieuse, conserveront des méthodes classiques, artisanales. Les connaissances technologiques leur restent d'un accès lointain, comme le prouvent les méthodes employées par les islamistes algériens sur le sol français (bonbonne de gaz artisanale), les attaques menées en Israël par quelques kamikazes, ou encore le massacre perpétré en Egypte par des islamistes à coup d'armes automatiques et d'armes blanches. Bref, on est loin d'un « Pearl-Harbour » électronique, aux résultats dévastateurs.

IV.- Le terrorisme aveugle

Alors qu'à l'origine le terrorisme est conçu comme une arme employée avec un objectif précis, contre une cible déterminée, bâtiment public (action des anarchistes contre le Palais-Bourbon) ou personnalité (enlèvement, assassinat), il évolue au fil de son utilisation par des organisations développées, transnationales qui cherchent à frapper l'opinion publique internationale de la manière la plus spectaculaire. Le terrorisme aveugle dirigé contre des citoyens ordinaires, quels que soient leur sexe, leur âge, leur nationalité, est aujourd'hui la forme principale d'expression de cette violence : bombes à Londres des nationalistes irlandais, en Espagne des nationalistes basques, attentats islamistes en Orient (massacres de Louxor en Egypte) et en Occident (attentats parisiens), actes de terrorisme commis par des citoyens américains ou japonais contre leurs compatriotes.

Le nombre de victimes s'en trouve augmenté même si la fréquence des attaques est inférieure à ce qu'elle était il y a une décennie. La nature des cibles visées s'est diversifiée : les attentats d'Oklahoma City ou de Tokyo frappent des pays qui se considéraient comme hors de portée de ce genre de phénomène. Les Etats-Unis étaient parvenus, dans la grande période du terrorisme moyen et proche-oriental, dirigé contre les intérêts impérialistes du «grand Satan », à épargner leur territoire des manifestations directes de cette forme de violence. Quant au Japon, il a vécu, malgré les manifestations d'un terrorisme rouge, dans un état d'insularité sécuritaire, qui l'a épargné de ce qui se passait au Liban et ailleurs. Aussi, l'irruption impromptue d'un terrorisme interne, extrêmement violent, provoque un choc dans les opinions publiques : leurs sociétés ne sont plus à l'abri de ce phénomène incontrôlable.

Les dispositifs préventifs[328] s'avèrent plus complexes à mettre en place : comment déterminer les périodes sensibles ? Les données acquises sur la gestion du problème en sortent bouleversées : à tout moment tout individu devient sujet à ce type d'attaque. Des Japonais ou des Américains moyens cherchent à tuer d'autres Japonais et Américains moyens. Des enfants sont visés aux Etats-Unis. Un schéma inexistant dans le cadre du terrorisme moyen et proche-oriental des années passées où existait une maîtrise de l'escalade de l'horreur. Derrière les actes prévalait la rationalité politique d'un Etat. Ce garde-fou disparaît.

Enfin, le mélange ethnique des populations susceptibles de se trouver dans les lieux publics visés par les attentats ne fait plus de l'acte terroriste une action dirigée contre une catégorie particulière de personnes. Il cible l'Etat dans une perspective de déstabilisation plus irrationnelle que calculée. Les actes de terrorisme commis par les commandos palestiniens visaient très précisément les juifs ou les Américains. Les bombes placées par les membres du GIA dans le RER parisien causent la mort de personnes de nationalités diverses, y compris des musulmans.

---

[328] Les répercussions du conflit algérien ont pu être atténuées, en France, grâce au dispositif Vigipirate, réactivé périodiquement en fonction des événements en Algérie (élections) ou en France (coupe du monde de football).

CONCLUSION

> « Eclaté, protéiforme, et planétaire », tel sera le terrorisme du siècle prochain.
> Jean-Louis Bruguière, *Défense nationale,* 1996.

Le terrorisme du XXIe siècle mêlera des genres hétéroclites sous une même appellation. D'un côté séviront des terroristes isolés, incontrôlables. De l'autre persisteront des conflits de revendication nationale qui utiliseront le terrorisme pour tenter d'obtenir des progrès politiques dans une situation enlisée, comme dans les zones d'instabilité géopolitique qui ont vu le jour après la guerre-froide (Balkans, pays de l'Est, Asie). Des Etats commanditaires se manifesteront encore, les guerres devenant trop coûteuses et trop risquées.

A côté de cette violence classique, surgissent de nouveaux types de menace.

- La principale menace pour la France provient du Maghreb, via la crise algérienne. L'échec de la politique intérieure de retour au calme, mise en œuvre par le président Bouteflika, expose la France à de nouvelles actions.

Depuis l'annonce par le Président algérien de la mise en œuvre d'une loi de « concorde civile »[329] et son adoption par le Parlement durant l'été 1999, la violence des islamistes ne s'est jamais vraiment tue. Au moins, son expression s'était-elle amoindrie, suite à l'abandon de la lutte armée annoncé par l'Armée islamique du Salut, le 6 juin 1999 et avalisé par le FIS. Mais, l'intermède fut relatif, les groupes les plus extrémistes ne s'étant pas ralliés à l'initiative. Les menaces proférées contre la France n'ont d'ailleurs jamais réellement cessé : les procès des auteurs des

---

[329] La loi sur la « concorde civile » entend rétablir les liens entre les citoyens en accordant une grâce à plusieurs milliers de personnes impliquées dans les violences commises en Algérie depuis une décennie. Le premier geste concerne 5000 islamistes emprisonnés non impliqués dans des crimes de sang.

attentats commis en France en 1995-1996 ont donné lieu à des communiqués du GIA menaçant les autorités françaises de représailles.

Et c'est dans un regain de violence que se sont engagés, en Algérie, les groupes islamistes armés dès le 13 janvier 2000, date butoir de la loi de « concorde civile », en causant plus d'un millier de morts en une seule année.

- La mouvance islamiste liée à la réislamisation des sociétés musulmanes fait peser tant sur le monde arabe, asiatique, qu'occidental, la menace d'un fanatisme religieux virulent.

- Le Proche-Orient présente, aujourd'hui encore, le risque d'un terrorisme juif comme palestinien à l'encontre de l'Occident et de sa médiation dans le processus de paix. L'échec des tentatives de négociations engagées par le président Clinton ; la reprise des violences et des règlements de compte dans les territoires occupés et en Israël ; l'élection d'un nouveau Premier ministre israélien, en la personne d'Ariel Sharon ; l'alternance présidentielle aux Etats-Unis ouvrent une période d'incertitude, propice à la fomentation d'actions terroristes aveugles dans les deux camps, sur le terrain d'intervention, voire au-delà.

- L'existence d'épiphénomènes : des incidents ponctuels peuvent survenir sur le territoire national, répercussions de drames qui se passent ailleurs (attentats anti-israéliens en France, à l'automne 2000, comme répercussion du conflit israélo-palestinien).

- Le terrorisme est employé dans des pays en guerre par les belligérants comme moyen de pression sur l'ennemi (terrorisme aveugle tchétchène à Moscou en 1999) ou comme méthode d'alerte de la communauté internationale. Dans ce dernier cas, il prend la forme d'enlèvements d'étrangers présents sur le territoire du conflit (journalistes en Tchétchènie ; touristes en Asie). A la limite entre la détention politique et le kidnapping crapuleux, ces actes confèrent une puissance aux ravisseurs à opposer à l'adversaire et offrent une monnaie d'échange négociable[330]. La fréquence des enlèvements s'accroît : aisés à réaliser, ils mettent leurs instigateurs hors de toutes poursuites. Leur dangerosité est élevée : tout étranger présent dans une zone de conflit devient une victime potentielle ; une détention longue se déroule dans des conditions difficiles ; une survie aléatoire dépend de la médiatisation de l'affaire, de la capacité à identifier les ravisseurs, de la qualité des négociateurs et de l'évolution locale de la situation. On ne trouve plus à l'arrière-plan une stratégie programmée de déstabilisation d'un Etat occidental par un autre Etat usant d'un terrorisme « para-diplomatique ». Aujourd'hui, les ravisseurs sont des groupuscules autonomes, ne dépendant d'aucune autorité étatique avec laquelle les Etats victimes pourraient engager des pourparlers. Déroutant pour les victimes, le terrorisme trouve ici une expression qui rehausse sa valeur pour ses protagonistes.

- Un terrorisme utilisé par des groupuscules pour la défense d'une idéologie politique, nationaliste et/ou religieuse, peut rapidement se mêler à des pratiques de criminalité ordinaire pour donner naissance à des organisations hybrides politico-criminelles.

- Le terrorisme est utilisé par des organisations comme les mafias ou les narcotrafiquants dans une optique purement mercantile et criminelle et non plus politique ou institutionnelle. Le terrorisme se dilue dans la criminalité organisée où sa terreur devient l'instrument, le bras armé, d'organisations sophistiquées et techniciennes, développées à côté de la société officielle.

- La possibilité de retrouver dans les sociétés libérales, marquées par l'effondrement des repères politiques classiques, des extrémistes idéologiques plus classiques est à prendre en compte.

[330] En Tchétchènie, Brice Fleautiaux, détenu huit mois entre 1999 et 2000, aurait été échangé contre la libération, par Moscou, d'un Tchétchène important. Sur l'île de Jolo, les otages occidentaux détenus, au cours de l'année 2000, ont recouvert la liberté en échange d'une importante somme d'argent versée par l'intermédiaire de la Libye.

On peut craindre la manifestation d'un terrorisme social, expression moderne du terrorisme rouge des décennies antérieures. On peut imaginer que certains conflits sociaux atteignent un paroxysme tel que certains acteurs puissent avoir recours au terrorisme, comme le montrent les dérives actuelles des banlieues des grandes villes ou la radicalisation d'une frange du lobbies anti-mondialisation dans le monde agricole.

La chute du communisme et la mise en place d'un nouvel ordre mondial favorisent l'éclosion d'idées ultra-nationalistes : les mécontentements, les déceptions s'appuient sur une idéologie extrémiste de droite, porteuse des nouveaux espoirs des contestataires du système (patriotes américains, néonazis allemands). L'objectif demeure le même : détruire l'ordre étatique en vigueur pour le remplacer par un système adapté au fonctionnement optimal de la société.

La référence idéologique change, la structuration évolue mais sur la gamme des extrêmes le terrorisme demeure le dernier recours.

- Enfin, l'apparition d'acteurs non cartésiens, enracinés dans la société, banalise le risque terroriste et le rend omniprésent. Des individus isolés tentent par ce moyen de défendre une idéologie souvent irrationnelle, à l'aide de procédés rénovés.

Par ailleurs, les luttes actuelles ne sont pas forcément des luttes territoriales mais des luttes pour être reconnu, ce qui provoque une série de transformations sur la territorialisation ou la délocalisation des attentats, avec l'apparition de formes qui semblent nouvelles. De nouveaux rapports de voisinage émergent, avec une acception très large du terme de voisin : avec Internet, ces rapports s'étendent au voisinage virtuel. Se développe une nouvelle analyse des causes des attentats, qui permet de les situer dans une dimension plus vaste. Cette violence est aujourd'hui internationale, pluriforme, de réseaux. Elle est meurtrière et devenue plus intellectuelle, à travers l'usage des nouvelles technologies et des médias. Elle est mise en oeuvre par des organisations ou individus qui par essence n'ont pas vocation à accomplir des actes d'une telle nature : sectes, jeunes banlieusards, travailleurs immigrés ou citoyens moyens.

Le terrorisme du troisième millénaire s'inscrit dans une stratégie de changement en termes de motivations : moins politique, plus religieux, idéaliste, voire mercantile ; en termes de structures : moins professionnel, plus amateur ; en termes de méthodes : plus meurtrier.

Le risque terroriste, loin de régresser, s'impose sur la scène sécuritaire mondiale comme un problème prioritaire, à gérer non seulement au plan interne mais également, et surtout, à l'échelle internationale.

Quelle est la valeur de cette violence ? Le terrorisme est-il efficace ?

Il n'existe pas un type uniforme de terrorisme, mais une pluralité d'expressions. Le point commun entre ces manifestations violentes est leur incapacité générale à réaliser leurs objectifs initiaux[331] : changer la société, renverser le pouvoir, obtenir l'indépendance, affirmer un pouvoir religieux. Méthode de protestation, le terrorisme ne débouche pas sur des solutions politiques avérées.

Mais, au moins est-il assuré d'une répercussion sur l'opinion publique et sur le pouvoir politique. Les médias et la communication de masse ont contribué à faire de cet acte un acte spectacle, capable de frapper les esprits, de gêner le pouvoir, de déstabiliser le politique. Himmler le soulignait déjà : le terrorisme est une « arme extraordinaire » en ce qu'elle possède l'immense pouvoir « d'éveiller la peur et de semer la terreur ». Tous les types de terrorisme ont un impact. Par les méthodes impressionnantes employées, les terroristes parviennent à intimider les gouvernements des Etats les plus puissants.

Derrière cette vue d'ensemble se dégagent des effets propres à chaque forme de terrorisme. L'activisme révolutionnaire d'extrême gauche échoue : la déstabilisation opérée ne parvient pas à provoquer le raz de marée sociétal recherché. Sa portée s'est dissipée, relayée par une chute des idéologies à l'échelle mondiale. Les terrorismes idéologiques nés dans les pays industrialisés ont échoué, par incapacité de transformer leur action en gains politiques appréciables, en substituant un ordre politique nouveau à l'ancien. Plus persistants en Amérique latine, ces mouvements se heurtent à la fragilité des institutions démocratiques, comme en Uruguay ou en Argentine, où des régimes démocratiques ou semi-démocratiques se transforment en dictatures par renforcement des

---

[331] A quelques exceptions près touchant certains mouvements de libération nationale dans le tiers-monde où la tactique terroriste est conçue comme une impulsion momentanée donnée à l'expression d'un désir populaire.

mesures sécuritaires destinées à contrer les mouvements révolutionnaires.

Quand au terrorisme des mouvements nationalistes et indépendantistes, ses répercussions s'accentuent grâce à l'existence d'un socle social vulnérable et grâce à la présence d'un relais idéologique. Les mouvements de libération nationale dans le tiers-monde, dans le cadre de la décolonisation et, dans une moindre mesure, en Palestine sont parvenus, par l'usage de la violence, à favoriser l'émergence d'un ordre nouveau (tiers-monde) ou au moins à faire connaître à l'opinion internationale un problème régionaliste (OLP).

Les mouvements nationalistes apparus en Europe, du type IRA et ETA, n'ont certes pas fait céder les Etats mais sont allés plus loin que les autres organisations en imposant à l'Etat leur présence, en l'obligeant au dialogue, aux négociations et à quelques concessions. Ils obtiennent, par l'intermédiaire de leur double fonction, représentation politique et branche armée, la reconnaissance de leur existence en tant que minorité et l'intérêt de l'Etat à leur cause. L'accord de paix conclu le 10 avril 1998 entre le gouvernement britannique de Tony Blair et les nationalistes nord-irlandais, l'illustre[332].

Si le mouvement n'obtient pas totalement gain de cause, au moins éveille-t-il l'attention, avec un impact différent selon la société démocratique ou non, industrialisée ou non, dans laquelle il intervient. Si ces manifestations sont réprimées de façon sanglante dans les sociétés non démocratiques, elles ont par ailleurs davantage de probabilités d'aboutir en raison de l'impulsion sociale qu'elles génèrent.

---

[332] Cet accord est censé mettre un terme à la violence de l'IRA grâce à la mise en place d'une Irlande du Nord semi-autonome dotée de ses institutions propres et grâce à l'engagement des participants au désarmement total des organisations paramilitaires dans un délai de deux ans. Cependant le succès n'est pas définitivement acquis.

Enfin, le terrorisme idéologique du Moyen et Proche-Orient, qui cherche à modeler les identités nationales et culturelles selon des valeurs religieuses ou en s'opposant à la dictature antisioniste et anti-occidentale, n'est parvenu qu'à semer la terreur en Occident, sans remporter de succès durable. Certes, il déstabilise les Etats victimes (Etats-Unis, France) dans leur politique interne et internationale. Mais l'impact demeure indirect, terrifiant, difficilement contrôlable, sans imposer une idéologie ou une politique dont la transposition ou le suivi relève de la pure utopie.

Finalement, le terrorisme ne produit que des effets indirects. L'un d'entre eux est le formidable arsenal défensif mis en place par les puissances occidentales, sans cesse en voie d'adaptation, avec un souci constant d'anticipation des actions terroristes. Les difficultés organisationnelles suscitées par une mobilisation à l'échelle interne comme internationale participent indirectement des effets du phénomène terroriste sur les sociétés à déstabiliser.

ANNEXES

ANNEXE 1- Le jihad dans le Coran

ANNEXE 2 - Le mécanisme de la révolution islamique iranienne

ANNEXE 3 - L'emprise de la République islamique d'Iran durant la décennie 80

ANNEXE 4 - La Fraternité algérienne en France

ANNEXE 5 - Communiqué du Front islamique du Salut distribué sur les lieux de culte islamique à Paris

ANNEXE 6 - Fiche d'un membre du Front islamique du Salut séjournant en France

ANNEXE 7 - Association proche du Front islamique du Salut en France

ANNEXE 8 - Réseau responsable de la campagne terroriste de 1995, en France.

ANNEXE 9 - Les milices américaines : principaux sites d'entraînement, principales milices, manuels de guérilla.

ANNEXE 10 - Les formes du terrorisme

ANNEXE 11 - Les aires géographiques du terrorisme

Annexe 1
Le jihad dans le Coran

- **S.9, V.29** : Combattez ceux qui ne croient pas en Dieu, au jour dernier, qui ne considèrent pas comme illicite ce que Dieu et son prophète ont déclaré illicite, ainsi que ceux qui, parmi les gens des Ecritures, ne pratiquent pas la religion de la vérité, jusqu'à ce qu'ils paient, humiliés et de leurs propres mains, le tribut.
- **S. 9, V.41** : Bondissez légers et lourds, et menez le combat, avec vos biens et vos personnes, dans le chemin de Dieu. Cela est votre intérêt, si vous le comprenez.
- **S.8, V.39** : Combattez-les jusqu'à ce qu'il n'y ait plus de luttes doctrinales (guerre civile, désordre civil) et qu'il n'y ait pas d'autre religion que celle de Dieu. S'ils cessent, Dieu le verra.
- **S.9, V.111** : Dieu a acheté aux Croyants leurs personnes et leurs biens contre le paradis qui leur est réservé. Ils combattront au service de Dieu, tueront et seront tués.
- **S.9, V.123** : O croyants ! Combattez les infidèles qui sont près de vous. Qu'ils trouvent en vous la rudesse ! Et sachez que Dieu est avec ceux qui le craignent.
- **S.3, V.169** : Ne croyez surtout pas que ceux qui ont été tués au service de Dieu soient morts. Pas du tout! Ils sont vivants. Ils sont pourvus de tout auprès de leur seigneur.
- **S.3, V.157-158** : Et si vous êtes tués ou si vous mourez au service de Dieu, c'est une rémission des pêchés et une miséricorde divine plus précieuse que tout ce que vous pourrez amasser ; si vous mourez ou si vous êtes tués, c'est toujours devant Dieu que vous serez rassemblés.
- **S.8, V.17** : Vous ne les avez pas tués (vos ennemis). C'est Dieu qui les a tués. Lorsque tu portes un coup, ce n'est pas toi qui le portes, mais Dieu qui éprouve ainsi les croyants par une belle épreuve. Dieu entend et sait tout.
- **S.9, V.5** : Lorsque les mois sacrés seront expirés, tuez les infidèles partout où vous les trouverez. Faites-les prisonniers ! Assiégez-les ! Placez-leur des embuscades ! S'ils font amende honorable, célèbrent l'office de la prière et payent la dîme, laissez-les poursuivre leur chemin! Dieu est clément et miséricordieux.

Annexe 2

Le mécanisme de la révolution islamique iranienne

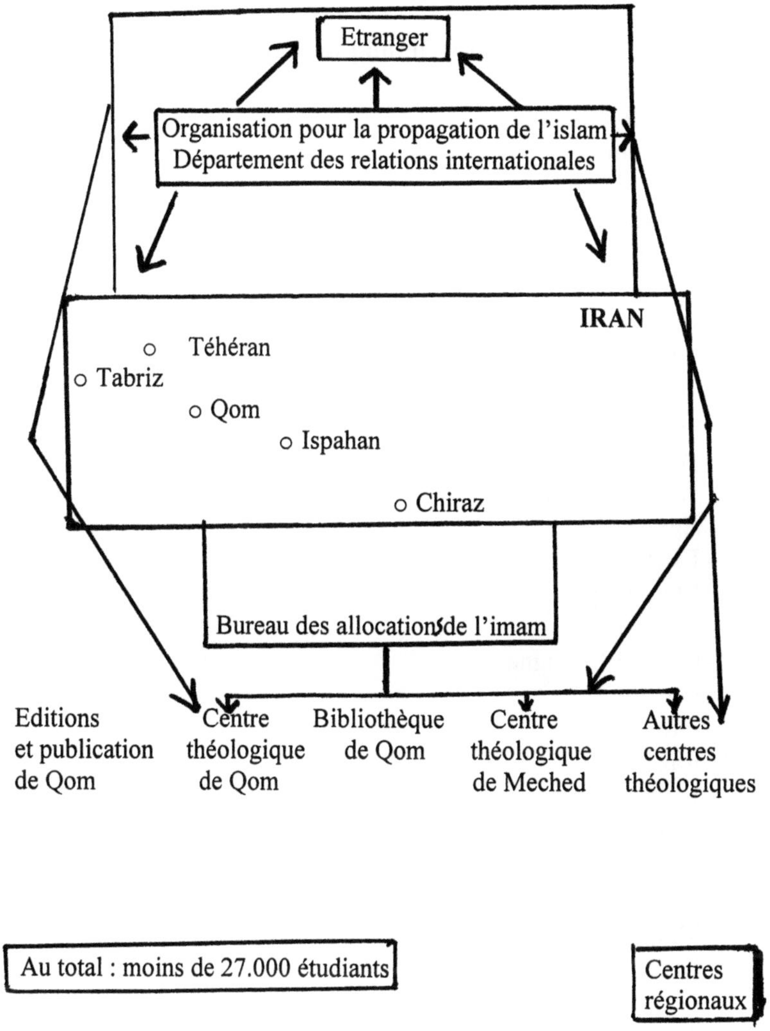

Source : *Notes et études de l'Institut de criminologie*, n°6, été 1989.

Annexe 3

L'emprise de la République islamique d'Iran durant la décennie 80

Groupes satellites de la République islamique d'Iran

- Afghanistan
- Arabie Saoudite
- Barhein
- Irak
- Koweit
- Liban
- Qatar
- Guyane
- Grande-Bretagne

Groupes fondamentalistes en contact avec la RI d'Iran

- Afghanistan
- Arabie Saoudite
- Egypte
- Espagne
- Etats-Unis
- Ethiopie
- Grande-Bretagne
- Guyane
- Indonésie
- Irak
- Jordanie
- Koweit
- Liban
- Malaisie
- Maroc
- Nigeria
- Pakistan
- Philippines
- Qatar
- Tunisie
- Yémen du Nord
- Yougoslavie

Travail de la République islamique d'Iran au sein de groupes et de communautés divers

- Afghanistan
- Afrique du Sud (soutien à l'ANC)
- Arabie Saoudite
- Barhein
- Chili (soutien à la résistance)
- Egypte
- Espagne (soutien à l'ETA)
- Etats-Unis
- Ethiopie (soutien aux mouvements en Erythrée)
- Grande-Bretagne (soutien à l'IRA)
- Guyane
- Indonésie
- Koweit
- Liban
- Malaisie
- Maroc
- Namibie (soutien à la Swapo)
- Nicaragua (soutien au mouvement révolutionnaire)
- Nigeria
- Pakistan
- Philippines
- Qatar
- Sahara occidental (soutien au Polisario)
- Salvador (soutien au Front Darabundo Marti)
- Singapour
- Thailande
- Tunisie
- Turquie
-URSS
- Yémen
- Yougoslavie

Annexe 4
La Fraternité algérienne en France

« FRATERNITE ALGERIENNE EN France »
Déclarée le 6 février 1991 à la préfecture de Paris, n°91/9038
11, boulevard Rochechouart, à Paris (9e)

But : *« Assurer les liens culturels entre les Algériens et les immigrés »*

Bureau :
- Président : D. E. H., né le ...... à ...... (Algérie)
  nationalité algérienne
  étudiant
  demeurant ...... (Hauts-de-Seine)
  objet d'une mise en attention au fichier des personnes recherchées sous les références ......
- Secrétaire : K. L., né le ...... à ...... (Hauts-de-Seine)
  nationalité française
  demeurant ...... (Hauts-de-Seine)
  objet d'une mise en attention au fichier des personnes recherchées sous les références ......
- Trésorier : A. T., né le ...... à ...... (Algérie)
  nationalité algérienne
  électronicien
  demeurant ...... (Yvelines)
  objet d'une mise en attention au fichier des personnes recherchées sous les références ......
- Secrétaire adjoint : A. B., né le ...... à ...... (Hauts-de-Seine)
  nationalité française
  électronicien
  demeurant ...... (Hauts-de-Seine)

Observations :
Le véritable animateur de la « FAF » est en fait Moussa KRAOUCHE
La « FAF » est le relais officiel du « FIS » en France

Annexe 5

Communiqué du Front islamique du Salut distribué sur les lieux de culte islamique à Paris

Front Islamique du Salut
communiqué
(traduction)

Allah dit : « Lorsque les hypocrites viennent à toi, et disent : « Nous attestons que tu es l'envoyé de Dieu ». Dieu le sait que tu es son envoyé comme il sait que les hypocrites mentent ».

Après plusieurs mois de lutte armée, il est temps de s'interroger sur le choix des cibles. La réaction brutale qui continue à frapper les musulmans nous oblige à exécuter sans distinction les membres des forces répressives, symbole de la dictature contre l'islam.

Mais le moment du châtiment est venu aussi pour un ennemi plus dangereux pour l'islam que le policier ou le gendarme.

Cet ennemi, c'est la horde des Mounafiquine auxquels Dieu a promis la Géhenne. Ces Mounafiquine, ce sont :

- Les politiques véreux qui changent comme des girouettes et qui, après avoir soutenu tous les régimes de Ben Bella à Chadli, ont rejoint le FIS, pour perpétuer leur main-mise sur l'Algérie des martyrs ;
- Les hommes d'affaires qui, en versant leur aumône au FIS, espéraient obtenir tous les monopoles dans la République islamique ;
- Les pseudo-intellectuels, qui ne cherchent ici et là-bas qu'à réaliser les idées de leurs maîtres à penser d'outre-mer.

Ceux-là sont les pires ennemis de l'islam. Leur allégeance malsaine à la révolution islamique, basée sur leurs calculs sordides, a failli nous piéger de l'intérieur et nous faire dévier de nos véritables objectifs et de notre devoir envers Dieu et les musulmans.

Qu'ils sachent qu'ils sont découverts et qu'ils ne pourront jamais s'ériger en classe privilégiée dans notre état islamique ; eux qui ont sucé le sang du peuple pendant trente ans et participé directement à la faillite du pays. L'heure a sonné pour les Mounafiquine.

Le 24 Rabi II 1413 — FISA
20 octobre 1992 — Direction clandestine

Annexe 6

Fiche d'un membre du Front islamique du Salut séjournant en France

Moussa KRAOUCHE[333]

né le ...... à Médéa (Algérie)
nationalité algérienne
marié à ...... née le ...... à ...... (Maroc)
titulaire d'un diplôme d'études approfondies d'audiovisuel télématique et d'une maîtrise de micro-informatique
chef de projet en informatique à la mairie de ...... (Val d'Oise)
entré en France en 1978, demeurant à ...... (Val d'Oise)
objet d'une mise en attention au fichier des personnes recherchées

Bien que n'étant pas membre de la FAF, Moussa Kraouche en est le principal animateur. Il s'est révélé être le représentant « autorisé » du F.I.S. en France, surtout à partir de juillet 1991.

A partir des années 80, Moussa Kraouche fréquente les milieux islamistes tunisiens proches du « Mouvement de la tendance islamique » tunisien.

Lié d'amitié à R.S. et M.T., il devient membre des associations créées par eux : l' « Alliance islamique francophone » et la « Fondation pour la recherche scientifique ».

A partir de 1985, il effectue un travail militant à partir de ...... (Val d'Oise), sur tout l'ouest parisien, grâce à un réseau de sympathisants marocains et algériens : durant les incidents du quartier du « Chemin de l'Ile », à Nanterre, en 1990, il est appelé par les responsables associatifs islamiques de cette ville pour servie d'intermédiaire auprès du préfet.

Après la création de la FAF, en février 1991, c'est à son domicile qu'est rédigée la publication de cette association, « Le Critère », dans laquelle il signe des éditoriaux sous le nom d'Abuluqman. Jusqu'en janvier 1992, date de l'arrêt du processus des élections législatives algériennes, c'est par télécopie depuis son domicile qu'il communique directement avec le responsable provisoire du FIS en Algérie.

---

[333] On se permet de citer un cas nominatif en raison de la divulgation de l'identité de cette personne à travers la presse, en qualité de personnage central de la mouvance islamique algérienne sur le territoire français.

Annexe 7

Association proche du Front islamique du Salut en France

(fiche possédée par les services de police judiciaire)

« JEUNESSE ACTUELLE »

Déclarée le 4 juin 1992à la préfecture des Hauts-de-Seine
19, rue de l'Union, à Nanterre (Hauts-de-Seine)

But : *« Oeuvrer pour l'insertion des jeunes par l'animation sportive, culturelle et sociale »*

Bureau :

- Président : B.I.., né le ...... à ...... (Hauts-de-Seine)
  nationalité algérienne
  agent de sécurité
  demeurant ...... (Hauts-de-Seine)
- Secrétaire : D.A., né le ...... à ...... (Hauts-de-Seine)
  nationalité française
  demeurant ...... (Hauts-de-Seine)
  objet d'une mise en attention au fichier des personnes recherchées sous les références ......
- Trésorier : A.T., né le ...... à ...... (Algérie)
  nationalité algérienne
  aide-comptable
  demeurant ...... (Yvelines)
- Secrétaire adjoint : C.H., né le ...... à ...... (Hauts-de-Seine)
  nationalité française
  plombier
  demeurant ...... (Hauts-de-Seine)

Observations :

Cette association gère la mosquée située au pied de la Tour Martinique, à Nanterre (Hauts-de-Seine). Elle constitue un des principaux noyaux de prosélytisme du FIS à Nanterre.

Annexe 8

Réseau responsable de la campagne terroriste de 1995, en France

L'Angleterre
au centre du réseau

Bruxelles
Groupe neutralisé en mars 1995,
qui devait frapper la France
- Hamed Zaoui
- Farid Melouk, soupçonné d'avoir perpétré l'attentat contre le RER B à la station Port-Royal, le 3 déc. 1996.

Rome
Réseau Safé
Bourada

Lille
Groupe de
Vaux-en-Velin
Khaled

Karim Koussa
N. Slimani
A. Maameri
A. Bouhadjar

Alger
Kelkal

Djamel Zitouni

(chef du GIA)

Redouane
Abou Bassir
(responsable des
Kelkal
opérations extérieures)

Londres

Rachid Ramda

Paris

Boualem
Bensaîd
(chef
opérationnel)

Ali Belkacem
(artificier)

Lyon
Groupe de
Lyon
Khaked

Groupe de
Chasse-sur-Rhône
David Vallat
Joseph Jaime
Zeber Saibi
A. Marabti

Europe
Ali Touchent
Superviseur des
réseaux France et Europe

Annexe 9
Les milices américaines

- **Principaux sites d'entraînement paramilitaire**

- Alabama

- Arizona

- California

- Florida

- Georgia

- Idaho

- Kentucky

- Louisiana

- Michigan

- Missouri

- New Hampshire

- New Mexico

- New Jersey

- Ohio

- Oregon

- Rhode Island

- South Dakota

- Texas

- Utah

- Washington

- Wisconsin

- **Les principales milices**

Idaho

- Blackfoot : ***Association des milices des Etats-Unis***. Pour son fondateur, Samuel Sherwood, « la guerre civile pourrait venir et, avec elle, la nécessité de tuer les législateurs de l'Idaho ».

- Kamiah : ***Almost Heaven***. Fondée par Bo Gritz, cette communauté de familles aspire à l'autarcie et obéit aux lois, « pour peu qu'elles soient compatibles avec les lois divines et le sens commun ».

Arizona

- ***Police contre le nouvel ordre mondial***. Son chef, Jac MacLamb, un ancien policier de Phoenix, publie un mensuel et diffuse des émissions de radio consacrées aux « questions constitutionnelles pour les hommes de loi ».

Colorado

- Boulder : ***Gardiens des liberté américaines***. Dirigés par un antisémite convaincu, Stewart Webb. Le groupe se définit comme un réseau de citoyens américains qui luttent contre la corruption au sein du gouvernement et veillent à la sauvegarde de la Constitution.

Montana

- Noxon : ***Milice du Montana***. L'une des plus extrémistes. Fondée par John Tronchmann, elle prône l'organisation des citoyens en milices pour assurer leur protection et diffuse livres, cassettes et vidéos.

Michigan

- Harbor Springs : ***Corps de milice du Michigan***. Apparu en 1994, en réponse à la législation sur les armes. Ses dirigeants, qui revendiquent 12.000 membres, accusent l'O.N.U. de vouloir englober les Etats-Unis dans un gouvernement mondial socialiste.

Indiana

- Indianapolis : ***Fédération de la justice américaine***. Sa présidente, Linda Thompson, entend « en finir avec le nouvel ordre mondial et imposer la vérité du public américain ». Elle a appelé à une marche sur Washington et à des procès contre "les traites du Congrès ».

Virginie

- **Blue Ridge Hunt Club**. James Roy Mullins, son fondateur, et plusieurs de ses membres ont été arrêtés et accusés de trafic d'armes dans la perspective d'une guerre contre le gouvernement.

Texas

- Waco : ***Milice constitutionnelle du Texas***. Lancée par John Roland en 1994. Elle diffuse, grâce à son réseau informatique, des informations destinées aux clandestins. Roland assure avoir pénétré les fichiers informatiques gouvernementaux.

Caroline du Nord

- Monroe : ***Citoyens pour le rétablissement du gouvernement fédéral***. Son chef, Albert Esposito, incite ses congénères à stocker les « quatre B » : des bibles, des balles, des beans (haricots) et des bandages.

Floride

- Stuart : ***Milice d'Etat de Floride***. Fondée par Robert Pummer pour en finir avec « les attaques gouvernementales contre les Américains chrétiens ». Son slogan : « Achetez des munitions maintenant. Après, il sera trop tard ».

New Hampshire

- ***Milice de défense de la Constitution***. Une cellule restreinte mais très organisée, dirigée par Edward Brown. En principe, la loi du New Hampshire n'autorise pas ce type de structure. Brown est opposé au contrôle sur les armes, aux Nations unies et au gouvernement fédéral.

- **Quelques manuels de guérilla des mouvements patriotiques américains**

- Improvised Weapons of the American Underground
- The Advanced Anarchist Arsenal : Recipes for Improvised Incendiaries and Explosives
- The Ultimate Sniper
- Improvised Explosives : How to Make Your Own
- To Break a Tyrant's Chains : Neo-Guerrilla Techniques for a Combat

Annexe 10

Les formes du terrorisme

➢ ***Types de personnes visées***

- Personnalités à des fins politiques
- Personnes quelconques à des fins politiques
- Industriels, hommes d'affaires, grands propriétaires
- Diplomates, magistrats, journalistes, soldats
- Espions étrangers

➢ ***Actions dirigées contre des personnes déterminées***

- Enlèvements
  - sans exécution
  - avec exécution

- Assassinats
  - arme blanche
  - arme à feu
  - lettres ou colis piégés

- Crimes politiques[334]

---

[334] Quelques illustrations : Sadi Carnot (1894) ; Paul Doumer (1932) ; Mahata Gandhi (1948) ; Nokrachi Pacha, premier ministre égyptien (1948) ; Abdallah Ibn Hussein, roi de Jordanie (1951) ; colonel José Antonio Remon, président du Panam a (1955) ; général Anantosio Somoza, président du Nicaragua (1956) ; colonel Armas, président du Guatemala (1957) ; Solomon Bandaranaike, premier ministre à Ceylan (1959) ; Hazza Majali, premier ministre jordanien (1960) ; Asanuma, président du parti socialiste japonais (1960) ; Rafael Trujillo, président de la république dominicaine (1961) ; John Fitgearld Kennedy, président des Etats-Unis (1963) ; Pierre N'Gendanduwe, président du Burundi (1965) ; Hassa Ali Mansour, premier ministre iranien (1965) ; Henrick Verwoerd, premier ministre sud-africain (1966) ; Martin Luther King, prix Nobel de la paix (1967) ; Robert Kennedy, sénateur américain (1968) ; Wasfi Tall, premier ministre jordanien (1971) ; Aldo Moro, président de la démocratie chrétienne italienne (1978) ; Anouar el Sadate, président égyptien (1981) ; Indira Gandhi, premier ministre de l'Inde (1984) ; Itzak Rabin, premier ministre israélien (1995).

➢ **Actions dirigées contre des biens et/ou des personnes indéterminées**

- Explosions urbaines
  - véhicules piégés ou missions de sacrifice contre certains lieux :
    - ambassades
    - organisations internationales
    - bâtiments militaires
    - symboles du capitalisme
  - Dépôts d'explosifs sur la voie publique ou dans des bâtiments ouverts au public
  - explosifs déclenchés à distance par télécommande ou par électronique.
- Actions armées
  - mitraillages
  - jet de grenades
  - tir à l'arme automatique
  - massacre à l'arme blanche
- Incendies
- Prises d'otages
  - prise d'otages individuelle
  - prise d'otages collective
  - terrestre
  - aérienne
  - maritime
  - préméditée
  - incidente
- Terrorisme industriel
  - sabotage
  - contre une entreprise

- **Actions dirigées contre des voies de communication**

- Terrorisme routier ou ferroviaire
  - destruction de certaines voies de communications (pose de mines contre des tunnels, ponts, trains)
- Terrorisme aérien
  - attentat (sans piège) contre un aéroport
  - attentat avec bagages piégés contre un aéroport
  - attentat contre un avion
  - détournement d'aéronef
    - pour rançon
    - pour prise d'otages sans destruction, ni morts, ni blessée
    - pour prise d'otages avec destruction
    - pour prise d'otages avec morts et blessés
    - pour prise d'otages avec destruction, morts et blessés
- Terrorisme maritime
  - détournement de navire

- **Terrorisme écologique**

- **Extorsion de fonds, chantage**
  - pillage
  - vol à main armée

- **Narco-terrorisme**
  Mafia

- **Terrorisme nucléaire**
  biologique
  chimique
- **Types d'armes**
  - Arme blanche
  - Arme à feu
  - Bombe ou explosif
  - Voiture piégée
  - Mine de route
  - Lettres ou colis piégés
  - Arme de destruction massive (mine antipersonnel, missile)

Annexe 11

Les aires géographiques du terrorisme

PAYS ABRITANT DES GROUPES TERRORISTES

➢ ***Pays abritant des groupes terroristes nationaux***

Europe	**Pays de l'Est**	**Amérique du Nord**	**Amérique du Sud**
Allemagne	Arménie	Canada	Argentine
Italie	Ex-URSS	Etats-Unis	Brésil
Espagne	Ex-Yougoslavie		Chili
France			Colombie
Grande-Bretagne			Cuba
Grèce			Guatemala
			Pérou
			Uruguay
			Venezuela

Afrique Maghreb	**Moyen-Orient Proche-Orient**	**Asie**
Afrique Sud	Arabie Saoudite	Barheim
Algérie	Egypte	Chine
Kenya	Iran	Inde
Libye	Irak	Indonésie
Maroc	Israël	Japon
Namibie	Koweit	Philippines
Tunisie	Liban	Thaïlande
	Territ. Palestiniens	Viêt-nam
	Syrie	
	Turquie	

➢ ***Pays où sont implantés des réseaux transnationaux***

Europe	**Pays de l'Est**	**Amérique du Nord**	**Amérique du Sud**
Allemagne	Ex-URSS	Etats-Unis	Cuba
Argentine	Ex-Yougoslavie		Soutien :
Autriche			- Chili
Danemark			- Nicaragua
Espagne			- Salvador
France			
Grande-Bretagne			
Pays-Bas			
Italie			
Norvège			
Suède			
Suisse			

Afrique Maghreb	**Moyen-Orient Proche-Orient**	**Asie**
Afrique Sud	Arabie Saoudite	Afghanistan
Ethiopie	Egypte	Barheim
Maroc	Irak	Inde
Namibie	Israël	Indonésie
Nigeria	Jordanie	Malaisie
Sahara occidental	Koweit	Pakistan
Soudan	Liban	Philippines
Tunisie	Territ. Palestiniens	Quatar
	Turquie	Singapour
	Yémen	Thaïlande

PAYS CIBLES DU TERRORISME

Europe	Pays de l'Est	Amérique du Nord	Amérique du Sud
Allemagne	Arménie	Canada	Argentine
Autriche	Croatie	Etats-Unis	Bolivie
Belgique	Macédoine		Brésil
Danemark	Pologne		Chili
Espagne	Roumanie		Colombie
France	Serbie		Guatemala
Grande-Bretagne	Ex-URSS		Honduras
Grèce			Mexique
Italie			Nicaragua
Pays-Bas			Paraguay
Portugal			Pérou
Suède			Uruguay
Suisse			Venezuela

Afrique Maghreb	Moyen-Orient Proche-Orient	Asie
Afrique Sud	Arabie Saoudite	Afghanistan
Algérie	Chypre	Cachemire
Angola	Egypte	Indonésie
Ethiopie	Emirats	Japon
Kenya	Irak	Pakistan
Libye	Iran	Philippines
Maroc	Israël	Singapour
Mozambique	Jordanie	Sri Lanka
Namibie	Koweit	Thailande
Rhodésie	Liban	Viêt-nam
Sénégal	Syrie	
Soudan	Territ. palestiniens	
Tchad	Turquie	
Tunisie	Yémen	

BIBLIOGRAPHIE

Sur le mouvement palestinien :

- Alencastre Amilcar, *El Fatah, les commandos arabes en Palestine*, Alger, S.N.E.D., 1970, 156p.
- Amson Daniel, *Israël et Palestine,* Paris, P.U.F., 1992, 243p.
- Arafat Yasser, *La question palestinienne*, entretiens avec Benjelloun Olivier Nadia, Paris, Fayard, 1991, 261p.
- Matekalo Ivan, *Les dessous du terrorisme international*, Paris, Julliard, 1973, 224p.
- Mury Gilbert, *Septembre Noir,* Paris, Sinbad, Collection Cahiers Interdits, 1972, 174p.
- Ostrousky Victor, Hoy Claire, *Le Mossad : un agent des services secrets parle*, Paris Presses de la Cité, 1990, 323p.
- Wieviorka Michel, *Sociétés et terrorisme,* Paris, Fayard, 1988, 565p.

Sur le PKK :

- More Christiane, Les Kurdes aujourd'hui : mouvement national et partis politiques, Paris, L'Harmattan, 1984, 310p.
- « Qui sont les combattants du P.K.K.? », Cahiers de l'Orient, n°30, 2e trimestre 1993, p. 57- 68.

Sur les minorités balkaniques :

- Irvine Jill A., *The croat question : partisan politics in the formation of the Yougoslav socialist state*, Westview, Boulder, 1993, 318p.
- Jasna Adler, *L'union forcée : la Croatie et la création de l'Etat Yougoslave : 1918*, Genève, Georg, 1997, 414p.
- Judah Tim, *The Serbs : history, myth, and destruction of Yougoslavia*, Yale University Press, 1997, 350p.
- Ljubomir Antic, Letic Franjo, *Sebian Terrorism and violence in Croatia,* Zaghreb, Republique de Croatie, Ministère de l'information, 1990-91,152p.
- Raufer Xavier, *Le chaos balkanique,* Paris, La Table Ronde, 1992, 191p.

Sur les minorités asiatiques :

- Balencie J.M, de La Grange Arnaud, *Mondes rebelles*, tomes 2 Paris, Editions Michalon, 1996, 786p.
- « Terrorism in Punjab : origins and dimensions », *Indian Journal of Politic Science*, avril-juin 1993.

Sur l'islamisme radical :

- Balta Paul, *L'Islam,* Paris, Le Monde Editions, Marabout, 1997, 220p., Chronologie de l'islamisme.
- Burgat François, *L'islamisme en face,* Paris, La Découverte, 1995, 262p.
- Burgat François, *L'islamisme au Maghreb*, Paris, Payot, nouvelle édition, 1995, 354p.
- Etienne Bruno, *L'islamisme radical*, Paris, Hachette, 1987, 366p.
- Gresh Alain, *Un péril islamiste ?,* Bruxelles, Complexe, 1994, 222p.
- Haut François, Centre de recherche sur la violence politique, *Atlas mondial de l'Islam activiste*, Paris, Table Ronde, 1991, 297p.
- Kepel Gilles, *La revanche de Dieu : chrétiens, juifs, musulmans à la conquête du monde,* Paris, Seuil, 1991, 293p.
- Kepel Gilles, *A l'Ouest d'Allah*, Paris, Seuil, 1994, 333p.
- Khosrokhavar Farhad, « L'islamisme et la violence », *Projet*, hiver 1994/95, p.75-84.
- Lamchichi Abderrahim, « Islamisme et violence politique », *Confluences en Méditerrannée*, hiver 1996/97, p. 21 à 32.

Sur le développement de la révolution islamique :

- Haguighat Chapour, *Iran, la révolution islamique : 1979,* Bruxelles, Complexe, 1985, 253p.
- Roy Olivier, Bayard Jean-François, *Thermidor en Iran*, Bruxelles, Complexes, 1993, 143p.
- Roy Olivier, *L'échec de l'islam politique*, Paris, Le Seuil, 1992, 125p.
- Taheri Amir, *La terreur sacrée,* Paris, Messinger, 1987, 309p.

Sur les Frères musulmans :

- Carré Olivier, *Les Frères Musulmans : Egypte et Syrie (1928, 1982),* Paris, Julliard, 1983, 236p

Sur l'essor de l'islamisme en Syrie, en Libye, au Soudan, en Irak :

- Carré Olivier, Dumont Paul, *Radicalismes islamiques*, tomes 1 et 2, Paris, L'Harmattan, 1985, 256p. et 151p.
- "Intégrisme ou ésotérisme : la fin d'un régime en Syrie?", *Confluences en Méditerranée*, n°11-12, "Géopolitique des mouvements islamistes en Méditerrannée", automne 1994,
- Etienne Bruno, « Les fantasmes irakiens : de l'arabisme à l'islamisme », *Trimestre du Monde*, 4e trimestre 1990, p.9-15.
- Martin Pierre, « Les chiites d'Irak de retour sur la scène politique », *Monde Arabe*, n°132, avril-juin 1991, p.21-37.
- Prunier Gérard, « Les Frères musulmans soudanais », *Islam et société au sud du Sahara*, n°6, 1992.
- "Sudan, model state of sunni Islamism", *Transtate Islam*, vol.1, 1995, n°3.

Sur l'islam aux Etats-Unis :

- Balta Paul, *L'islam dans le monde*, Paris, La Découverte, Le Monde, 1986, 379p.
- Kepel Gilles, *A l'ouest d'Allah*, Paris, Seuil, 1994, 333p.

Sur l'islam au Maroc :

- Lamchichi, *Islam et contestation au Maghreb*, Paris, L'Harmattan, 1989, 346p.
- Lamchichi Abderrahim, « Etat, légitimité religieuse et contestation islamiste au Maroc », *Confluences en Méditerranée*, n°11-12, automne 1994, p.77-90.

Sur l'islam en Tunisie :

- Hermassi Abdelkaki, « Montée et déclin du mouvement islamiste en Tunisie », *Confluences en Méditerranée*, automne 1994, n°11-12, p. 33-50.
- Leveau Rémy, « La Tunisie du président Ali », *Monde Arabe*, n°124, juin 1989, p.4-7.
- Leveau Rémy, *Le sabre et le turban : l'avenir du Maghreb*, Paris, Bourin, 1993, 272p.

Sur le conflit algérien :

- Botiveau Bernard, Mustapha al-Ahmaf, *L'Algérie par ses islamistes*, Paris, Karthala, 1991, 328p.
- Boudjdra Rachid, *F.I.S. de la haine*, Paris, Folio, 1994, 135p.
- Labat Séverine, *Les islamistes algériens*, Paris, Seuil, 1995, 343p.
- Lamchichi Abderrahim, *L'islamisme algérien*, Paris L'Harmattan, 1992, 251p.
- Leveau Rémy, *L'Algérie dans la guerre*, Bruxelles, Complexe, 1995,153p.
- Pellegrini Charles, *Le F.I.S. en France : mythe ou réalité*, Paris, Editions n°1, 1992,151p.
- Rouadjia Ahmed, *Les frères et la mosquée : enquête sur le mouvement islamiste en Algérie*, Paris, Karthala, 1990, 312p.

Sur l'islam en Egypte :

- Burgat François, « Les représentations de la violence en Egypte », *Monde Arabe*, n°142, octobre-décembre 1993, p.32-60.
- Kepel Gilles, *Le mouvement islamiste dans l'Egypte de Sadate*, thèse de doctorat en études arabo-islamiques, E.H.E.S.S., Paris, 1982.
- Kepel Gilles, « Les groupes islamistes en Egypte, flux et reflux 1981-1984 », *Politique étrangère*, n°2, été 1986, p.429-446.
- Hala Mustapha, « La résistible ascension du courant islamiste en Egypte », *Confluences en Méditerranée*, n° 11-12, automne 1994, p.99-110.

Sur l'islam en France :

- Leveau Rémy, Kepel Gilles, *Les musulmans dans la société française,* 1988, Paris, Seuil, 282p
- Leveau Rémy, « Réflexions sur le non-passage au terrorisme dans l'immigration maghrébine en France », *Etudes polémologiques*, n°1/89, p.141-156.
- Kepel Gilles, *Les banlieues de l'Islam : naissance d'une religion en France*, Paris, Seuil, 1987, 423p.
- Khelladi Aissa, « Les réseaux internationaux du FIS», *Hommes et Migration*, n°1183, janvier 1995, p18-20.
- Pellegrini Charles, *Le FIS en France : mythe ou réalité ?,* Paris, Edition n°1, 1992, 151p.
- Wieviorka Michel, *Face au terrorisme*, Paris, Liana Lévi, 1995, 107p.

Sur Carlos :

- Colin Smith, *Carlos : Portrait of a Terrorist*, Londres, Mandarin, 1995, 352p.
- David Yallop, *To the ends of the earth : the hunt for the jackal,* Londres, Cass, 1993.
- Làszlo Liszkai, *Carlos à l'abri du rideau de fer*, Paris, Seuil, 1995, 221p.
- Violet Bernard, *Carlos, les réseaux secrets du terrorisme international*, Paris, Seuil, 1996, 367p.

***Sur Abou Nidal* :**

- Melman Yossi, *Le mystère Abou Nidal*, Paris, Hermé, 1987, 275p.

Sur le Liban :

- Raufer Xavier, *La nébuleuse : le terrorisme du Moyen-Orient,* Paris, Fayard, 1987, 404p.

Sur l'internationale terroriste :

- Alexander Yonah, Cline Ray, *Terrorism : the soviet connection,* New-York, Crane Russak, 1984, 162p.
- Demaris Ovide, *L'internationale terroriste,* Paris, Orban, 1978, 456p.
- Labin Suzanne, *Les Etats terroristes et la guerre des lâches*, Paris, autoédition, 1987, 159p.
- Laqueur Walter, Alexander Yonah, *The terrorism reader : a historical anthology*, New-York, Meridian Book, 1987, 256p.
- « Vers une internationale islamique? », *Le Monde du Renseignement*, 9 décembre 1993.
- Sterling Claire, *The terror network : the secret war of international terrorism,* Londres, Weidenfeld and Nicolson, 1981, 357p.
- Gore Roberta, *The Soviet Union and terrorisme*, Londres, Jillian Becker, 1984, 232p.
- Retiveau Michel, *La convention de terreur : terreurs légales et terrorisme dans les sociétés démocratiques,* Paris, L'Harmattan, 1994, 247p.
- Sablier Edouard, *Le fil rouge : histoire secrète du terrorisme international,* Paris, Plon, 1983, 308p.
- Wieviorka Michel, « Le réseau de la terreur : une hypothèse à revisiter », *Cultures & Conflits*, hiver 91/92, p.113-122.

Sur le narco-terrorisme :

- Ehnerfeld Rachel, *Narco-Terrorism*, New York, Basic Books, 1990, 225p.
- Raufer Xavier, *Les superpuissances du crime : enquête sur le narco-terrorisme*, Paris, Plon, 1993, 303p.

Sur le Hamas :

- Kristianasen Wendy, « Les contradictions du Hamas », *Confluences en Méditerrannée*, n°20, "Terrorisme et violence politique", hiver 1996/97, p. 61-74.
- Levitt Wendy Kristianasen, « Hamas au bord de l'explosion », *Manière de Voir*, le Monde Diplomatique, « Géopolitique du chaos », février 1997.

Sur le terrorisme sioniste :

- Dan Uri ,*Crimes d'Etat : l'assassinat de Rabin, les attentats*, Paris, Belfond, 1996, 287p.
- Konpin Michael, Friedman Ina, *Muder in the name of god : the plot to kill Yitzhak Rabin*, Londres, Granta Book, 1999, 292p.

Sur le fanatisme :

- Khosrokhavar Farhad, *L'islamisme et la mort*, Paris, L'Harmattan, 1995, 215p.
- Khosrokhavar Farhad, « Le modèle Bassidji », *Cultures & Conflits*, numéro 29-30, « Un nouveau paradigme de la violence », printemps-été 1998, p.59-118.

Sur le terrorisme sectaire :

- Barkun Michael, *Millenarism and violence*, Londres, Cass, 1996, 177p.
- Gest Alain, *Les sectes en France*, Commission d'enquête sur les sectes, Assemblée nationale, Paris, Banon, 1996, 144p.
- « Ken » Campbell James, « La secte japonaise Aum Shinrikyo », *Stratégique*, n° 66-67, « Les terrorismes contemporains », 1997, p.115-144.
- Lewis Bernard, *Les assassins : terrorisme et politique dans l'Islam médiéval*, Paris, Berger-Levrault, 1982, 208p.
- Trinh Sylvaine, « Aum Shinrikyô : secte et violence », *Cultures & Conflits*, n°29, printemps-été 1998, p.229-290.
- Van Woer Kens Martine, *Le voyageur étranglé : l'Inde des Thugs, le colonialisme, et l'imaginaire*, Paris, Albin Michel, 1995, 430p.

Sur l'écoterrorisme :

- Eagan Sean P., "From spikes to bomb : the rise of eco-terrorism", *Studies in Conflict Terrorism*, vol.19, n°1, 1996, p.1-18.

Sur les milices américaines :

- Durban Martin, “Preparation for Armageddon : citizen militia, the patriot movement, and Oklahoma City bombing”, *Terrorism and Political Violence*, vol. 8, n°1, printemps 1996.

Sur la technologie et le terrorisme :

- Builder Carl, *The future of nuclear Deterrence*, Santa Monica, C.A., The Rand Corporation, 1990.
- Deteon Peter, *The threat of nuclear terrorism : a reexamination*, The Rand Corparation, janvier 1988.
- Jenkins Briand Michael, *The likehood of nuclear terrorism*, The Rand Corporation, juillet 1985
- Laqueur Walter, “Postmodern Terrorism”, *Foreign Affairs*, op. cit.
- Toffler Alvin et Heidi, *Guerre et contre-guerre, survivre à l'aube du 20e siècle*, Fayard, Paris, 1994, 229p.
- Wilkinson Paul, *Technology and Terrorism,* Londres, Cass, 1993, 153p.

Périodiques spécialisés : Cahiers de l’Orient ; Confluences en Méditerranée ; Monde arabe ; Notes de l’Institut de criminologie ; Terrorism and political violence.

TABLE DES MATIERES

601941 - Mars 2015
Achevé d'imprimer par

1livre.com
du rêve à la réalité !